La madre naturaleza

EMILIA PARDO BAZÁN

CONDESA DE PARDO BAZÁN

OBRAS COMPLETAS.—TOMO 4

LA MADRE
NATURALEZA

MADRID
I. Prieto y Compañía, Editores
Pontejos, número 8
1910

R. Velasco, impresor, Marqués de Santa Ana, 11.

OBRAS COMPLETAS

DE

EMILIA PARDO BAZAN

CONDESA DE PARDO BAZÁN

TOMO 4

LA

MADRE NATURALEZA

I

Las nubes, caliginosas y de un gris amoratado, como de tinta desleída, fueron juntándose, juntándose, atropellándose más bien, en las
alturas del cielo, deliberando si se desharían ó
no se desharían en chubasco. Resueltas final-
mente á lo primero, empezaron por soltar gote-
rones anchos, gruesos, legítima lluvia de estío,
que doblaba las puntas de las hierbas y resonaba
estrepitosamente en los zarzales; luego se apre-
suraron á porfía, multiplicaron sus esfuerzos,
se derritieron en rápidos y oblicuos hilos de
agua, empapando la tierra, inundando los matorrales, sumergiendo la vegetación menuda,
colándose como podían al través de la copa de
los árboles para escurrir después tronco abajo,
á manera de raudales de lágrimas por un semblante rugoso y moreno.

Bajo un árbol se refugió la pareja. Era el ár-

bol protector magnífico castaño, de majestuosa
y vasta copa, abierta con pompa casi arquitec-
tural sobre el ancha y firme columna del tronco, que parecía lanzarse arrogante hacia las
desatadas nubes : árbol patriarcal, de esos que
ven con indiferencia desdeñosa sucederse generaciones de chinches, pulgones, hormigas y larvas, y les dan cuna y sepulcro en los senos de
su rajada corteza.

Al pronto fué útil el asilo : un verde paraguas
de ramaje cobijaba los arrimados cuerpos de la
pareja, guareciéndolos del agua terca y furiosa ; y se reían de verla caer á distancia y de oir
cómo fustigaba la cima del castaño, pero sin
tocarles. Poco duró la inmunidad, y en breve
comenzó la lluvia á correr por entre las ramas,
filtrándose hasta el centro de la copa y buscando
después su natural nivel. Á un mismo tiempo
sintió la niña un chorro en la nuca, y el mancebo llevó la mano á la cabeza, porque la ducha
le regaba el pelo ensortijado y brillante. Ambos
soltaron la carcajada, pues estaban en la edad
en que se ríen lo mismo las contrariedades que
las venturas.

—Se acabó...—pronunció ella cuando todavía
la risa le retozaba en los labios.—Nos vamos á
poner como una sopa. Caladitos.

—El que se mete debajo de hoja dos veces se
moja —respondió él sentenciosamente. — Lar-
guémonos de aquí ahora mismo. Sé sitios mejores.

—Y mientras llegamos, el agua nos entra por
el pescuezo y nos sale por los piés.

—Anda, tontiña. Remanga la falda, y tapé-
monos la cabeza. Así, mujer, así. Verás qué
cerquita está un escondrijo precioso.

Alzó ella el vestido de lana á cuadros, cubriendo también á su compañero y realizando
el simpático y tierno grupo de Pablo y Virginia,
que parece anticipado y atrevido símbolo del
amor satisfecho. Cada cual asió una orilla del
traje, y al afrontar la lluvia, por instinto juntaron y cerraron bajo la barbilla la hendidura de
la improvisada tienda, y sus rostros quedaron
pegados el uno al otro, mejilla contra mejilla,
confundiéndose el calor de su aliento y la ca-
dencia de su respiración. Caminaban medio á
ciegas, él encorvado, por ser más alto, y ro-
deando con el brazo el talle de ella, y comuni-
cando el impulso directivo, si bien el andar de
los dos llevaba el mismo compás.

Poco distaba el famoso escondrijo. Sólo nece-
sitaron para acertar con él bajar un ribazo, res-
baladizo por la humedad, y lindante con la
carretera. Coronaban el ribazo grandes peñas-
cales, y en su fondo existía una cantera de pizarra, ahondada y explotada al construirse el
camino real, y convertida en profunda cueva,
excelente asilo para ocasiones como la presente. Abandonada hacía tiempo por los trabajadores la cantera, volvía á enseñorearse de
ella la vegetación, convirtiendo el hueco artificial en rústica y sombrosa gruta. En la cresta
y márgenes del ribazo crecía tupida maleza, y
al desbordarse, estrechaba la entrada de la ex-
cavación: al exterior se enmarañaba una abun-

dante cabellera de zarzales, madreselvas, ca-
brifollos y clemátidas; dentro, en las anfrac-
tuosidades del muro lacerado por la piqueta,
anidaban vencejos, estorninos y algún azor; los
primeros salieron despavoridos, revoloteando,
cuando entró la pareja. Siendo muy bajo el sitio, é impregnado del agua que recogía como
una urna y del calor del sol que almacenaba en
su recinto orientado al Mediodía; encerraba una
vegetación de invernáculo, ó más bien de época
antediluviana, de capas carboníferas: escolo-
pendras y helechos enormes brotaban lozanos,
destacando sobre la sombría pizarra los pena-
chos de pluma de sus vertebradas y recortadas
hojas.

Aun cuando el escondrijo daba espacio bastante, la pareja no se desunió al acogerse allí,
sino que, enlazada, se dirigió á lo más obscuro,
sin detenerse hasta tropezar con la pared, contra la cual se reclinó en silencio, al abrigo de
la remangada falda. Ni menos se desviaron sus
rostros, tan cercanos, que él sentía el aletear
de mariposa de los párpados de ella, y el cosquilleo de sus pestañas curvas. Dentro del ca-
marín de tela, los envolvía suavemente el calor
mutuo que se prestaban : las manos, al sujetar
bajo la barbilla la orla del vestido, se entrete-
jían, se fundían como si formasen parte de un
mismo cuerpo. Al fin el mancebo fué aflojando
poco á poco el brazo y la mano, y ella apartó
cosa de media pulgada el rostro. La tela, des-
lizándose, cayó hacia atrás, y quedaron descubiertos, agitados y sin saber qué decirse. Lle-

naba la gruta el vaho poderoso de la robusta
vegetación semipalúdica, y el sofocante ardor
de un día canicular. Fuera, seguía cayendo con
ímpetu la lluvia, que tendía ante los ojos de la
pareja refugiada una cortina de turbio cristal,
y ayudaba á convertir en cerrado gabinete el
barranco donde con palpitante corazón esperaban niña y muchacho que cesase el aguacero.

No era la vez primera que se encontraban
así, juntos y lejos de toda mirada humana, sin
más compañía que la madre naturaleza, á cuyos pechos se habían criado. ¡En cuántas ocasiones, ya á la sombra del gallinero ó del palomar que conserva la tibia atmósfera y el olor
germinal de los nidos, ya en la soledad del hórreo, sobre el lecho movedizo de las espigas
doradas, ya al borde de los setos, riéndose de
la picadura de las espinas y del bigote cárdeno
que pintan las moras, ya en el repuesto alber-
gue de algún soto, ó al pié de un vallado por
donde serpeaban las lagartijas, habían pasado
largas horas compartiendo el mendrugo de pan
seco y duro ya á fuerza de andar en el bolsillo,
las cerezas atadas en un pañuelo, las manzanas
verdes; jugando á los mismos juegos, dur-
miendo la siesta sobre la misma paja! Entonces, ¿á qué venía semejante turbación al recogerse en la gruta? Nada se había mudado en
torno suyo; ellos eran quienes, desde el comienzo de aquel verano, desde que él regresa-
ra del Instituto de Orense á la aldea para las
vacaciones, se sentían inmutados, diferentes y
medio tontos. La niña, tan corretona y traviesa

de ordinario·, tenía á deshora momentos de
calma, deseos de ociosidad y reposo, laxitudes
que la movían á sentarse en,la linde de un campo ó á apoyarse en un murallón, cuyo afelpado
tapiz de musgo rascaba distraídamente con las
uñas. A veces clavaba á hurtadillas los ojos en
el lindo rostro de su compañero de infancia,
como si nunca le hubiese visto; y de repente
los volvía á otra parte, ó los bajaba al suelo.
También él la miraba mucho más, pero fijamente, sin rebozo, con ardientes y escruta-
doras pupilas, buscando en pago otra ojeada
semejante; y al paso que en ella crecía el instintivo recelo, en él sucedía á la intimidad
siempre un tanto hostil y reñidora que cabe
entre niños, al aire despótico que adoptan los
mayores y los varones con las chiquillas, un
rendimiento, una ternura, una galantería refi-
nada, manifestada á su manera, pero de continuo. Ayer, aunque inseparables y encariña-
dos hasta el extremo de no poder vivir sino
juntos y de que les costase todos los inviernos
una enfermedad la ausencia, cimentaban su
amistad, más que las finezas, los pescozones,
cachetes y mordiscos, las riñas y enfados, la
superioridad cómica que se arrogaba él, y las
malicias con que ella le burlaba. Hoy parecía
como si ambos temiesen, al hablarse, herirse
ó suscitar alguna cuestión enojosa; no dis-
putaban, no se peleaban nunca; el muchacho era siempre del parecer de la niña. Esta
cortedad y recelo mutuo se advertía más
cuando estaban á solas. Delante de gente se

restablecía la confianza y corrían las bromas
añejas.

¡Con todo eso no renunciaban á corretear juntos y sin compañía de nadie. A falta de testigos, les distraia y tranquilizaba la menor cosa:
una flor, un fruto silvestre que recogían, una
mosca verde que volaba rozando con la cara
de la niña. Impremeditadamente se escudaban
con la naturaleza, su protectora y cómplice.

En la gruta, lo que les sacó de su momentá-
neo embeleso, fué observar la vegetación viciosa y tropical del fondo. La niña, gran bo-
tánica por instinto, conocia todas las plantas y
hierbas bonitas del país; pero jamás había encontrado, ni á la orilla de las fuentes, tan elegantes hojas péndulas, tan colosales y perfu-
mados helechos, tanto pulular de insectos
como en aquel lugar húmedo y caluroso. Parecía que la naturaleza se revelaba allí más potente y lasciva que nunca, ostentando sus fuerzas genesiacas con libre impudor. Olores almiz-
clados revelaban la presencia de millares de
hormigas; y tras la exuberancia del follaje, se
divisaba la misteriosa y amenazadora forma de
la araña, y se arrastraba la oruga negra, de
peludo lomo. La niña los miraba, estremecién-
dose cuando al apartar las hojas descubría algún secreto rito de la vida orgánica, el sacrificio de un moscón preso y agonizante en la red,
el juego amoroso de dos insectos colgados de
un tallo, la procesión de hormigones que aca-
rreaban un cuerpo muerto.

Entre tanto llovía á más y mejor. Sin embargo, así que hubo pasado cosa de una hora, el chubasco se aplacó casi repentinamente, pareció que la gruta se llenaba de claridad, y una bocanada de fragancia húmeda la inundó: el tufo especial de la tierra refrigerada y el hálito de las flores, que respiran al salir del baño. También á los refugiados se les dilataron los pulmones, y á un mismo tiempo se lanzaron fuera del escondrijo, hacia la boca de la cueva.

Allí se pararon deslumbrados por inesperado espectáculo. La atmósfera, en su parte alta, estaba barrida de celajes, diáfana y serena: lucía el sol, y sobre el replegado ejército de nubes, se erguía vencedor, con inusitada limpidez y magnificencia, un soberbio arco iris, cuyo arranque surgía del monte del Pico-Medelo, cogía en medio su alta cúspide, y venía á rematar, disfumándose, en las brumas del río Avieiro.

No era esbozo de arcada borrosa y próxima á desvanecerse, sino un semicírculo delineado con energía, semejante al pórtico de un palacio celestial, cuyo esmalte formaban los más bellos, intensos y puros colores que es dado sentir á la retina humana. El violado tenía la aterciopelada riqueza de una vestidura episcopal; el añil cegaba con su profunda vibración de zafiro; el azul ostentaba claridades de agua que refleja el hielo, frias limpidèces de noche de luna; el verde se tornasolaba con el halagüeño matiz de la esmeralda, en que tan voluptuosamente se recrea la pupila; y el amarillo, anaranjado y rojo, parecían luz de ben-

gala encendida en el firmamento, círculos con-
céntricos trazados por un compás celestial con
fuego del que abrasa á los serafines, fuego sin
llamas, ascuas, ni humo.

A la vista del hermoso meteoro, aproxímóse-
la pareja, según la costumbre inveterada en
los que se quieren, de expresarlo todo acercándose.

—¡El Arco de la Vieja!—exclamó en dialecto
la niña, señalando con una mano al horizonte y
cogiéndose con la otra á la ropa del muchacho.

—Nunca vi otro tan claro. Si parece pintado,
así Dios me salve. Chica, ¡qué bonito!

—¡Mira, mira, mira!—chilló ella.—¡El arco
anda!

—¿Que anda? Tú estás loca... ¡Ay, pues anda
y bien que anda!

El arco se trasladaba, en efecto, con dulce é
imponente lentitud, de manera teatral. Se vió
un instante la cima del Pico recortada sobre el
fondo de vivos esmaltes; luego, poco á poco,
el arco dejó atrás la montaña y vino á coronar
con su curva magnífica la profundidad del valle. Mas ya palidecían sus tintas espléndidas y
se borraban sus líneas brillantes, dejando como
un vapor de colores, delicadísimo toque casi
fundido ya con el firmamento, casi velado por
la humareda de las nubecillas blancas, que va-
gaban y se deshacían también.

II

A CAMINAR por la carretera, fastidiosa de puro
cómoda, prefirieron seguir atajos en cuyo
conocimiento eran muy duchos, y aun cruzar
los sembrados, desiertos á la sazón, pero donde, durante la noche entera y la madrugada,
cuadrillas de mujeres habían estado segando el
centeno—á las horas de calor no se siega, pues
se desgrana la espiga madura.—No se daban
mucha priesa; al contrario, tácitamente estaban de acuerdo en no recogerse á techado hasta
entrada la noche. Apenas comenzaba á caer la
tarde. El campo, fresco y esponjado después
de la tormenta y el riego de las nubes, oreado
por suave vientecillo, convidaba á gozar de su
hermosura: cada flor de trébol, cada manzanilla, cada cardo, se había adornado el seno con
un grueso brillante líquido; y grillos y cigarro-
nes, seguros ya de que cesaba el diluvio, se
atrevían á rebullirse en los barbechos, sintiendo con deleite la caricia del sol sobre sus zancas ya enjutas.

Vagaba la pareja sin rumbo cierto, cuando,
casi debajo de sus cabezas, en un sendero que
se despeñaba hacia el valle, divisaron una figura rara, que se movía despaciosamente. A un
mismo tiempo la reconocieron ambos.

—¡El señor Antón el *algebrista!*

—¡El *atador* de Boán!

—¿A dónde irá?

—Aventuro algo bueno que á casa de la Sabia.

—¿Quién te lo dijo?

—Tiene la vaca más vieja muy malita.

—¿Vamos á ver?

—Corriente. Hay que bajar por las viñas; si no, es mucha la vuelta.

—Por las viñas. Ale.

—Dame la mano.

—¿Piensas que no sé bajar sola?

El descenso era casi vertical, y había que escalar paredones y tener cuidado de no desnucarse al sentar el pié sobre los guijarros; pero las cuatro piernas juveniles alcanzaron pronto al estafermo, que caminaba dibujando eses al tropezar en cualquier canto de la senda. Iba el señor Antón en mangas de camisa (por señas que la gastaba de estopa), chaqueta terciada al hombro, y un pitillo tras la oreja derecha. Los pantalones pardos lucían un remiendo triangular azul en el lugar por donde más suelen gastarse, y otros dos, haciendo juego con el de las nalgas, en las perneras; de puro cortos, descubrían el hueso del tobillo, cubierto apenas de curtida y momificada piel, y los zapatos torcidos y contraídos como una boca que hace muecas. Fuera del bolsillo interior de la chaqueta asomaba un libro empastado en pergamino, cuyas esquinas habían roído los ratones, y cuyas hojas atesoraban grasa suficiente para hacer el caldo una semana.

Al sentir ruido de gente, volvió el rostro,
que lo tenía más arrugado que una pasa, más
sequito que un sarmiento, y con todas las facciones inclinadas unas hacia otras, á manera
de piedras de murallón que se derrumba: la
nariz desplomada sobre la barba; ésta remon-
tada hacia la boca, y las mejillas colgando en-
curtidos pellejos á ambos lados de la pronun-
ciada nuez. En los pómulos parecía como si le
hubiesen pintado con teja dos rosetas simétri-
cas; los labios se le habían sumido; y de la
abertura donde estuvieron partían innumerables rayitas y plieguecillos convergentes, re-
medando el varillaje de un paraguas. ¿Paraguas
dijiste? No hay que omitir que bajo el codo izquierdo sujetaba el señor Antón uno colosal,
de algodón colorado rabioso, con remates y
contera de latón dorado; ni menos debe callar-
se que honraba su cabeza, por encima de un
pañuelo de hierbas, un venerable y caduco
sombrero de copa alta, de los más empingoro-
tados y de los más apabullados también.

—Buenas tardes, señorito Perucho y la compaña...—dijo el vegestorio al alcanzarle la pareja.

Era su voz opaca y aguardentosa, pero no
tan cascada como pedían sus años.

—¿A dónde va, señor Antón?—preguntó la
niña.

—Para servir á vustede, señorita |Manolita...
ahí á curar una vaca en casa de la señora María la Sabia.

—¿Qué le duele?

—Parece ser que le ha salido, dispensando vustedes, una *tumificación* muy atroz en los cadriles... con perdón, carraspo, aquí donde las personas humanas tenemos el hueso llamado *líaco*...

—¿Un lobanillo?

—Propiamente hablando, sí, señorito, un lobanillo.

Rióse Perucho, pues le hacía gracia la facha del algebrista y su manía de aplicar á todo los cuatro términos de anatomía mal aprendidos en su libro ratonado. Moríase el vejete por dar explicaciones difusas acerca de los padecimientos de sus clientes, fuesen novillos, cerdos, canes, ó, como él decía, personas humanas, que á todos indistintamente les sabía reparar los desperfectos, con su heredada ciencia de encolar y recomponer la máquina animal. Ya llegaban al emparrado que sombreaba la casa de la Sabia.

Era una casuca baja y construida con piedras mal trabadas: adornábala principalmente un balcón ó *solana* de madera, al cual nadie podía asomarse, por obstruirlo una barricada de enormes calabazas, de amarilla corteza, rameada de verde; en una esquina colgaban á secar ropas de recién nacido, y al través de ellas se abría paso una soberbia mata de claveles reventones, rojo coral, que florecía en una olla desportillada, con las raíces escapándose de la tierra negruzca que las mantenía. A la puerta de la casa, una mujer moza, de rostro curtido ya, desgranaba habas en una criba; á

2

sus piés dos chiquillos de corta edad, con pelo
casi blanco de puro rubio, se revolcaban por el
suelo jugando con las vainas de las habas.
Cuando vió asomar al algebrista y á los que él
llamaba señoritos, levantóse la mujer con servilismo obsequioso, pegando un moquete á los
chiquillos, sin duda con el fin de agasajar mejor á la visita; no contaban con él, y la misma
sorpresa les impidió llorar.

La pareja entró. Tenía la casa piso de tierra;
una escalera de madera conducía al sobrado ó
cuarto alto; y en el bajo se notaba una pintoresca mezcla de racionales é irracionales. El
lar y la chimenea con asientos de madera bajo
su campana; la artesa de guardar el pan; el
horno de cocerlo; algunos taburetes con cuatro
patas muy esparrancadas; la cuna de mimbres
de una criatura, y el *leito* ó camarote de tablas
en que dormía el matrimonio que la había en-
gendrado, eran los muebles que pertenecían á
la humanidad en aquel recinto. La animalidad
invadía el resto. Al través de una división de
tablones mal juntos pasaba el hálito caliente, el
lento rumiar y los quejumbrosos mujidos del
ganado; gallinas y pollos escarbaban el suelo
y huian con señales de ridículo terror, ren-
queando, al acercárseles la gente; dos ó tres
palomas se paseaban, muy sacadas de buche y
muy columpiadoras de cuello, esperando á que
cayese alguna migaja; un marrano sin cebar,
magro y peludo aún como un jabalí, sopeteaba
con el hocico, gruñendo sordamente, en una
tartera de barro donde nadaban berzas en

aguachirle; un perro de esa raza híbrida llama-
da en el país de *pajar,* completamente tendido
en tierra, dormía; al respirar, se señalaba bajo
su piel la armazón del costillaje, y de cuando
en cuando, al posársele una mosca encima, un
estremecimiento hacía ondular todos sus músculos, y sacudía, sin despertarse, una oreja. Por
un ventanillo, abierto en el testero, entraban
las avispas á comerse los gajos de cerezas maduras que andaban rodando sobre la artesa; y
si fuese posible prestar oído á unas trotadas
menudas que allá arriba resonaban, se com-
prendería que los ratones no andaban remisos
en dar cuenta del poco maíz restante de la cosecha anterior, ni de cuanto encontraban al
alcance de los dientes. En medio de esta especie de arca de Noé, reposaba inmóvil, sentada al pié de la artesa, con los naipes mugrientos al alcance de la mano, la vieja bruja de la
Sabia.

Era su figura realmente espantable. Habíale
crecido el bocio enorme, hasta el punto de que
se le viese apenas el verdadero rostro, abultan-
do más la lustrosa y horrible segunda cara sin
facciones, que le caía sobre el pecho, le subía
hasta las orejas, y por lo hinchada y estirada
contrastaba del modo más repulsivo con el resto del cuerpo de la vieja, que parecía hecho de
raíces de árboles, y tenía de los árboles añosos
la rugosidad y obscuridad de la corteza, los nu-
dos, las verrugas. Al ver entrar al algebrista y
la compaña, la bruja se enderezó y salió á re-
cibirles, no sin echarse con sumo recato un pa-

ñuelo de algodón sobre los mechones de sus greñas blancas.

La moza, entre tanto, sacaba del establo á la paciente, una vaca amarilla, y picándola con la aguijada, la empujaba fuera de la casa, á sitio descubierto y claro. Cojeaba el infeliz animal por culpa del gran tumor que tenía en el ijar derecho; sus ojos estaban profundamente tristes, como los de todo irracional ó niño enfermo. El sol pareció reanimar algo á la vaca, y se le dilató el hocico respirando aire puro. Ya salía tras ella el atador, poniendo la mano á guisa de pantalla ante los ojos, para que no le estorbase el sol que declinaba.

—Hace falta quien *treme* del animal—dijo, después de palpar aprisa el tumor.—Llama á tu hombre—añadió, dirigiéndose á la moza.

Habiendo Perucho ofrecido su ayuda, convino el algebrista en que bastaría con él y con la moza para sujetar á la doliente, y ordenó que la señora María se encargase de preparar la bizma de pez hirviendo. Remangóse Perucho las mangas de chaqueta y camisa, y arrodillándose, asió con puño de hierro la pata del animal, asentándola y afirmándola en tierra, á fin de que no coceadse con el dolor. El brazo del mancebo era membrudo, para su edad, y la cuadratura de los músculos se diseñaba enérgicamente: sobre el cutis, fino como raso, rojeaba á la luz moribunda del sol un vello denso y suave. Su compañera le miraba con disimulo y atención, como si viese por primera vez aquella cabeza cubierta de ensortijados bucles aque-

llas perfectas facciones trigueñas y sonrosadas,
aquel cogote juvenil y fuerte como testuz de
novillo bermejo, aquellas espaldas fornidas
donde la postura y el esfuerzo para mantener
inmóvil la pata del animal hacía sobresalir el
omoplato. De chiquita, la costumbre de ver á
Pedro le impedía reparar su hermosura: ahora
se le figuraba descubrirla en toda su riqueza de
pormenores esculturales, cosa que la turbaba
mucho, y tenia bastante culpa de la cortedad y
despego que mostraba al quedarse con él á solas. Se avergonzaba la niña de no ser tan linda
como su amigo ; de ser casi fea.

Tambien se recogió el atador las mangas de
estopa, y sacó de la faltriquera del pantalón
una reluciente navaja de afeitar envuelta en un
trapo. Agachóse bajo la paciente, y empuñando el instrumento, con brioso girar de muñeca
y haciendo terrible fuerza en el pulgar, sajó
casi en redondo el lobanillo. Bramó y resopló
de dolor la vaca, intentando huir; pero estaba
bien sujeta y el corte dado ya. Sin hacer caso
de los mugidos angustiosos ni de las inútiles
sacudidas de la bestia, el señor Antón comenzó
á esgrimir la navaja casi de plano, despren-
diendo la piel que cubría el tumor, y disecando
poco á poco, con certera diestra, sus raíces,
como quien desprende de un peñasco los tien-
tos de un adherido pólipo. De rato en rato em-
papaba con trapos la sangre que corría y le
impedía ver. Cada raíz encubría otras más menudas, y la navaja seguía escrutando los ijares
del animal, persiguiendo las últimas ramifica-

ciones de la fea excrecencia. Ya casi la tenía
desprendida, cuando la vaca, que parecía resignada con su suerte, dió de pronto un empuje
desesperado y supremo, logró soltar las patas,
derribó de una patada el sombrero de copa alta
del algebrista y echó á correr furiosa. Ciega
por el terror, fué á batir contra la muralla del
emparrado, donde la alcanzó Perucho. La agarró del rabo primero, luego la cogió por los
cuernos, y á remolque y á empujones y á puñadas la trajo otra vez á la clínica. El señor
Antón acusaba á la moza de no valer nada, de
haber aflojado la pata; y Manuela, con los ojos
brillantes y la sonrisa en los labios, se ofrecia
á sustituir ventajosamente á la aldeana.

—¡Jesús, alabado sea Dios, qué valienté de
señorita!—tartamudeó la Sabia, apareciendo
en la puerta.

—Las que nos criamos en la montaña...—murmuró la niña, arrodillándose y ciñendo con
ambas manos, no muy blancas ni nada ende-
bles, el corvejón del animal.

—No hay cosa como las montañesas—declaró
dogmáticamente el atador, encasquetándose
otra vez su abollada bomba, sin la cual, al parecer, no era dueño de todos los recursos de la
ciencia quirúrgica.

—Remángate, Manola—aconsejó, sin volver
la cabeza, Pedro;—si no, vas á ponerte perdida.

Notando que él no la miraba, Manolita se re-
mangó. Los chiquillos, rubios como el cerro,
que presenciaban la operación absortos, con la

pupila dilatada y chupándose el dedo índice,
quisieron también cooperar al buen resultado,
y vinieron á poner cada uno una manita en los
corvejones de la mártir. Poço duró el suplicio.
El señor Antón, con su rapidez y maestría
acostumbradas, arrojaba ya triunfalmente hacia el campo más próximo una masa sanguino-
lenta é informe, que era el núcleo del lobanillo
y su aureola de raíces. Entre un furioso y desesperado bramido de la vaca al sentir la pez
hirviendo que le abrasaba los tejidos, y un
¡carraspo! del algebrista, que se levantaba
vencedor, se acabó la operación, y la víctima
fué de nuevo encerrada en el establo. Echáron-
le en el pesebre un brazado de fresca hierba,
y á poco su hocico húmedo, del cual se des-
prendía un hilo de baba, rumiaba con fruición
la dulce golosina.

III

S IN embargo, aún le quedaban al señor Antón
deberes facultativos que llenar en aquella
casa. Le presentaron un ternero que andaba
malucho de desgano y rehusaba las cortezas de
pan y la hierba más apetitosa. Le abrió la boca
al punto, sacóle de través la lengua, y declaró
que tenía el piojo. Pidió los ingredientes de sal
y ajo, que metió en una bolsita de lienzo; mo

jóla en vinagre, y frotó con ella los bordes de
la lengua, para levantar las escamillas en que
consistía el mal: sacó luego del bolsillo-estuche
unas tijeras de costura, y cortó las escamas,
dejando al choto en disposición de zamparse todos los prados comarcanos. Tras el ternero
vino un buey, cojo de la mano derecha: el doc-
tor reconoció que tenía *el pulgón* y que era
preciso meterle entre la pezuña un puñado de
pólvora amasada y prenderle fuego. El caso
era que no se encontraba pólvora allí.

—Que vayan por ella á los Pazos—exclamó
servicialmente Perucho.

—Mientras van y vuelven llega la noche, señorito—exclamó el atador—y de aquí á Boán
hay camino. Ya pasaré por aquí mañana ó pasado lo más tarde, que me cumple verle la
yegua al señor Angel. No hay duda, que no
muere el buey por eso.

Quedó aplazada la voladura del pulgón, pero
no consintió la Sabia en que se partiese el algebrista sin *tomar un taco* y *echar un cloris*. Limpiándose el copioso sudor con el pañuelo de
hierbas, sentóse el señor Antón á la mesa,
ante el zoquete de pan de centeno y el jarro de
vino. Entabló conversación con el ama de casa,
no habiendo querido los señoritos sentarse ni
probar cosa alguna, porque les divertía más
presenciar la cómica escena y oir, cruzando
ojeadas y risas, la plática donosa que aviva-
ban con sus preguntas. Estaba de buen humor
el vejete, como siempre que terminaba feliz-
mente una operación y se veía con el pichel de

mosto delante. A las quejas de la Sabia, que se lamentaba de las enfermedades de los animales con tono de abuela cuando deplora achaques de sus nietos, respondía jocosamente el algebrista que, si no tuviese *una riqueza* en ganado, no se le pondría el ganado enfermo nunca?

—¿A que á mí no se me mueren las vacas? En no las teniendo... catá.

La bruja respondía á tan atinada observación con otra muy filosófica y cristiana:

—Todos habemos de morir, si Dios quiere.

De tal respuesta tomó pié el algebrista para procurar insinuarse, hablando del bocio de la vieja, y comprometiéndose á extirpárselo con tanta prontitud como el tumor de la vaca, *fuera el alma*. Contó que precisamente acababa de realizar la misma operación en un labrador rico de Gondás. De cuatro ó cinco tajos de navaja *¡zis, zas!* (y al decir *zis, zas* pasaba el dedo por delante del cuello deforme de la Sabia) le había sajado el bocio perfectísimamente, plantándole, para atajar la *morragia,* un emplasto donde se mixturaban trementina, diaquilón, confortativo, minio, litargirio, incienso, pez blanca, pez dorada y pez negra...

—Vamos, pez de todos los colores—dijo Perucho riendo.

—No haga burla, señorito, no haga burla... Pues emplasto fué aquel que apretó, apretó, apretó (y el algebrista cerraba y apretaba el puño con toda su fuerza) y á los quince días...

—¿Al camposanto?

—¡Quedó como si tal cosa, más contento que

un cuco! ¡La sabiduría puede mucho, señorito!

La bruja no se resolvía á empecinarse. Tantos años con aquello, y al fin *iba durando:* luego no era cosa de muerte. Los animales... no. tienen que ver con las personas: si no se cuidan y se asisten, ni trabajan, ni dan leche, ni... En vista de que allí no necesitaban médico las *personas humanas,* el algebrista, después dé dejar temblando el jarro, sacó el pitillo que llevaba tras la oreja, encendiólo en las brasas del lar, se terció la chaqueta, y con andar más que nunca dificultoso, tomó el camino del valle.

Acompañóle la pareja, divertida con su charla. Era el señor Antón uno de esos personajes típicos, manifestación viviente, en una comarca, de los remotos orígenes y misteriosas afinidades étnicas de la raza que la habita. En el país se contaban muchos que ejercían la profesión de *algebristas,* componiendo con singular destreza canillas rotas y húmeros desvencijados, reduciendo luxaciones y extirpando sarcomas, merced á no sé qué ciencia infusa ó tradición comunicada hereditariamente, ó recogida de labios de algún *compostor* viejo á quien el mozo había *tomado los moldes;* pero ninguno tan acreditado y consultado en todas partes como el *atador de Boán,* que tenía fama de poner la ceniza en la frente á los médicos de Orense y Santiago, habiendo persona que vino expresamente desde Madrid, cuando todavía se viajaba en diligencia, á que el señor Antón le curase una fractura. No desvanecían al vejete las glorias científicas; pero

si le daban pretexto á descuidar la labranza de
sus tierras y entregarse á sabrosa vagancia
cotidiana por riscos y breñas. Con su chaquetón al hombro en el verano, su montecristo de
pardomonte en invierno, y siempre el pitillo
tras la oreja, la chistera calada sobre el pañuelo, el paraguas colorado bajo el brazo y el
libro grasiento en la faltriquera, recorría haciendo eses los senderos del país, sintiendo en
la cabeza y en la sangre la doble efervescencia del aire puro y vivo de la montaña y de la
libación de mosto ó aguardiente hecha á los
dioses lares de cada enfermo. La atmósfera
candente, el cierzo glacial, las claras mañanas
primaverales, las templadas noches, la borrasca, la bonanza, le tenían seco y oreado como
un fruto de cuelga, como esas manzanas tabar-
dillas cuya piel se arruga y contrae y adoba
más que el mejor pergamino; y también, lo
mismo que en ellas, la pulpa se concentraba
guardando toda su virtud y sabor. No había
viejo mejor conservado, más templado y *rufo*
que el señor Antón: asegurábanlo las mozas
trocando maliciosos guiños, y lo confirmaban
los mozos haciendo con la mano alzada y el
pulgar inclinado hacia la boca el ademán del
que se atiza un buen traguete. Nunca se le encontraba que no estuviese bajo la alegre in-
fluencia del jarro, ó del sol, que tenía la virtud
de hacerle fermentar en las venas la reserva
de espíritus alcohólicos. Entonces se desataba
su locuacidad, y le gustaba sobre todo platicar
con los curas ó con los aldeanos viejos y du-

chos, en quienes, á falta de instrucción, la experiencia de una larga vida ha desarrollado
cierta inteligencia práctica, haciéndoles depo-
sitarios del caudal del saber popular, ancho
cauce de arena donde á trechos brilla alguna
partícula de oro ó algún diamante en bruto. El
señor Antón tenía su filosofía allá á su modo,
mitad bebida en tres ó cuatro librotes viejos,
en tomos descabalados de Feijóo, en el *Desi-
derio y Electo,* mitad inspirada por el espectáculo y la sugestión incesante de la madre
naturaleza, de árboles y estrellas, ríos y nubes. En su cráneo estrecho y prolongado, verdadero cráneo céltico, bullían á veces viejas
ideas cosmogónicas, pocetos confusos de pan-
teísmo y restos de cultos y creencias ancestra-
les. Por lo cual, al meterse en honduras, solía
decir muchos y muy peregrinos despropósitos,
mezclados con dictámenes y apotegmas que
sorprendían al verlos salir de aquella boca ple-
gada como la jareta de un bolsón, envueltos en
vaho aguardentoso y subrayados por la risa de
polichinela que establecía inmediata comuni-
cación entre su nariz y su barba.

Encontrándole más alumbrado que de costumbre, moríase Perucho por tirarle de la lengua, y le seguía, llevando el dedo meñique en-
ganchado en el de Manuela y columpiando el
brazo á compás, por hábito inveterado de contacto cariñoso.

Chupaba el señor Antón su apestoso papelito, sumiendo la boca de tal manera, que
más que con los labios, parecía aspirar el

humo con la laringe. Al mismo tiempo iba filo-
sofando sobre las enfermedades, la vejez y la
muerte.

—¡Mire, señorito, que esto de estar enfermo
(aquí un traspiés) le tiene su aquél, ¡carraspo!
Lee uno en libros, á lo mejor, que el hombre
es, como quien dice, un gusano, y viene la soberbia, y replica:—No, gusano no, que yo ten-
gooó (ahuecó la voz enfáticamente) lo que no
tiene un gusanoooó! ¡Pero llega la enfermedad,
maina mainita (y remedaba los movimientos
del que se acerca muy cautelosamente á otro).
y ya no se diferencia el *verme* del hombre...
¡carraspo! Porque, díganme: ¿uso yo una navaja para *estripar,* con perdón, las *tumificacio-
nes* de las vacas, y otra para las personas humanas? No, señor, que uso la misma, que aquí
la llevo en el bolsillo (y se golpeaba con fuerza
el pecho). El emplasto ó la cataplasma, ¿se mix-
turan de otro modo? ¡No señoóoor! y en vista
de ello...

—¿Resulta, señor Antón, que á V. no le parece diferente un buey de un cristiano? ¿Eh?
¿V. y yo valemos tanto como un jumento?

—¡No sea tan *materialista,* señorito, carraspo!... Son poquitos los que se hacen cargo de
estas cosas *perfundas...* ¡Hay que abrir el ojo!
¿Tiene ahí un mixto? Se me apaga el condenado
del pitillo. Estimando la molestia... Vamos al
decir de que la gente como V. y como yo, y las
bestias, dispensando vustedes, padecen de los
mismos males, y en la botica no hay diferencias
de remedios, y la vida se les viene y se les va

del mismo modo, y todos pasan su tiempo de
chiquillos, porque los perritos pequeños lloran
y enredan como las criaturas, y luego á las
personas humanas les llega la de andar tras de
las mozas, y andan que *tolean,* y también los
perros se escapan de casa para perseguir á las
perras, con perdón, y las buscan, y riñen por
causa de ellas, y las obsequian como los señoritos á las señoritas... ¡Carraspoó!

Al llegar á este punto el discurso del atador,
Pedro soltó los dedos de Manuela para reir á
carcajadas, y la montañesa le acompañó, sofo-
cando la risa en la boca con la punta del pañuelo.

—Pero eso ya se sabe, señor Antón... ¡Vaya
unas noticias que da! ¡Fresquitas!

—Poco y poco, poco y poco... (Se ignora si el
algebrista lo decía pensando en que el camino
tenía muchas piedras y él más vino en el estómago, ó siguiendo la ilación de su tesis tras-
cendental.) Vamos á la *custión*... Digo, señorito, y no miento: un hombre *valerá*, estamos
conformes, más que los animales; pero poder...
Vaya, poder, no puede más que un buey; y
cuando le llega la de cerrar el ojo, aunque sepa
más que el rey Salimón, lo cierra... y abur. ¿Lo
cierra ó no, señorito?

—Según y conforme... También los hay que
se quedan con él muy abierto—murmuró Pedro
para hacer rabiar al atador.

—Demasiado nos entendemos...—articuló éste
escupiendo, por el sitio en que algún día tuvo
los colmillos, un chorro de saliva negruzca,

cuya proyección cortó limpiándose el agujero
de la boca con el dorso de la mano. Señorito,
escuche y perdone.—¡A lo que me da que pensar, carraspo! Esto del nacer, y del morir, y
del enfermarse, y del comer, y del beber, ¡atención! (hizo aquí una ese más arqueada que ninguna), es un... un... un aquel que puede más
que los animales y los hombres juntos, á modo
de una *endrómena* muy grande, muy graaaan-
de...

El algebrista tendía la mano y la giraba en
derredor, señalando con amplio ademán circular la profundidad del valle de Ulloa, el anfiteatro de montañas que lo cierra, el río que espu-
maba cautivo en la hoz, todo lo cual se dominaba desde el sendero alto y escarpado. Pedro
y Manuela, que habían vuelto á enganchar los
dedos por instinto, miraban hacia donde apuntaba el viejo, tratando de comprender la idea
rebozada en báquicos vapores que desde el cerebro del señor Antón descendía trabajosamente hasta su lengua.

—Tan grande—añadía, extendiendo ya los dos
brazos para mejor expresar la inmensidad—que
me parece á mí, señorito, con perdón, que es
tan grande como el mundo... ¡Más aún, carraspo! -

—¿Más que el mundo? ¡Quieto, vino, quieto!
—exclamó Pedro, significando que por boca del
algebrista hablaba la borrachera.

—Más aún, si señor. ¿De qué se pasma? Demasiado nos entendemos. Un hombre ha leído
algo... ¿Tiene otro mixto? Disimule.

—Ahí va la caja. ¿Con que se ha leído mucho?

Una sonrisa orgullosa dilató los plieguecillos de la consabida jareta.

—El saber, como dijo el otro, no ocupa lugar... No se burle, señorito, no se burle... ¿Demasiado tendrá V. leído lo que llaman el Treato... el Trato?...

—¿Alguna comedia?

—¡Comedia! Lo compuso un fraile, hablando con respeto... un fraile de esta tierra, con más sabiduría que todos los de España y del mundo entero juntos... Pues allí dice, ¡sí, señorito! que las estrellas del cielo son como nosotros... ¡con perdón! como este universo-mundo de acá... y que también allí nacen, y mueren, y comen, y andan atrás de las muchachas...

Al llegar aquí guiñó picarescamente el algebrista el ojo izquierdo á la bóveda celeste, y como si obedeciese á un conjuro, el hermoso lucero de Venus comenzó á rielar con dulce brillo en el sereno espacio.

—¡Hay que desengañarse, hay que desengañarse!—prosiguió el viejo moviendo la cabeza que, al oscilar sobre el seco pescuezo, parecía una pasa pronta á desprenderse del rabo.—Por muchas vueltas que se le dé, esta cosa grande, grande, grandísima (y reiteraba el ademán de abarcar todo el valle con los brazos), puede más que vusté, y que yo, y aquel, y que todos, ¡carrapiche! Yo me muero, verbo en gracia; bien, corriente, sí, señor; ¿y después? La cosa grande se queda tan fresca. Yo me divertí; de mis carnes se crían repollos, y patatas, y toda *clas* de hortalizas; pero ya propiamente no soy nada... ¿me entiende?

—¿También de mi cuerpo se han de criar repollos?—preguntó Manolita.

—¡Y juy juy!—relinchó el algebrista, trompicándose en una piedra por culpa del arrechucho de galantería que le entró.—Del cuerpo de las señoritas buenas mozas se criará espliego, rositas de Mayo...

Adoptando de nuevo su gravedad filosófica, añadió:

—Pero no se ponga hueca... Le es igual... igualito... Qué más tiene volverse chirivía ó malva de olor, carrás... ¿Quiérese decir que las estrellas del cielo, y las tierras, y el *mainzo*, y el cuerpo de vusté, y el mío; y el del Papa, con perdón, y el espliego, y los repollos, y las vacas, y los gatos, es todito lo mismo, disimulando vusté, y no hay que andar escoge de aquí y escoge de allí?... Todo lo mismo, señorita, todo lo mismísimo... ¡La cosa grande!

Al llegar aquí de su perorata le besó un canto en la espinilla, y llevóse la mano á la pierna, exhalando un *¡ay!* doliente; pero al punto mismo, después de refregarse la parte dolorida y tirar con rabia del cigarro, que se apagaba de vez, volvió á su tema, balbuciendo con lengua todavía más estropajosa:

—La co..., la cosa grande... se ríe de todo, sí, señor, de todo... Allá anda, carráspo... haciendo la burla á quien nace... y á quien muere..., y á los que buscamos las mo... mozas... de rumbo... ¡juy! La cosa... g... gran... no nació en ja-

más... ni se ha de morir... Buena gana tiene...
A cada a... ño... está... más... fres... frescachona... ¡juy! vivan las rap... rapazas... ¡Arde, cigarro; arde, condenado, si quieres, que... te..
par... to!...

—Echemos por las viñas, Manola—dijo Pedro
á su compañera.—El algebrista va hoy como un
templo. Ya no se le sacan del cuerpo sino barbaridades.

—¿Y si tropieza y cae al río?

—¡Qué disparate! Estaría muerto ya un millón de veces, mujer, si fuese capaz de caerse.
Anda así toda la santa vida.

IV

LIBRES ya del atador, tomaron un sendero más
practicable, que por entre tierras labradías
y viñedos conducía al gran castañar del solariego caserón de Ulloa. Aunque la luna, en
cuarto creciente, dibujaba ya sobre el cielo verdoso una fina segur, todavía la claridad del crepúsculo permitía registrar bien el paisaje; pero
al ir entrando bajo la tenebrosa bóveda formada
por el ramaje de los castaños, se encontró la
pareja envuelta en la obscuridad, y en no sé
qué pavoroso y sagrado, y fresco y solemne,
como el ambiente de una iglesia. El suelo estaba seco y mullido, como suele estar en verano

el de los bosques, y el pié lo hollaba con placer. No se oía más ruido que el rumor de las
hojas, melodioso como una música distante de
la cual apenas se percibe el acompañamiento.
Instintivamente, Pedro y Manuela se aproxima-
ron el uno al otro, y sus dedos se engancharon
con más fuerza; pero el sentimiento que ahora
los unía no era el mismo que allá en la gruta,
sino una especie de comunión de los espíritus,
simultáneamente agitados, sin que ellos mismos
los comprendiesen, por las ideas de muerte, de
transformación y de amor, removidas en la grosera plática del vejete borracho.

—¡Perucho!—murmuró ella alzando el rostro
para mirar el de su compañero, que en aquella
sombra veía pálido y sin contornos.

—¿Qué quieres?—contestó él sacudiéndole el
brazo.

—¿Qué me dices de todo eso?... ¡Cuántas bo-
badas echó por aquella boca el señor Antón!

—Está peneque, y chocho además.

—¿Me volveré yo rosa? ¿Malvita de olor?

—No tienes que volverte... Ya Dios te dió rosa
y clavel, y cuantas flores hay.

—No empieces á meterte conmigo... ¡Que me
enfado! ¿Y eso que dice de una cosa muy grande, que está en el cielo, y en la tierra, y en todos
los sitios?

—Muchos ratos también se me pone á mí aquí
—murmuró Pedro deteniéndose y señalando á
la frente—que hay una cosa muy grande... ¡y
tan grande!... Mayor que el cielo. ¿Sabes dónde,
Manola? ¿A que no lo aciertas?

—¿Yo qué sé? ¿Soy bruja, ó echo las cartas como la Sabia?

El mancebo le tomó la mano, y la paseó por su pecho, hasta colocarla allí, donde, sin estar situado el corazón, se percibe mejor su diástole y sístole.

—¡Aquí, aquí, aquí!—repitió con ardiente voz, oprimiendo como para deshacerla la mano morena y fuerte de la muchacha, que se reía, tratando de soltarse.

—Majadero, brutiño, que me lastimas.

La soltó, y ella siguió andando delante en silencio. De cuando en cuando se percibía entre las hojas el corretear de una liebre, ó resonaba el último gorjeo de un ave. A lo lejos arrullaban roncamente las tórtolas, bien alimentadas aquellos días con los granos caídos en los surcos del centeno. También se escuchaba, dominando la sinfonía con sordina del follaje, el gemido de los carros que volvían cargados de haces de mies á las eras.

—Manola, no corras tanto...—exclamó Pedro con voz tan angustiada como si la chica se le escapase. — ¡Ave María, mujer! Parece que te van persiguiendo los cánes. ¿Tienes miedo?

—No sé á qué he de tener miedo.

—Pues entonces, anda á modo, mujer... ¿Qué diversión se nos pierde en los Pazos? ¡Mira que es bonita! Padrino estará fumando un cigarro en el balcón, ó viendo cómo arreglan las *medas;* mamá por allí, dando vueltas en la cocina; papá en la era, eso de fijo... las chiquillas ya

dormirán... ¡va buena que dormirán! ¡Oye, chica, la mano!

Trabáronse como antes por los dedos meñi-
ques, y continuaron andando no muy despacio.
El bosque se hacía más intrincado y obscuro, y
á veces un obstáculo, seto de maleza ó valla de
renuevos de árboles, les obligaba á soltarse de
los dedos, á levantar mucho el pié y tentar con
la mano. Tropezó Manola en el cepo de un castaño cortado, y sin poderlo evitar cayó de rodillas. Pedro se lanzó á sostenerla, pero ella se
levantaba ya soltando la carcajada.

—¡Vaya una montañesa, que tropieza en
cualquier cosa como las señoritas del pueblo!
Por el afan de correr. Bien empleado.

—Pero si no se ve miaja. Rabio por salir
pronto de aquí.

—Para irte á la cama, ¿eh? ¿Para dejarme
solito?

—Podías dar un repaso á los libros, haragán.

—Mujer... ¡para cochinos tres meses que tiene uno de vacaciones! Yo antes pasaba contigo
todo el año... ¿no te acuerdas? Siempre, siempre andábamos juntos... ¡Qué vida tan buena!
Y bien aprendíamos reunidos, más de lo que
aprendo ahora en clase... ¡Apenas tenemos leído libros de la estantería! ¿Te acuerdas cuando
te enseñé las letras por uno que tiene estampas?

—Pero de la mitad nos quedábamos á obscuras. De muchos sólo mirábamos las estampitas,
aquellos monigotes tan descarados.

—Bueno, el caso es que estábamos más con-
tentos, ¿eh? Yo al menos. ¿Y tú?

Calló la niña montañesa, tal vez porque un
haz de arbustos nuevos y un alto zarzal le ce-
rraban el paso. Tuvieron que retroceder y buscar entre los castaños la senda perdida.

—¿No me contestas? ¿Vas enfadada conmigo?

—No hay humor de hablar mientras esté uno
en estas negruras.

—Y después que salgamos al camino de la
era, ¿me das palabra de que rodearemos por
los sembrados?

—Sí, hombre, sí.

—¿Manola?

—¿Quée?

Deslizábase á la sazón la pareja por un estrecho pasadizo de troncos de castaño, que
apenas daba espacio á una persona de frente.
La obscuridad disminuía; acercábanse á la linde del bosque. La niña alzó los ojos, vió la cara
de su compañero, y acompañó la interrogación
de fingido mal humor con una sonrisa, y entonces él se inclinó, le echó las manos á la cabeza,
y con una mezcla de expansión fraternal y vehemencia apasionada, apretóle la frente entre
las palmas, acariciándole y revolviéndole el
cabello con los dedos, al mismo tiempo que
balbucía:

—¿Me quieres, eh? ¿me quieres?

—Sí, sí — tartamudeaba ella casi sin aliento,
deliciosamente turbada por la violencia de la
presión.

—¿Como antes? ¿Como allá cuando éramos
pequeñitos. eh? ¿Como si yo viviese aquí?

—¡Ay! me ahogas... me arrancas pelo—murmuró Manola, exhalando estas quejas con el
mismo tono que diría:—Apriétame, ahógame
más.—No obstante, Pedro la soltó, contentán-
dose con guiarla de la mano hasta que salieron
completamente del bosque, y en vez de árboles
distinguieron frente á sí el *carrerito* que llevaba en derechura á la era de los Pazos. Pero el
mancebo torció á la izquierda, y Manola le siguió. Iban orillando un sembrado de trigo, que
en aquel país abundan menos y se siegan más
tarde que los de centeno. Si á la luz del sol
un trigal es cosa linda por su frescura de églo-
ga, por los tonos pastoriles de sus espigas,
amapolas, cardos y acianos, de noche gana en
aromas lo que pierde en colores, y parece perfumado colchón tendido bajo un dosel de seda
bordado de astros. Convida á tomar asiento el
florido ribazo alfombrado de manzanillas, cuya
vaga blancura se destaca sobre la franja de
hierba; y allá detrás se oye el susurro casi imperceptible de los tallos que van y vienen como
las ondas de una laguna.

Dejóse caer Manola en el ribazo, sentándose
y recogiendo las faldas, y Pedro se echó enfrente de ella, boca abajo, descansando el rostro en la mano derecha. Así permanecieron dos
ó tres minutos, sin pronunciar palabra.

—Debe de ser muy tarde—articuló la muchacha, agarrando algunos tallos de trigo y empu-
ñándolos para sacudir las espigas junto á la
cara de Pedro.

—Silencio... ¿No te da gusto tomar el fresco,

lchuchiña? Esta tarde no se paraba con el ca
or. ¿O tienes sed?

—No— contestó lacónicamente.

Transcurrió un momento, durante el cual
Manola se entretuvo en arrancar una por una
flores de manzanilla, y juntarlas en el hueco de
la mano. Al fin la impacientó el obediente mu-
tismo de su compañero.

—¿Qué haces, babeco?

—Te estoy mirando.

—¡Vaya una diversión!

—Ya se ve. Como á ti ahora te ha dado por
no mirarme. Parece que te van á enfermar los
ojos si me miras. Te has vuelto conmigo más
brava que un tojo.

Ella, arisca y muda, siguió arrancando las
manzanillas silvestres. Un céfiro de los más
blandos que jamás ha cantado poeta alguno; un
soplo que parecía salir de labios de un niño
dormido, pasando luego por los cálices de todas las madreselvas y las ramas de todas las
mentas é hinojos, se divertía en halagarle la
frente, inclinando después las delgadas aristas
de la espiga madura. A pesar de sus fingidas
asperezas, Manola sentía un gozo inexplicable,
una alegría nerviosa que le hacía temblar las
manos al recoger las manzanillas. Con todo el
alborozo de una chiquilla saboreaba la impresión nueva de tener allí, rendido, humilde y
suplicante, al turbulento compañero de infancia, el que siempre *podía más* que ella en juegos y retozos, al que en la asociación íntima y
diaria de sus vidas representaba la fuerza, el

vigor, la agilidad, la destreza y el mando. Al
sentirse investida por primera vez de la regia
prerrogativa femenina; al comprender claramente cómo y hasta dónde le tenía sujeta la
voluntad á su Pedro, se deleitaba en aparentar
mal humor, en torcerle el gesto, en llevarle la
contraria, en responderle secamente, en bur-
larse de él con cualquier motivo, encubriendo
así la mezcla de miedo y dicha, el ímpetu de su
sangre virginal, ardorosa y pura, que se agol-
paba toda al corazón, y subía después zumbando á los oídos, produciéndole deleitoso mareo
al oir la voz de Pedro, y sobre todo al detallar
su belleza física. Justamente, mientras corría
aquel tan halagüeño céfiro, Manuela se absorbía en la contemplación de su amigo, pero de
reojo. La luminosa transparencia de la noche
permitía ver los graciosos rizos del mancebo
cayendo sobre su frente blanca y tersa como el
mármol, y distinguir la lindeza de sus facciones y de sus azules ojos, que entonces parecían
muy obscuros.

—¿Cómo me querrá tanto, siendo yo fea?—
decía para sus adentros Manola; y de repente,
cogiendo todas las manzanillas, se las arrojó
al rostro.

—A casa, á casa en seguida, que son las tantas de la noche—murmuró arrodillándose, como
si la costase trabajo incorporarse de una vez.
Ya estaba allí Pedro para auxiliarla. Cuando
eran chiquillos solía dejarla en el atolladero
por algún tiempo hasta que pidiese misericordia, y reirse descaradamente de sus apuros..

Ahora no se atrevería á hacerla rabiar: él era el esclavo.

Volvieron á tomar el sendero. A poco se encontraron en la era, vasto redondel cercado por una parte de estrecha muralla y de manzanos gibosos. Por la otra, sobre el cielo estrellado, se destacaba la cruz del hórreo, y más arriba subían las ramas inmóviles de una higuera. Alredor, las *medas* ó altos montículos de mies remedaban las tiendas de un campamento ó la ranchería de una aldea india. Ya no había allí nadie: por el suelo quedaban todavía esparcidos algunos haces de la cosecha del día.

Un perro, ladrando hostilmente, se abalanzó contra la pareja; mas al reconocerla, trocó los ladridos de cólera en delirantes aullidos de alegría, se echó al suelo, se revolcó, gimió, y, por último, zarandeando la cola de un modo insensato, con la lengua fuera de las fauces, trotando sobre la seca hierba del sendero; y volviéndose á cada segundo, los precedió hasta los Pazos de Ulloa.

V

Subía la diligencia de Santiago el repecho que hay antes de llegar á la villa de Cebre. Era la hora de mayor calor, las tres de la tarde. La persona de más duras entrañas se compadecería de los viajeros encerrados en aquel cajón, donde si toda incomodidad tiene su asiento, el que lo paga suele contentarse con la mitad de uno.

Venía atestado el coche, que era de los más angostos, desvencijados, duros y fementidos. En el interior, hombro contra hombro del vecino del lado, é incrustadas las piernas en las del frontero, se acomodaban cinco estudiantes de carrera mayor en vacaciones, una moza chata, portadora de un cesto de quesos, el notario de Cebre, y la mujer de un empleado de Orense, con el apéndice de un niño de brazo. La atmósfera del interior era sol, sol disuelto en polvo, sol blanquecino, crudo, implacable, centuplicado por la obscura refracción de los puercos vidrios, que ningún viajero osaba bajar, por temor de ahogarse entre la polvareda. La respiración se dificultaba: gotas de sudor rezumaban de los semblantes, y moscas y tábanos—cuyo fastidioso enjambre había elegido allí domicilio—se agolpaban en los pescuezos y labios, chupándolas. No había modo de espantar á tan impertinentes bichos, porque ni nadie podía revolverse, ni ellos, enconados por el ambiente de fuego, soltaban la presa á dos tirones. Al desabrido cosquilleo del polvo en las fosas nasales se unía el punzante mal olor de los quesos, y aun sobresalía el desapacible tufo del correaje y el vaho nauseabundo tan peculiar á las diligencias como el olor del carbón de piedra á los vapores. A despecho de todas estas molestias y otras muchas propias de seme-

jante lugar, los estudiantes no perdían ripio, y
armaban tal algazara y chacota, secundándoles
el notario, que sus dichos, más picantes que el
aguijón de los tábanos, habían parado como un
tomate las orejas de la moza, la cual apretaba
su cesta de quesos lo mismo que si fuese el más
perfumado ramillete del mundo. La mujer del
empleado, aunque nada iba con ella, creíase
obligada, por sus deberes de buena esposa y
madre de familia, á suspirar á cada minuto levantando los ojos al cielo, mientras abanicaba
con un periódico al dormido vástago.

No disfrutaban mayor desahogo los de la berlina. De ordinario era ésta el sitio de preferen-
cia; pero aquel día una especial circunstancia
lo había convertido en el más incómodo. Al salir de Santiago muy de madrugada, los dos pasajeros que ya ocupaban las esquinas de la
berlina entrevieron con terror, á la dudosa luz
del amanecer, otro pasajero de dimensiones
anormales, que se aproximaba á la portezuela,
sin duda con ánimo de subir y apoderarse del
tercer asiento. Al pronto no distinguieron sino
un bulto obscuro, gigantesco, que exhalaba una
especie de gruñido, y se les ocurrió si sería algún animalazo extraño; pero oyeron al mayoral—viejo terne conocido por el *Navarro*, aunque era, según frase del país, más gallego que
las vacas—exclamar, en el tono flamenco y des-
enfadado que la gente de tralla cree indispensable requisito de su oficio, y con la mitad del la-
bio, pues el otro medio sujetaba una venenosa
tagarnina.

—¡Maldita sea mi suerte! ¿Cura á bordo?
Vuelco tenemos.

Casi al mismo tiempo el pasajero de la esquina izquierda, vivaracho, pequeño y moreno,
tocó en el codo al de la derecha, que era alto,
y le dijo á media voz:

—Es el arcipreste de Loiro... Veremos cómo se
amaña para pasar al medio... Nosotros no solta-
mos nuestro rincón... ¡Se prepara buen sainete!...

Miróle el otro viajero, y encogióse de hombros, sin responder palabra. Entre el mayoral
y el zagal procuraban izar la humanidad del
Arcipreste hasta las alturas de la berlina: em-
presa harto difícil, pues requería que el enorme vejestorio pusiese un pié en el cubo de la
rueda, luego otro en el aro, y luego le empuja-
sen y embutiesen dentro por la estrecha abertura de la portezuela. El viajero pequeño reía
á socapa, calculando el fracaso probable de la
tentativa, por estar ocupado el rincón. Grande
fué su sorpresa al ver que el viajero alto llevaba la mano á su gorra de viaje, indicando un
saludo; y en seguida se corría hacia el asiento
del centro, para dejar paso franco; y después,
viendo que ni aun así conseguían introducir al
obeso y octogenario Arcipreste, alargaba sus
enguantadas manos y tiraba de él con fuerza
hacia el interior, logrando por fin que atrave-
sase la portezuela y se desplomase en el asiento
del rincón, haciendo retemblar con su peso la
berlina y llenándola toda con su desmesurada
corpulencia, al paso que refunfuñaba un—Felices días nos dé Dios.

De soslayo—porque después de entrar el Arcipreste nadie podía rebullirse y todos se encontraban estrictamente encajados, prensados
como sardina en banasta—el viajero chico insi-
nuó á su compañero:

—¡Pero hombre, que se ha fastidiado V.!
Ahora tiene V. que aguantarse en el medio
todo el viaje. ¡Ha sido V. un tonto! El entre-
més era dejarle, á ver qué hacía.

Enarcó las cejas el viajero de los guantes,
dudando si mandar á paseo á aquel cernícalo ó
darle una lección. Al fin se volvió, como pudo,
y dijo bajando la voz:

—Es un viejo y un sacerdote.

El viajero pequeño le miró con curiosidad,
arrugando el gesto, y procurando discernir
mejor, á la pálida luz del amanecer, las trazas
del enguantado caballero. Parecíale hombre ya
maduro, bien barbado, descolorido de rostro,
alto de estatura, no muy entrado en carnes—
sin ser lo que se llama flaco—y vestido de un
modo especialmente decoroso y correcto, por
lo cual el observador pensó:

—Este me huele á título ó diputado de los
conservadores. ¿Quién será, demonios, que no
lo he visto nunca?—Y después de reflexionar
breves instantes:—De fijo—decidió—es algún
forastero que va á la finca del marqués de las
Cruces ó á la de San Rafael... Claro. Allí todo
el mundo se come los santos y les hace el sala-
melé á los curas... Pues el marqués de las Cruces no es, que á ese bien le conozco... El de
San Rafael, menos... ¡ojalá! Nos haría reven-

tar de risa con sus dichos... señor más ocu-
rrente y más natural... ¿Será alguno de los ma-
ridos de las sobrinas? ¡Cá! vendría la señora
también con él. Pero, ¿quien rayos será?

Ya no tuvo punto de reposo el activo y bulli-
dor cerebro del viajero chico, á quien no en
vano daban amigos y adversarios (de las dos
cosas tenía cosecha, á fuer de temible cacique)
el sobrenombre significativo de *Trampeta,*
queriendo expresar la fertilidad en expedientes
y enredos que le distinguía. Toda la potencia
escrutadora del intelecto trampetil se aplicó á
despejar la incógnita del misterioso viajero
que cedía el asiento del rincón á los curas. Con
más atención que ningún novelista de los que
se precian de describir con pelos y señales; con
más escama que un agente de policía que sigue
una pista, dedicóse á estudiar é interpretar á
su modo los actos de su compañero de viaje,
á fin de rastrear algo. Después que arrancó
la diligencia, el viajero no había hecho sino
bajar un cristal, el que le tocaba en frente, con
ánimo sin duda de mirar el paisaje; pero al convencerse de que no se veían por allí sino los
hierros del pescante y los piés zapatudos del
mayoral, volvió á subirlo, y se recostó en el
respaldo, resignadamente, no sin lanzar una
ojeada, de tiempo en tiempo, hacia las venta-
nillas. Transcurrido un cuarto de hora, cuando
ya habían perdido de vista el pueblo, sacó una
petaca fina, y abriéndola, la ofreció á ambos
compañeros sin hablar, pero con ademán cortés. Trampeta alargó sus dedos peludos y cor-

tos y cogió un cigarrillo diciendo:—Se estima.

—El Arcipreste entreabrió un ojo (iba como aletargado, resoplando y con la cabeza temblona) y dijo que no con las cejas; al mismo tiempo deslizó la incierta mano, que de puro gruesa parecía hidrópica, bajo el balandrán, y exhibió una tabaquera de forma prehistórica, un gran *fusique* de plata, que arrimó á la nariz, sorbiendo con notoria complacencia el rapé.

—No toma sino polvo... Está más viejo que la Bula... Yo no sé cómo no ha reventado ya— exclamó Trampeta, sin cuidarse de bajar la voz; por lo cual el otro viajero le amonestó algo severamente:

—Mire V. que este señor puede oir lo que V. dice de él.

—¡Cá! Más sordo que una tapia—gritó Trampeta, como para probar su aserto.—Aunque le dispare un cañón junto á la oreja, ni esto. Siempre fué algo *teniente;* pero ahora, ¡María Santísima! La sordera, como V. me enseña, es un mal que crece con los años. Y vamos á ver: ¿dirá V. al verlo tan acabado, que este bendito Arcipreste fué un *remeje que te remejerás* de elecciones, que nos dejaba á todos tamañitos? Hoy no es ni su sombra... En sus tiempos era un demonio con sotana: no había quien se la empatase en toda la provincia. Cuentan que una vez dió un puntapié á la urna... Sin ir más lejos, allá cuando la Revolución, *la gloriosa,* ¿V. me entiende? que andaban los carlistas muy alterados, como V. me enseña, por poco entre ese condenado y otros de su laya me hacen

perder una elección reñidísima, y me sacan
avante al marqués de Ulloa contra el candi-
dato del Gobierno.

Al nombre del marqués de Ulloa, el viajero enguantado, que hasta entonces escuchaba
como quien oye llover, y sin ocuparse más que
del cigarrillo suave que fumaba, prestó atención y aun intentó volverse; pero esto no era
factible, atendido que cada vez iban más apretados, porque el Arcipreste, reclinando la cabeza en la esquina, y cubriéndose la cara con
un pañuelo blanco, adoptaba postura cómoda,
y ocupaba todavía más sitio.

—¿Dice V. que las elecciones en que figuró
el marqués de Ulloa?...

—Sí, señor; sí, señor...—repuso Trampeta,
todo esponjado y contento de acertar con algo
que interesaba al viajero y le hacía dar señales de vida.—Por cierto que después...

—El marqués de Ulloa—interrumpió el viajero—es Don Pedro Moscoso, ¿verdad?

—El mismo que viste y calza. Por cierto
que...

—¿El yerno del señor de la Lage?

No era sólo atención, era interés muy vivo lo
que revelaba el semblante del enguantado, y
no pudiendo volver el cuerpo, torcía la barba
sobre el hombro, clavando en Trampeta sus
ojos garzos y grandes, de párpado marchito y
enrojecido, como suelen tenerlo las personas
que leen mucho ó viven aprisa.

—Aajá—articuló Trampeta afirmando con
cabeza y manos y con todo el rebullicio de

4

cuerpo que consentía la apretura:—¡aajá! El
mismito. ¿Al parecer V. le conoce?

No contestó el de los guantes, pero dijo con
las pupilas:—Siga V.—Trampeta, aunque tan
observador y ladino, no era capaz de darse un
punto á la lengua cuando ésta le picaba.

—¡Aquellas fueron unas elecciones... de la
mar salada! Quedó que contar de ellas en el
país para veinte años... Y como además de los
líos que hubo en ellas, vino después la muerte
del mayordomo del marqués, que fué una cosa
atroz...

A pesar de la sordera del Arcipreste, aquí
bajó la voz Trampeta, y sus ojos vivos, ratoni-
les, se posaron oblicuamente en el clérigo. Este
roncaba ya, con ahogado resuello de apopléti-
co. El cacique se tranquilizó y prosiguió:

—Lo despabilaron en un monte por mandato
de los mismos suyos; ni visto ni oído... ¡Un ba-
lazo limpio, de esos que dejan sequito á un
hombre!

—Ese mayordomo...—murmuró el de los
guantes, fijando la vista en Trampeta, como si
quisiera preguntarle algo; pero se contuvo y
no prosiguió. Afortunadamente para él, Trampeta no era hombre de dejar cojo el cuento.

—Como V. me enseña, mi amigo, donde pasan ciertas cosas siempre hay misterios y de-
moniuras... ¿V. conoce al Marqués? Bueno:
pues entonces ya sabe V. que vivía... mal arreglado, ó enredado, ó embrutecido, como se
quiera decir, con la hija de ese mayordomo que
mataron... ¡y qué moza era, me valga Dios!

Como unas flores. Pues cuando el Marqués de
terminó de casarse con la hija del señor de la
Lage...

El enguantado hizo un movimiento.

—¿También la conoció, eh?—preguntó Trampeta.

Dijo el viajero que sí con la cabeza, y el
bueno del Secretario prosiguió:

—Pues ¿V. me entiende? la boda del señorito
no le hizo maldita la gracia al truchimán del
mayordomo, que tenía más conchas que un ga-
lápago, y como no pudo vengarse de otro modo,
fué, ¿y qué armó? preparar las elecciones muy
preparaditas, y cuando el Marqués estaba cerca
de triunfar, no sé cómo judas lo amañó...

Aquí la mirada de Trampeta se hizo más obli-
cua y casi torva.

—En fin, que vendió completamente á su
amo, lo mismo que vende uno los cerdos en el
mercado, con perdón: una jugarreta que le costó al señorito la diputación, ni más ni menos...
Y como V. me enseña... al vengativo de Barbacana, que es más malo que la quina...

Pausa breve.

—¿V. no sabrá quién es Barbacana? ¡Dios
nos libre! Entonces era el tirano del país; uno
de esos tiranones terribles, como V. me enseña... Ahora ya va de capa caída... los años le
pesan... le tenemos metido el resuello en el
cuerpo... vaya si se lo tenemos... ¿V. irá á
Orense? ¡Pues pregúntele V. al gobernador
qué apunte es Barbacana!...

Al decir esto observaba Trampeta el rostro

del enguantado, á ver si la referencia al gobernador le producía efecto. Viendo que no, pensó
para su sayo:—No debe de ser diputado, ni
cosa así.—Y añadió:

—En fin, que se cree... ¿V. me entiende? que
fué Barbacana quien... (Ademán muy expresivo de despabilar una luz con los dedos).

—¿Dice V. que mataron á ese hombre, al mayordomo del marqués de Ulloa?—preguntó por
fin el viajero de los guantes.—¿Y dónde, y
quién y por qué?

—¿Quién? Un satélite de Barbacana, un facineroso malhechor relajado que se llama el Tuer-
to... Así que Barbacana tiene una rachita, ya
anda él muy campante por el país metiendo
miedos á todo dios... ¡Uno de tantos escánda-
los! Pero ahora les hemos de atar corto de una
vez. ¿Dónde? En un monte, propiedad del marqués... por el día y por el sol. ¿Por qué? Pues
como dije, en venganza de que le hizo al marqués perder las elecciones.

—Y la hija de ese hombre... ¿qué ha sido de
ella?—interrogó el viajero, acariciándose la
barba con la enguantada mano, para simular
indiferencia que no sentía.

—Ese es otro cantar... ¿V. ya sabrá que el
marqués enviudó de allí á poco?

Una tristeza, una angustia profunda se grabó
en el rostro del viajero. Si Trampeta le mirase,
ahora sí que vería la alteración de sus facciones. Pero Trampeta á la sazón encendía difi-
cultosamente el cigarro.

—Enviudó, porque la señorita *se puso tisis...*

Parece que le dió muy mala vida por causa de
la raída de la moza, y que andaba San Benito
de Palermo... Ella era poquita cosa; de poco
estuche... Pss...

Aumentó la turbación del viajero al decir esto
Trampeta, y la revelaron visibles señales. Sus
ojos, que tenían más de pensativos que de brillantes, chispearon un momento; frunció el entrecejo, y por su frente despejada corrieron
una tras otra, como olas, tres ó cuatro arrugas
bastante profundas. Respiró tan fuerte y hondo, que Trampeta, volviéndose, le miró con
mayor curiosidad aún.

—Parece que la historia le toca á este señor
de cerca... Tate... Hay que ver lo que se habla...
¡Me caso! No se me quita el vicio de ser par-
lanchín.

Había amanecido del todo, disipándose la
niebla; el sol doraba ya con alegre reflejo las
cimas de los árboles, las aguas de los manan-
tialillos que brincaban del monte á la carretera, los cristales de las casitas que de trecho en
trecho se asomaban curiosas, con su cerca, sus
dos manzanos, su emparrado de vid, su *meda*
de centeno junto al hórreo. A aquella hora, en
que el calor no hostigaba todavía á jacos ni á
viajeros, y la tierra despertaba impregnada de
rocío nocturno, y el sol se bebía la ligera *bré-
tema,* no molestaría ir en la berlina, á no ser
por los ronquidos del Arcipreste, más hondos
y atronadores cada vez, por su estorboso volumen, por las blasfemias del mayoral, por el
olor desagradable del forro del coche. La cla-

ridad diurna alumbraba las facciones del viajero de los guantes, descubriendo en su barba
corrida, bien recortada y no muy recia, unos
cuantos hilos de plata; en su dentadura una
mella; en sus sienes lo ralo del pelo; en sus mejillas, de piel fina y coloración mate, la azul señal de algunos granos de pólvora incrustados
bajo el cutis. A un lado y á otro de la nariz, los
quevedos de acero que solía gastar le habían
labrado una especie de surco rojo ó amoratado. Su mirada, intensa, dulce, miope, tenía esa
concentración propia de las personas muy inte-
ligentes, bien avenidas con los libros, inclinadas á la reflexión y aun al ensueño.

El cacique, en guardia contra las preguntas
que se le pudiesen dirigir, esperaba; pero pasó
un rato, y el viajero nada dijo: suspiró como
quien desahoga el pecho, y limpió con el pañuelo los quevedos, cerrándolos cuidadosamente para no romperlos. Trampeta le atisbaba
receloso.

—¡Borrico de mí!—pensó.—Dice que conoce
al marqués... Será su amigo, y no querrá más
chismes... Aunque Don Pedro Moscoso, ¡qué
ha de ser amigo de ninguna persona tan así...
tan decente!

Ocupábase el viajero, después de bajarse con
dificultad, en sacar de un cestito de paja un
frasco blanco, forrado también de paja hasta el
gollete, con reluciente tapadera de metal.

—¿Gusta V. un trago de vermut?—dijo al cacique.

—No, señor... Se aprécia... Llevo anís estre-

llado y buen aguardiente, que es lo mejor para
el flato estando en ayunas... Pero ya maté el
gusano antes de salir...

Bebió el enguantado por un vaso oblongo,
recogió todo, y desabrochando mal como pudo
las correas de su manta de viaje, tomó de dentro un libro amarillo, con las hojas sin cortar.
Abrió como unas veinte ó treinta, sirviéndose
de un cortaplumas, mirando á Trampeta como
en espera de que terminaría la crónica chismo-
gráfica, tan brillantemente comenzada. Vaci-
laba y deseaba hablar. Se decidió por fin.

—La hija del mayordomo... — articuló.

¡Qué tentación tan fuerte para el cacique!
Más fuerte que su virtud. Ya no pudo contenerse.

—Pues así que murió la señora, todo el mundo
pensó que el marqués se casaba con ella... porque la muchacha tenía un chiquillo, y al marqués le había dado por tomarle un cariño atroz,
de repente... así como á la hija verdadera, la
que tuvo de su señora, no le hacía apenas caso...
Y por cuanto salimos con que la moza apareció
muy prendada y en tratos con un tal Angel, el
gaitero de Naya, un buen mozo también, y ju-
rando y perjurando que el chiquillo era hijo del
gaitero dichoso... No hubo fuerzas humanas que
la disuadiesen: que me caso, que me caso, y va
y se casa con su querido; y el marqués, por no
apartarse del chiquillo, los deja seguir de criados en casa, al frente de la labranza... y le da
carrera al muchacho, y me lo trae hecho un señorito... Y unos dicen que si esto, que si aque-

llo, que si lo otro, que si lo de más allá... Las
lenguas, como V. me enseña, no hay quien las
ate, ¿eh?, y V., un suponer, no va á ponerles
un tapón en la boca á todos.

Al llegar aquí Trampeta, el viajero frunció
las cejas otra vez. Después de dudar un instante, dijo reposada y cortésmente:

—Con permiso de V...

Y tomando á sus piés de entre el lío de la
manta un libro, se puso á leer sosegadamente,
aprovechando el paso de procesión con que la
diligencia subía ¡á la cumbre, á la cumbre!

Túvose Trampeta por chasqueado. Los indicios de curiosidad é interés del viajero prome-
tían plática larga y tendida, de esas que de repente, en un coche de línea, convierten en amigos íntimos á los dos indiferentes que un cuarto
de hora antes dormitaban hombro contra hombro. Y héteme aquí que ahora el compañero se
ponía á leer sin hacerle más caso. Echó una mirada sesga al libro, por si algo rastreaba: nuevo desengaño. El libro estaba en un idioma que
Trampeta no conocía ni para servirlo.

¿Hay hablador curioso que se resigne á
chistar, dejando en paz á los que huyen de él,
refugiándose en un libro? Mil pretextos encontró Trampeta para distraer á su vecino y llamarle la atención. Ya le enseñaba un punto de
vista, ya le nombraba un sitio, ya le bosquejaba
en pocas palabras y muchos guiños de inteligencia la historia del dueño de alguna quinta.
Fuese por cortesía ó porque le agradase, el
enguantado atendía gustoso. Cerraba el libro

metiendo el dedo índice por entre dos páginas
para no perder la señal, y escuchaba, inclinando la cabeza, las indicaciones topográficas y
chismográficas del cacique.

Habrían andado cosa de tres horas, y ya el
sol, el polvo y los tábanos comenzaban á cruci-
ficar á los viajeros, cuando Trampeta tiró repentinamente de la manga al enguantado.

—A bajarse tocan – le advirtió muy solícito
como quien presta un servicio notable.

—¿Decía V.?—exclamó el viajero sorprendido.

—¿No va á la finca del marqués de las Cruces? Pues aquel es el soto. ¡Mayoral! ¡Para,
mayoraal!

—No señor... Si no voy allí.

—¡Ah! Pensé... Ha de dispensar.

La misma escena se repitió poco más adelante, en el empalme del camino que conduce á la
soberbia quinta del marqués de San Rafael.
Trampeta bien quisiera preguntar al enguantado—¿A dónde judas va entonces?—pero con toda
su petulante grosería de cacique mimado por
personajes muy conspicuos, dueño y señor feudal de un mediano trozo de territorio gallego,
y por contera y remate, mal criado y zafio desde sus años juveniles, supo, á fuer de listo, notar en el semblante, modales y trazas del viajero misterioso, cierto *no sé qué* sumamente
difícil de describir, combinación de firmeza, de
resolución y de superioridad, que sin violencia
rechazaba la excesiva curiosidad dejándola
burlada.

VI

Uno de los deleites más sibaríticos para el
feroz egoísmo humano, es ver—desde una
pradería fresca, toda empapada en agua, toda
salpicada de amarillos ranúnclos y delicadas
gramíneas, á la sombra de un grupo de álamos
y un seto de mimbrales, regalado el oído con
el suave murmurio del cañaveral, el argentino
cántico del riachuelo y las piadas ternezas que
se cruzan entre jilgueros, pardales y mirlos—
cómo vence la cuesta de la carretera próxima,
á paso de tortuga, el armatoste de la diligencia. Hace el pensamiento un paralelo (fuente de
epicúreos goces, sazonados por el espectáculo
del martirio ajeno), entre aquella fastidiosa angostura y esta dulce libertad, aquellos malos
olores y estas auras embalsamadas, aquel ambiente irrespirable y esta atmósfera clara y
vibrante de átomos de sol, aquel impertinente
contacto forzoso y esta soledad amable y repa-
radora, aquel desapacible estrépito de ruedas
y cristales y estos gorjeos de aves y manso
ruido de viento, y por último, aquel riesgo próximo y esta seguridad deliciosa en el seno de
una naturaleza amiga, risueña y penetrada de
bondad.

No todos razonan y analizan esta impresión
con lucidez; pero apenas hay quien no la sienta

y saboree. Bien la definía y paladeaba el médico de Cebre, Máximo Juncal, entretenido en
echar un cigarro, tumbado boca arriba en un
pradillo de los más amenos que puede soñar la
imaginación. El médico vestía tuina de dril y
calzaba zapatos de becerro; ni cuello ni corbata tenía; su camisa de dormir, desabotonada,
no tapaba unas clavículas duras y salientes
como pechuga de gallo viejo ya desplumado;
en sus manos afianzaba el último número de *El
Motín*, donde acababa de leer las picardigüelas
de un *curiana* allá en Navalcarnero, enviadas
al periódico por un corresponsal rígidamente
virtuoso, que escribía "mojando la pluma en la
indignación".

Desde que por la carretera, bastante más
elevada que el prado, vió Juncal asomar la
nube de polvo que anuncia la proximidad de un
coche de línea, interrumpió la para él sabrosí-
sima lectura de los sueltos clerófobos, y alzando la cabeza, entre chupada y chupada, púsose
á considerar atentamente las trazas del gran
mamotreto. Oyó el repiqueteo de los cascabeles
y campanillas, tan regocijado cuando el tiro
trota, como melancólico cuando va á paso de
caracol. Vió luego aparecer el macho delantero, y á sus lomos el flaco zagal, vestido de lienzo azul, con gorra de pelo encasquetada hasta
la nuca, aletargado completamente bajo la in-
fluencia de un sol de brasa. Manteníase sin caer
del caballo merced á un milagro de equilibrio
y á la costumbre de andar así; pero lo cierto es
que dormía. Dormía también el mayoral; sólo

que ese ya roncaba cínicamente, espatarrado
en el pescante, con la bota casi desangrada bajo
el sobaco, el mango de la tralla escurriéndosele
de la mano, los carrillos echando lumbre y col-
gándole de los labios un hilo de baba vinosa. Y
dormitarían los caballos del tiro, si se lo permi-
tiesen los encarnizados y fieros tábanos y las
pelmas de las moscas, infatigables en lancetar-
les la piel. Los infelices jacos se estremecían,
coceaban, sacudían las orejas con frenesí, se
mosqueaban con el rabo, y solían arrancar al
trote, creyendo huir de la tortura.

—Bueno va—pensó en alto el médico, riéndose
sin pizca de compasión. —El tiro campa por su
respeto. ¡Y apenas va cargado el coche! No entiendo cómo no vuelca todos los días.

En efecto, desde lejos era el aspecto de la diligencia sumamente alarmante. La base de la
caja parecía angostísima en relación con la cúspide, que la formaba una inmensa vaca ó impe-
rial agobiada con cuádruple peso del que razonablemente admitía. Por todas partes emergían
de la polvorienta cubierta enormes baules, cajones descomunales, fardos de colchones, gru-
pos de sillas, pues la mujer del empleado trasladaba su ajuar enterito. Del cupé, que también
iba atestado de gente, sobresalían cestos con
gallinas, y más líos, y más rebujos, y más ma-
letas, y otra tanda de cajones. No se comprendía, al ver la penosa oscilación de la despro-
porcionada cabeza del carruaje sobre las ende-
bles ruedas, que ya no se hubiese roto un eje, ó
que la mole no se rindiese á su propia pesadum-

bre. Algó que entrevió Juncal al través de los cristales de la berlina, completó su malicioso regocijo.

—¡Y para más, dentro va el Arcipreste de Loiro! Diez ó doce arrobas de suplemento. Lo que es hoy...

Al pensar esto el médico, llegaba el tiro á la revuelta de un puentecillo tendido sobre un riachuelo de mezquino caudal—el mismo que corriendo entre mimbrales y alisos regaba la pradería.—Era la revuelta asaz rápida; el tiro, entregado á su propio impulso, la tomó muy en corto. Juncal se incorporó, soltando un terno. No tuvo tiempo á más, porque en un santiamén, sin saberse cómo, toda la balumba de coche y caballos se revolvió, se enredó, se hizo un ovillo, y al sentir él peso del carruáje, que se inclinaba con crujido espantoso, encrespáronse los caballos, relinchando de ira y susto, irguióse la lanza por cima del pretil del puente, y el macho delantero, con el zagal encima, y tras él un caballo de cortas, salieron despedidos con ímpetu, haciendo ¡plaf! en mitad del riachuelo, lo mismo que ranas. Avínole bien á la diligencia, que la misma fuerza del empuje rompió cuerdas y tirantes, impidiéndola precipitarse con el resto del tiro desde una altura no extraordinaria, pero suficiente para hacerla añicos. Su peso descomunal la sujetó, volcada al borde del puente y recostada en él.

Dicen personas expertas en esta clase de lances, que ni los testigos oculares, ni las víctimas, son capaces de referir puntualmente las

peripecias que se suceden en un abrir y cerrar
de ojos, ni menos recordar de qué manera, guiado por el instinto de conservación, se pone en
salvo cada quisque.

Yacía tumbado el coche; el mayoral había
despertado rodando del pescante al suelo y
abriéndose la cabeza, y sin duda por la descala-
bradura se le refrescó y se disipó la mona, pues
ágil ya y despabilado, se emperraba en aquie-
tar y desenredar el tiro, metiéndose entre las
bestias con intrepidez salvaje, lidiando cuerpo
á cuerpo, á coces y puñadas, con mulas y ma-
chos, sin diferenciarse de ellos más que en las
espantosas blasfemias que escupía. Por venta-
nillas y portezuelas fueron asomando cabezas,
brazos, hombros, hasta piés, pugnando por
romper su cautiverio. Surgieron dos estudiantes, tiraron de la moza, y la sacaron arrastra;
y como se empeñase en recoger sus quesos,
vociferaron y la desviaron á empellones. La
empleada salió pálida como la cera, apretando
silenciosamente al niño, que lloraba sin consuelo; luego el notario, echando venablos; y por
la portezuela de la berlina, poco menos amarillo que la empleada, saltó Trampeta con una
mano sangrando de la cortadura de un cristal.
Los del cupé, gente aldeana, descendían aturdidos de sorpresa. En el mismo instante llegaba
Juncal, á todo correr, al pié de la diligencia
volcada.

—¿Qué es eso, hombre? ¿Qué es eso?—preguntó á Trampeta.

—Ya lo ve, Máximo... Hoy nacimos todos...

—respondió el cacique sin poder hablar del susto.—Míreme aquí, hombre, si tengo cortada la
vena...

—Qué vena ni qué caracoles... Acudir á los
que quedan dentro, hombre... ¿Queda alguien?
A ver...

Con ayuda de los estudiantes, tenía ya el mayoral casi apaciguado el tiro, y sólo le faltaba
reducir á una mula que, habiéndose cogido la
cabeza entre dos correas, á fuerza de patear se
empeñaba en ahorcarse. El médico miró hacia
el fondo de la berlina. Salía de allí un ahogado
y entrecortado ronquido, tan hondo como el registro más grave de un órgano; y el médico vió
á un viajero de buenas trazas metido en la ardua
faena de mover la masa gigante del señor Arcipreste, y empujarla hacia la portezuela. Momentos antes Máximo Juncal se sentía animado
de los más siniestros propósitos contra la Iglesia en general y el clero diocesano en particular; pero la vista del lastimoso cuadro le ablan-
dó las entrañas, que más que dañadas tenía
curtidas por la hiel de un temperamento bilioso,
y sin hacer caso de la herida de Trampeta, que
éste liaba con el pañuelo, acudió en auxilio del
viajero enguantado, á quien veia de espaldas,
llamando al notario para refuerzo.

—Empújelo V. hacia acá... Yo tiraré por la
pierna... ¡Eh! señor escriba, aguante V. aquí...
coja este pié... así... quietos..., ya pasó un muslo... ¡Arráncate nabo! ¡Ey... que me hundo, que
me hundo! ¡Apuntáleme, escriba de los demonios!

Salió en vilo, sostenida por los puños de'Juncal y los fuertes brazos del notario, la mole del desventurado Arcipreste, que dormido durante la catástrofe, no comprendía lo que pasaba, y se veía.con sus compañeros de viaje encima, y una astilla de la destrozada, caja hincándosele en un costado. Tal fué su estupor, que se le corté el habla, y sólo exhalaba sordos ronquidos de agonía. Apareció hecho una lástima, con el rostro amoratado y congestionado, en desorden los venerables cabellos blancos, la cabeza y manos no ya temblonas, sino perláticas, y el balandrán roto. Juncal torció el gesto, y falló para sí:

—A sus años, esto echa á un hombre á la sepultura.

El caritativo viajero salió á su vez; tiempo era ya. De la brega tenía destrozados los guantes y descompuesto el traje; con los esfuerzos, se le había coloreado la tez y animado el rosro, quitándole, como suele decirse, diez años de encima, ó mejor dicho revelando su verdadera edad, más alrededor de los treinta y pico que de los cuarenta. Aproximósele Juncal muy solícito, y al fijar los ojos en él, se echó atrás admirado.

—V. dispense...—pronunció.—¡Soy capaz de aventurar algo bueno á que es V. de la familia de la difunta señora de Ulloa, Doña Marcelina Pardo!

El viajero se sorprendió también.

—Su hermano, para servir á V.—contestó.—¿Tanto me parezco?

—Facción por facción, no señor; pero el aire, es una cosa, como dicen aquí, escupida... Con que es V...

—Gabriel Pardo de la Lage, para lo que V. guste mandar. No cree V. que ahora convendría...

—Lo que conviene es que todos los pasajeros se vengan á Cebre, y allí se curarán los heridos, y los asustados tomarán un trago y un bocado para tranquilizarse... Al mayoral y al zagal les mandaremos gente que ayude á enderezar el coche, y á llevar los caballos á la cuadra, que falta les hace también... A bien que en Cebre ya de todas las maneras tenían que mudar... Hay herrero que empalme la lanza rota, y carpintero que eche un remiendo á la caja... El coche no ha sufrido grandes desperfectos... Fué más el ruido que las nueces... El que tenga que curar algo, á mi casa en seguidita... ¿V. ha salido ileso, señor de Pardo?

—Noto un dolor en este codo... Alguna rozadura.

—Veremos... V. no se va á la posada, que se viene á mi choza... Espero en Dios que podrá V. seguir el viaje.

—Mi propósito era bajarme en Cebre. Y, en efecto, me he bajado, sólo más aprisa de lo que pensé.

Sonrióse al decir esto, y Juncal le encontró "templado, y simpático. La caravana se puso en marcha: los estudiantes, de los cuales sólo uno tenía un chichón en la frente, iban locuaces y jaraneros, metiendo á barato el percance; la

5

moza, antecogiendo su cestilla de quesos, que
al fin había logrado rescatar; la mujer del empleado cargada con su rorro, que se abría á
puros llantos, sin que la madre le diese más
consuelo que decirle—Calla que se lo hemos de
contar á papá... á papaíto;—Trampeta, con la
mano liada, seguro ya de no desangrarse y
nuevamente cebada la curiosidad al saber que
el enguantado viajero era el propio cuñado del
marqués de Ulloa; el notario de Cebre, tan
arrimadito á la moza chata como la moza á
sus quesos; y el Arcipreste, cogido del brazo
de Juncal, flanqueándole las piernas, temblán-
dole el cuerpo todo, gimiendo y resoplando.

VII

Los que no tenían casa ni amigos en Cebre,
hubieron de dar con sus molidos cuerpos en
el mesón que allí toma nombre de fonda; el Arcipreste fué á pedir hospitalidad á su correli-
gionario el cacique Barbacana; y al viajero de
los guantes, ó sea Don Gabriel Pardo, se lo
llevó consigo el médico, sin permitir que se
cobijase bajo otro techo sino el suyo, porque
desde el primer instante le había *entrado* el
cuñado del marqués—y cuenta que no simpati-
zaba fácilmente con las personas el bueno
de Juncal.

Agasajó á su huésped lo mejor que pudo y supo, diciéndole á cada rato que su *señora* estaba ausente, pero volvería dentro de un ratito, y entonces se sentarían á *hacer penitencia*. A pesar de las ideas avanzadísimas de Juncal, que con la revolución se habían acentuado aún más en sentido anticlerical y biliosamente demagógico, guardóse bien de informar á Don Gabriel de que la susodicha *señora* (nombre con que se llenaba la boca), había sido una panadera de las famosas del pueblo de Cebre: cierto que la de más almidonadas enaguas, limpias medias, rollizos mofletes y alegres y *churrusqueiros* ojos que tenía el país. Por sus muchos pecados, tropezó Juncal en aquel dulce escollo desde su llegada á Cebre, y al fin, después de unos cuantos años de enharinamiento ilícito, un día se fué, como el resto de los mortales, á pedir al párroco la sanción de lo comenzado sin su venia. Y justo es añadir que á su mujer, tan jovial y sencilla ahora como antes, se le daba un ardite de la posición social, y solía decir á menudo:—Cuando yo llevaba el pan á casa de Don Fulano, ó de Don Zútano...—Hasta, por un resto de afición á las cosas del oficio, había persuadido á su esposo á que adquiriese y explotase un molino, poco distante del prado en que el médico presenció el vuelco de la diligencia. Mientras el marido leía ó descansaba, la buena de *Catuxa*, que así llamaba todo Cebre á la señora de Don Máximo, era dichosa ayudando al molinero á cobrar las maquilas, midiendo el grano, regateando la

molienda á sus antiguas colegas, charlando con
ellas á pretexto del negocio y viviendo perpe-
tuamente en la atmósfera.de fino polvillo vegetal á que sus poros estaban hechos,

Envuelta venía aún en flor de harina cuando
entró en la salita donde la esperaban Máximo y
Gabriel; traía los brazos remangados y el pelo
gris, como si se lo hubiesen recorrido con la
borla impregnada de polvos de arroz, lo cual
hacía más brillantes sus ojos, más límpido el
sano carmín de sus trigueñas mejillas. Saludó
sin cortedad, con expansiva lisura, y Don Gabriel por su parte empezó á tratarla con tan re-
verente cortesía como á la más encopetada ri-
cahembra; pero en breve comprendió que la
complacería mudando de tono, y hablóle con
laneza festiva, sin renunciar por eso á mostrarse deferente y cortés. Ambos matices los
notó Juncal, que no tenía pelo de tonto, y cre-
ció su inclinación hacia el viajero, que le parecía ahora tan discreto como caritativo antes.

Comieron en una ancha sala con pocos muebles: Catuxa cerró casi del todo las maderas de
las ventanas, por las cuales se colaba una delgada cinta de luz, y ofreció á cada convidado
una rama de nogal con mucho follaje, para que
mientras comían no se descuidasen en apartar
las moscas. No hizo ascos á la comida Don Gabriel, y alabó como se merecían algunos platos
muy gustosos, los pollitos tiernos aderezados
con guisantes, las sutiles mantequillas trabaja-
das en figura de espantable culebrón, con ojos
de azabache y una flor de borraja hincada de

trecho en trecho en el escamoso lomo. Tales
primores gastronómicos revelaron á Don Gabriel que la señora de Juncal trataba bien á su
marido y le hacía grata la vida: así era en efecto, moral y físicamente, y por humillante que
parezca esta confusión de fuerzas tan distintas,
el genio apacible y las mantequillas suaves de
Catuxa influían á partes iguales en sosegar la
bilis del médico.

Mientras duró el festín, Juncal y su huésped
hablaron mucho del lance del vuelco, del es-
cándalo de que menudeasen tanto, de que en
no multando á las empresas, éstas hacían su
gusto, riéndose de quejas de viajeros y piernas
rotas. Informóse Don Gabriel de los antecedentes de su curioso compañero de viaje, y al refe-
rirle Juncal algunas de sus caciquescas haza-
ñas, se rió recordando la indignación con que
Trampeta condenaba en Barbacana otras muy
parecidas. A los postres, notó el médico que su
huésped parecía molestado, aunque hiciese esfuerzos para disimularlo.

—¿V. no se encuentra bien?

—No es nada... Parece como si este brazo se
me hubiese resentido un poco; me cuesta trabajo moverlo. No se apure V. ahora. Cuando
nos levantemos de la mesa tendrá la bondad de
reconocérmelo, á ver qué ha sido.

Quería Juncal verificarlo al punto, mas el
huésped afirmó que no valía la pena de darse
prisa, y el médico en persona preparó el café
con una maquinilla de espíritu de vino, mientras Catuxa subía de la bodega una botella de

ron·muy añejo, guarnecida de telarañas. Tal
régalo fué, como suele decirse, pedir el goloso
para el deseoso; porque si bien Don Gabriel no
se negó á gustar el rancio néctar, el caso es que
Juncal le hizo la razón con tanta eficacia, que se
bebió de él casi la mitad. Siempre había sido
Juncal, aun en tiempos en que no se le caía de
la boca la higiene, grande amigo del licor de la
Jamaica; pero desde que se unió en santo víncu-
lo á Catuxa, la ignorante panadera le obligó á
practicar lo que predicaba, cerrando bajo siete
llaves el ron y·dándoselo por alquitara, ó en
ocasiones muy singulares, como la presente.

Alzados los manteles, retiráronse Juncal y
Don Gabriel al despacho del primero, donde
había estantes de libros profesionales, una cabeza desollada y asquerosísima, con un ojo cerrado y otro abierto, que representaba el *sistema venoso,* estuches y carteras de lancetas y
bisturíes, y no pocos números de *El Motín* y *Las
Dominicales* rodando por sillas, pupitre y suelo. Despojóse Don Gabriel de su americana de
paño gris á cuadros; desabrochó el gemelo de
su camisa, y la levantó para mostrar el brazo
lastimado. Lo palpó Juncal, se lo hizo mover,
y observó concienzudamente, por las manifes-
taciones del dolor, de qué índole era y en qué
punto residía la lesión. Dos ó tres veces notó
en el semblante del viajero indicios de que re-
primía un *¡ay!* Con seriedad é interés le dijo:

—No repare V. en quejarse... Estamos á saber qué le duele, y cuánto y cómo.

—Si he de ser franco—respondió sonriendo

Don Gabriel—me escuece unas miajas. Se conoce que al tratar de mover á aquel buen señor de Arcipreste, todo el peso de su cuerpo y del mío juntos cargó sobre este brazo, que hacía fuerza en la delantera de la berlina... Será una dislocación del hueso.

—No, señor; creo que no tiene V. nada más que un tendón relajado, aunque el pronóstico de esta clase de lesiones es muy aventurado siempre, y se lleva uno cada chasco, que da la hora. Si V. fuese un labriego...

—¿Qué sucedería?

—Se lo voy á decir á V. con toda franqueza, por lo mismo que estoy hablando con una persona que me parece altamente ilustrada...

—¡Por Dios!...

—No, no; mire V. que tengo buena nariz, y ciertas cosas se conocen en el olor. Pues lo que haría si V. fuese uno de esos que andan arando, sería llamar á un *atador* ó *algebrista,* de los infinitos que hay por aquí...

—¿Curanderos?

—Componedores; son al curandero lo que al médico el cirujano operador. Justamente aquí cerca tenemos uno, el más famoso diez leguas en contorno, que hace milagros. Cuando yo llegué de la Universidad, llegué lleno de fantasía, y me enfadaba si me decían que los algebristas pueden reducir una fractura sin dejar cojo ó manco al paciente; después me fuí convenciendo de que la naturaleza, así como es madre, es maestra del hombre, y el instinto y la práctica obran maravillas... Con cuatro emplastos y co-

cimientos, y, sobre todo, con la destreza ma-
nual, que raya en admirable...

Decía todo esto Juncal mientras aplicaba
compresas empapadas en árnica y vendaba el
brazo de Don Gabriel.

—Creo—respondió el paciente—que V. habla
así por lo mismo que domina su arte y no teme
competencias. No todos los médicos pensarán
como V. en ese punto...

—Pensar, tal vez, pero no quieren confesar-
lo; hasta los hay que persiguen de muerte á
los algebristas. Los más encarnizados no son
los médicos, sino los veterinarios — porque los
atadores curan indistintamente hombres y animales, no reconociendo esta división artificial
creada por nuestro orgullo. ¿Eh?

El médico miró á Don Gabriel como recla-
mando su aquiescencia á este rasgo de osadía
filosófica. Don Gabriel sonrió. Se había termi-
nado la cura, y bajaba la manga para vestirse
otra vez.

—¡Y decir—murmuraba el médico ayudándo-
le á pasar un brazo por una manga—que se ha
llevado V. ese barquinazo por meterse á reden-
tor de un hipopótamo de cura..., de un parro-
quidermo! Suerte tuvo en dar con V. Yo le dejo
allí en escabeche para toda su vida.

Esto lo insinuaba Juncal con la secreta esperanza de provocar al viajero á espontanearse
en política, para saber cómo pensaba y tener el
gusto de discutir; pero se llevó chasco, pues
Don Gabriel no se dió por aludido, contentán-
dose con hacer un leve ademán, que podía sig-

nificar : —Cualquiera persona regular obraría
como yo.

—Ahora—ordenó Máximo—procure V. no hacer con ese brazo movimiento alguno, pues estas
lesiones las cura la paciencia. Quietud, y más
quietud.

—¡Qué diablura!—exclamó Don Gabriel in-
corporándose.—El caso es que para montar á
caballo, tendré sin remedio que usar de él...Por-
que es el izquierdo.

—¡Bah! Las caballerías de aquí, lo mismo se
rigen con la derecha que con la zurda. Mejor
dicho, con ninguna de las dos. Ellas hacen lo
que les da la real gana, y salen disparadas así
que ven una hembra, y muerden, y bailan el
wals, y otros excesos... ¿A dónde quería V. ir?
Si no es indiscreción.

—De ninguna manera. Tengo que ir á la rectoral de Ulloa, y después á los Pazos, á casa de...
mi cuñado.

En el rostro del médico se pintó un segundo
la irresolución, el temor de *sobrar ó faltar* que
tanto acucia á los que llevan mucho tiempo de
vida campestre, sin trato que pueda llamarse
social. Al fin se determinó, y dijo con cordialidad suma :

—Don Gabriel; no me creerá tal vez, pero
desde que le vi me ha inspirado simpatía... vamos, yo soy así; soy muy raro; hay gentes que
no me llenan nunca, y V. me llenó incontinen-
ti... Estoy con V. ya como si le hubiese tratado
toda la vida... No pondero... Soy franco, y lo
que ofrezco lo ofrezco de corazón... Hoy es muy

tarde ya para ir adonde V. quiere; ni tampoco
conviene que mueva el brazo, al menos en las
primeras veinticuatro horas. Ya que está en mi
pobre choza, tenga la dignación de quedarse en
ella. Sábanas lavadas y cena limpia no le han
de faltar. Mañana por la fresca, después que
descanse, le doy mi yegüecita, que la gobernará
con la punta de un dedo, cojo otra hacanea, y le
acompaño hasta la rectoral de Ulloa... ¡ó hasta
el cabo del mundo, si se precisa!

No era Don Gabriel hombre capaz de contestar con mil y tantos cumplimientos á una im-
provisación semejante. Tomó la diestra del
médico, la apretó, y dijo con sencillez afectuosa:

—Aquí me quedo, amigo Juncal... Y crea V.
que doy por bien empleado el percance.

Sintió Juncal que se ponía colorado de placer... Para disimular la emoción, echó á correr
hacia la puerta, gritando:

—¡Catalina!... ¡Catalina!... ¡Esposa! ¡Catalina!

Presentóse la lozana panadera, de mandil
blanco lo mismo que en sus buenos tiempos, con
el pelo alborotado y una sonrisa complaciente
en su bermeja y apetecible boca.

—Prepararás la cama en el cuarto del armario grande... Don Gabriel nos hace el favor de
se quedar esta noche.

La sonrisa del ama de casa fué al oirlo más
alegre todavía; sus ojos chispearon, y pronunció con el acento gutural y cantarín de las muchachas de Cebre:

—De hoy en un año vuelva á quedarse, señor, y que sea con salú.

—*Tray* un pañuelo de seda, mujer...—murmuró su esposo.—Hay que hacerle un sostén para el brazo malo.

Con prontitud, y no sin gracia, se quitó *Catuxa* el que llevaba á la garganta, que era carmesí con lista negra, y ella misma lo ató al cuello del forastero, diciendo mimosamente, con suavidad del todo galiciana:

—¿Queda así á *gustiño*, señor?

Don Gabriel agradeció sonriendo. El diminutivo, el calor de la seda que había estado en contacto con la piel de la arrogante moza, le produjeron el efecto de una caricia del país natal, adonde volvía por vez primera después de una ausencia muy prolongada.

VIII

El cuarto que dió Juncal á su huésped era en la planta baja, cerca del comedor, y tenía puertecilla de salida á una especie de patio ó corral, donde por el día escarbaba media docena de gallinas á la sombra de un emparrado. Don Gabriel, al retirarse después de una cena no menos regalada que la comida, sintió deseo de respirar el aire fresco de la noche; apagó la vela, y alzando el pestillo se encontró en el co-

rral. Sentóse en el banco de piedra entoldado
por la parra, y encendiendo un papelito y re-
costándose en la pared, tibia aún del sol de todo
el día, empezó á mirar á la obscuridad. La cual
era completa, intensísima, sin que la disipase
estrella alguna; una de esas noches como boca
de lobo, en que le parece á uno más infinito el
espacio, más alto é inaccesible el cielo y la tierra
menos real, pues al perder sus apariencias sen-
sibles, sus variadísimas formas y colores, di-
ríase que se funde y desvanece, sin qué en ella
quede existente más que nuestra imaginación
soñadora.

En aquellas remotas y negras profundidades
nada vió al pronto Don Gabriel, pero al poco
rato, fuese merced á los generosos espíritus del
añejo ron de Juncal, ó á que era para Don Gabriel uno de esos momentos en que hace crisis
la vida del hombre, y éste se da cuenta exacta
de que entra en un camino nuevo y el porvenir
va á ser muy diferente del pasado, comenzó á
alzarse del obscuro telón de fondo una especie
de niebla mental, una nube confusa, blanquecina primero, rojiza después, y en ella se deli-
nearon y perfilaron, cada vez con mayor claridad, escenas de su existencia.

Primero se vió niño, en un gran caserón de
un pueblo triste, pero no en brazos de su madre, pues no recordaba haberla conocido jamás,
sino en los de otra niña casi tan chica como él.
Aquella niña era pálida; tenía los ojos grandes
y negros, y algo bizcos; solía estar malucha;
pero, sana ó enferma, no se apartaba una línea

de él. Acordábase de que le llamaba *mamita,* y la hacía rabiar y desquerer con sus travesuras. Un recuerdo sobre todo estaba fijo en su mente. Además de la niña pálida, vivían en el caserón otras niñas sonrosadas, enredadoras y alegres, que le trataban con menos blandura, y aun le cascaban las liendres con el menor pretexto. Un día—podría tener entonces Gabriel cinco años—se le había ocurrido entrar en el cuarto de la mayor de sus hermanas, Rita, la cual poseía un canario domesticado que cantaba á maravilla y á quien llamaban *el músico.* Gabriel se moría por el canario, y soñaba siempre con imitar á Rita: sacarlo de la jaula, montarlo en el dedo, darle azúcar, y que se pusiese á redoblar y trinar allí. ¡Era tan gracioso cuando meneaba la cabecita á derecha é izquierda, cuando se sacudía erizando las plumas de oro! Para lograr su deseo, aprovechaba la ocasión de un domingo por la mañana: todo el mundo estaba en misa: momento decisivo y supremo. Escurríase al cuarto de su hermana, y divisaba la jaulita de alambre azul balanceándose ante la vidriera, con su hoja de lechuga entre los hierros, y el pájaro, que saltaba de la varilla central, descendía al comedero á triturar un grano de alpiste, y vuelta á la varilla. Contempló ansiosamente el lindo avechucho. ¿Cómo llegarle? Ocurriósele una idea luminosa. Poner una silla sobre la cómoda de su hermana. Mi dicho, mi hecho. Colocarla más ó menos trabajosamente, trepar, encaramarse, echar mano al garfio que sujetaba la jaula, todo se hizo en un verbo. Sólo que la silla, mal afianzada, no conservó el equilibrio al inclinarse Gabriel, y ¡oh, dolor! cuando ya tenía en sus manos al deseado *músico,* ¡pataplín! se fué de cabeza al suelo, jaula en mano, desde una regular altura. Recibió el golpe en la frente, y quedóse breves momentos aturdido. Al recobrar los espíritus se encontró con que tenía asida la jaula por la argolla... La jaula sí: ¿pero el músico? Gabriel miró hacia todas partes, y al pronto nada vió, ó por mejor decir, vió algo que le paralizó de terror: en una esquina, el gatazo de la casa, tendido en postura de esfinge que acecha, contemplaba inmóvil un punto de la estancia... Gabriel siguió la dirección de aquellas pupilas de esmeralda, y divisó al músico, todo anhelante aún del golpe y del susto, hecho un ovillo entre los pliegues del cortinaje que cubría la vidriera... El niño perdió completamente la sangre fría, y loco de miedo, púsose á hacer lo más conveniente para el gato: sacudir la cortina y espantar al pajarillo. El aturdido músico revoloteó un momento, dió contra los cristales de la ventana, y dolorido y exánime, vino á caer sobre la almohada de la cama de Rita... ¡Horror!... El gato en acecho pega un brinco de tigre... ¡Adiós, música!

Gabriel, como Caín después de matar á su hermano, había corrido á esconderse al cuarto más obscuro de la casa, en que se guardaban baúles y trastos, y donde no tardó en descubrirle Rita al volver de misa y encontrarse con la jaula por tierra y algunas plumas amarillas,

espeluznadas y sanguinolentas, revoloteando
sobre su lecho...—¡Pícaro, infame! te he de
desollar vivo, ¡muñeco del demonio! ¡Te he de
estirar las orejas hasta que sangren!—Los
oídos de Gabriel apenas pudieron recoger el
sonido de estas ternezas, porque al mismo
tiempo diez deditos recios y furiosos le tiraban
con cuanta fuerza tenían de las orejas... Y lué-
go pasaban á los carrillos, escribiendo allí los
mandamientos, y después bajaban á parte que
es ocioso nombrar, y se daban gusto con la mejor mano de azotaina que recuerdan los siglos;
y en pos las uñas, por no quedar desairadas, se
ejercitaron en pellizcar y retorcer la carne, ya
hecha una amapola, hasta acardenalarla de veras, y en seguida, sin darle al culpable tiempo
ni á gritar, le asieron de las muñecas, le lleva-
ron arrastrando al desván, le metieron allí,
echaron la llave... Al punto mismo se oyó en la
puerta el altercado de dos vocecillas, y en pos la
brega de dos cuerpos... Giró la llave otra vez, y
la *mamita* pálida, la hermana protectora, entró anhelante, desgreñada y victoriosa, cogió en
brazos á su niño, lo arrebató á su cuarto, lo
curó, lo calmó, se lo comió á besos y á caricias...

¡Qué ojeriza le profesó desde aquel día Gabriel á la hermana mayor! ¡Cómo se acostum-
bró á envolverse en las faldas de la pequeña,
hasta que fué adquiriendo su autonomía al des-
arrollársele el vigor masculino, con el cual, á
los diez ó doce años, podía más él solo que lo
que llamaba despreciativamente el gallinero de
sus hermanas!

Se veía concurriendo al Instituto de segunda enseñanza, aprendiéndose por la noche de malísima gana la conferencia que había de dar al día siguiente, y merced á la fuerza y precisión con que se nos presentan ciertos recuerdos, en la negra inmensidad nocturna veia destacarse, como en el cristal de un claro espejo, al estudiantillo inclinado sobre el libro enfadoso, dando tormento con nerviosa mano á los mechones de pelo que le caían sobre la frente, ó pintando soldados con fusil al hombro y barcos y todo género de monigotes sobre el margen de las páginas, mientras torturaba la memoria para incrustar en ella, por ejemplo, los *pretéritos y supinos de la segunda conjugación, moneo, mones, monere, monui, mónitum, avisar...* que los compañeros de clase se apuntaban unos á otros de esta manera: *mono, mona, monitos, monitas, micos...* Al recordar semejantes puerilidades, se sonreía Don Gabriel... ¡Cuántas veces recordaba haberse levantado y llamado á su hermana!

—Nucha, tómame la lección, que me parece que ya la sé.

Luego una impresión imborrable: la marcha de Santiago, el ingreso en el colegio de artillería de Segovia, los días terribles de la *novatada*, la sujeción al *galonista*, el llanto de furor reconcentrado que le abrasó las pupilas cuando por primera vez tuvo que limpiarle y embetunarle las botas... Y siempre el recuerdo de su hermana, para la cual, más bien que para su padre, se hizo fotografiar apenas vistió radian-

te de orgullo y alegría, el uniforme del cuerpo,
y de la cual hablaba á sus primeros amigos de
colegio con tal insistencia y exageración, que
alguno de ellos, sin conocerla, se puso á escri-
birle cartitas amorosas que leía á Gabriel...
Luego, la confusión abrumadora de los primeros estudios serios, de las matemáticas subli-
mes, de tanta abstrusidad como tenían que meterse en la divina chola para los exámenes...
Ahora que Gabriel reflexionaba acerca de tales
estudios y mentalmente pasaba lista á sus compañeros de Academia, maravillábase pensando
que de aquella hueste nutrida desde sus tiernos
años con tanta trigonometría rectilínea, tanta
álgebra y tanta geometría del espacio, no había salido ningún portentoso geómetra, ningún
autor de obras profundas y serias, ni siquiera
ningún estratégico consumado; y al contrario,
por regla general, apenas se encontraba compañero suyo que al terminar la carrera se dis-
tinguiese por algún concepto, ó rebasase del
nivel de las inteligencias medianas... Mucho ca-
viló sobre el caso Don Gabriel, y vino á dar en
que la balumba algebráica, el cálculo, las geo-
metrías y trigonometrías se las aprendían los
más de memoria y carretilla, á fuerza de ma-
chacar, para vomitarlas de corrido en los exámenes; que los alumnos salían á la pizarra
como sale el prestidigitador al tablado á hacer
un juego de cubiletes en que no toma parte el
entendimiento; y que esta material gimnasia de
la memoria, sin el desarrollo armonioso y corre-
lativo de la razón, antes que provechosa era

6

funesta, matando en germen las facultades na-
turales y apabullando la masa encefálica, que
venía á quedarse como un higo paso. Todo esto
se le había ocurrido *a posteriori*. En el colegio
estaba lleno su corazón de esa buena fe absoluta de los primeros años de la vida, y ni soñaba
en discutir las opiniones admitidas y las fórmulas consagradas: creía cuanto creían sus compañeros, viviendo persuadido como ellos de
que ciertos profesores eran pozos de ciencia,
aunque no lucían tanto, por encontrarse un
tantico *guillados* del abuso de las matemáticas... Con el pundonor innato que le obligaba en Santiago á repasar de noche la lección, Gabriel se aplicó á aprender todas aquellas diabluras del programa, y como su inteligencia era sensible y fresca su retentiva, adelantó, adelantó... Recordaba, no sin cierta lástima de sí mismo, que había hecho unos estudios brillantes. Le alabaron los profesores,
despertósele la emulación, no perdió curso...

Sólo hubo una temporada, poco antes de salir
á teniente, en que atrasó bastante, poniéndose
á dos dedos de ser *perdigón*. Fué al recibir la
noticia de la muerte de su mamita, su hermana
Nucha... Se la escribió su padre en persona,
cosa que no ocurría sino en las ocasiones solem-
nes, pues el hidalgo de la Lage no se preciaba
mucho de pendolista. Gabriel recordaba que en
el primer momento sólo había sentido un asombro muy grande al ver que semejante desgracia
no le producía más efecto. Con la carta abierta
en la mano, miraba en torno suyo, pasando re-

vista á todos los muebles del gran dormitorio
artesonado, contando los hierros de las camas.
Hasta recordaba haber acabado de abrocharse
los botones de la levita de uniforme, faena in-
terrumpida cuando llegó la carta fatal. Luego,
de repente, daba dos ó tres pasos vacilantes,
sepultaba el rostro en la almohada de su lecho,
y empezaba á llorar á gotitas menudas, rápidas,
que se le metían entre el naciente bigote y de
allí se le colaban á los labios ¡con un sabor tan
amargo!

¡Su pobre *mamita!* ¡Con qué vanidad le había él enviado su retrato ; con qué orgullo había
comprado, de sus economías, una sortija de oro
para regalársela en su boda! ¡Qué admiración
gozosa, unida á unos asomos de infantiles celos,
había sentido al saber que su hermana tenía una
chiquilla!... ¡Monada como ella! ¡Una chiquilla!
¡Y ahora... fría, callada, apagados aquellos dulces y vagos ojos, metida en un ataúd, muerta,
muerta, muerta!

Bien seguro estaba de no haber querido probar bocado en dos días. ¡Cómo le mortificaban
los consuelos de sus compañeros y amigotes!
Eran bien intencionados, eso sí ; pero indiscre-
tos, inoportunos, fuera de sazón, como suelen
ser los afectos en la zonza é ingrata edad de la
adolescencia. Empeñábanse en divertirle, en
llevársele al café, ó á ver una compañía de zarzuela... ¡De zarzuela! Gabriel necesitaba un
médico. A los ocho días se le declaraba una fiebre nerviosa, en la cual le contaron que había
delirado con su *mamita,* diciendo que quería

irse junto á ella, al cielo ó al infierno, donde estuviese...Pronto convaleció, y quedó más fuerte
y más hombre, como si aquella fiebre hubiera
sido la solución de una crisis lenta de pubertad
tardía, acaso retrasada por estudios prematu-
ros... Salió á teniente, y recordaba el orgullo de
los galones y el de un hermoso bigote castaño,
ya poblado, que se propuso no afeitar nunca.

Pasó de la Academia al siglo con la entidad
moral que imprimen los colegios de carreras
especiales, y señaladamente el de artillería : segunda naturaleza, de la cual sólo se despren-
den, andando el tiempo, los que poséen gran
espontaneidad ó cierto instinto crítico, y que
sobrevive aun en los que se retiran, aun en los
mismos que reniegan de la carrera y manifies-
tan que les causa hondo hastío el uniforme...
Volviendo atrás la vista, Gabriel se asombraba
de ser aquel muchacho que salió del colegio tan
artillero, tan imbuido de ciertas altaneras niñe-
rías que se llaman espíritu de cuerpo, tan convencido de la inmensa superioridad del arma de
artillería sobre todas las demás del ejército es-
pañol y aun del mundo, y en particular tan arisco, tan dado á esa cosa particular que en el
cuerpo llaman *la peña*, tendencia mixta de or-
gulloso retraimiento y de feroz insociabilidad,
que en él llegaba al extremo de pasarse tres
horas en la esquina de una calle de Segovia,
atisbando el momento en que saliesen de su casa
ciertas señoras á quienes su padre le ordenaba
visitar, para cumplir con dejarles una tarjeta en
la portería.

...¡Y que apenas era él entonces reaccionario,
como los demás individuos del noble cuerpo!
Sentía un odio profundo hacia las ideas nuevas
y la revolución, la cual justo es decir que se hallaba en su más desatentado y anárquico período. Lo que Gabriel no le perdonaba á la setem-
brina maldecida, era el haberle echado á perder
su España, la España histórica condensada en
su cabeza de estudiante asiduo y formal, una
España épica y gloriosa, compuesta de grandes
capitanes y monarcas invictos, cuyos bustos
adornaban el Salón de los Reyes en el Alcázar
Gabriel se tenía por heredero directo de aquellos héroes acorazados, esgrimidores de tizona.
Arrinconados el montante y la espada, la artillería era el arma de los tiempos modernos. ¡Qué
de ilusiones y de fermentaciones locas producía
en Gabriel el solo nombre de batalla! A la idea
de barrer á cañonazos un reducto enemigo, le
parecía no caberle el corazón en el pecho, y un
frío sutil, el divino escalofrío del entusiasmo,
le serpeaba por la espina dorsal. En esta disposición de ánimo le incorporaban á una batería
montada y le enviaban á la guerra contra los
carlistas en el Norte...

Quince días á lo sumo recordaba que duraron
sus fantasías heroicas. No eran aquellas las marciales funciones que había soñado. Si en las rudas montañas de Vasconia no faltaban las fatigas
propias de la vida militar, los fríos, los calores,
el agua hasta el tobillo, la nieve hasta media
pierna, las raciones malas y escasas, el dormir
punto menos que en el suelo, la ropa hecha giro-

nes, cuanto constituye el poético aparato de la
campaña, en cambio no veía Gabriel el elemento moral que vigoriza la fibra y calienta los
cascos; no veía flotar la sagrada bandera de la
patria contra el odiado pabellón extranjero.
Aquellas aldeas en que entraba vencedor, eran
españolas; aquellas gentes á quienes combatía,
españoles también. Se llamaban carlistas, y él
amadeista: única diferencia. Por otra parte, la
guerra, aunque civil, se hacía sin saña ni furor;
en los intervalos en que no se disparaban tiros,
los destacamentos enemigos, divididos sólo por
el ancho de una trinchera, se insultaban festiva-
mente, llamándose *carcas* y *guiris;* también se
prestaban pequeños servicios, pasándose *El
Cuartel Real* y *El Imparcial* de campo á campo; y en los frecuentes ratos de tregua, bajaban, se hablaban, se pedían fuego para el cigarro, y el teniente de artillería *guiri* fraternizaba
muy gustoso con los oficiales *carcas,* tan buenos mozos y tan elegantes y marciales con sus
guerreras orladas de astracán, á cuyo lado izquierdo lucía el rojo corazón del *detente,* y sus
boinas con borla de oro, gentilmente ladeadas.
A menudo hasta le sucedía á Gabriel dudar si
el deber y la patria estaban del lado allá de la
trinchera. A pesar de las burlas con que sus
compañeros acogían los *pepinillos* carlistas; en
el campamento se contaban maravillas de la improvisada artillería de Don Carlos, organizada
en un decir Jesús, por un par de oficiales que
habían ingresado en sus filas y algunos cabos y
sargentos listos; cosa que inducía á Gabriel á

pensar que no se necesitaban tantas matemáticas de colegio para santiguar al enemigo á cañonazos. Sí; Gabriel cumplía con su obligación;
pero sin calor ni fe. Batirse, corriente, para eso
vestía el uniforme; otra cosa que no se la pi-
dieran. Un casco de metralla saltaba los sesos
á su asistente, aragonés más cabal que el oro,
á quien Gabriel profesaba entrañable cariño, y
su muerte le causaba la impresión de haber pre-
senciado un aleve asesinato, más bien que un
episodio bélico.

Entre la obscuridad nocturna, Gabriel Pardo
sonreía á la reminiscencia de un recelo que le
apretó mucho por entonces. Al encontrarse tan
frío en medio de las escaramuzas; al conocer
que le hastiaban la guerrilla y la tienda, recordó
que se había interrogado á sí mismo con un
miedo atroz... de tener miedo.

—¿Si seré un cobardón? ¿Si tendré la sangre
blanca?

Al ver cómo le felicitaban unánimemente los
jefes y los compañeros por su *serenidad*, comprendió que lo que padecía era atrofia del entusiasmo. Y así lo cogió la disolución del cuerpo de artillería por decreto revolucionario.
Casi se alegró. Ya no tenía cariño al uniforme.
Y, sin embargo, todavía el *espíritu de cuerpo*
le dominaba. Le cruzó por las mientes irse al
campo carlista, y no lo hizo, porque los compañeros habían determinado "aguardar, estar
á ver venir„. Se fué á Madrid, hospedándose
en casa de unos parientes encumbrados, un título primo de su madre.

¡Cuántos recuerdos se le agolpaban! La noche, obscura, parecía poblarse de estrellas y
constelaciones, de centelleos misteriosos... Gabriel sentía una impresión, frecuente en las
personas á quienes la viveza de la fantssía y de
la sensibilidad hacen pasar, durante una existencia relativamente corta, por muchas y muy
variadas fases psíquicas. Admirábase del cambio producido en él por aquellos meses de resi-
dencia en Madrid, y al mismo tiempo se sor-
prendía *ahora* de lo que se había realizado en
él *entonces,* y no creía ser la misma persona,
sino evocar la historia de otro hombre. El no
fué, ni pudo ser jamás, el brillante y frívolo mancebo á quien tan especiales agasajos y tan li-
sonjera acogida dispensaron las damas de alto
copete, que le obsequiaban por oficial del cuerpo hostil á la Revolución y por hidalgo provin-
ciano, pero de vieja cepa, de veintitantos abri-
les y gallarda figura. ¡Cuán dulces bromas le
habían sido disparadas entonces por risueños
labios, recalcadas por el guiño semi-altanero y
semi-picaresco de algunos flecheros ojos de
rica hembra, á propósito de su afición á *la
peña,* entonces erigida en sociedad reacciona-
ria, ojalatera del alfonsismo! Gabriel en el fondo se sentía muy *peñasco,* igual que antes, y
abominaba de saraos y visitas de cumplido, de
andar poniéndose el frac y el ramito en el ojal,
de saludos en la Castellana y bailes por todo lo
fino; pero el asunto es que iba, iba, iba, seguía
yendo, arrastrado por una blanca mano, cuya
piel suave le causaba mareos deliciosos... Era

una viuda, hermana de la mujer de su primo,
en cuya casa vivía; hermosa hembra de treinta
y tantos, provista de ingenio, oro y blasones...
Gabriel no había tenido sino aventuras de alojamiento ó de días de salida en Segovia. Volvióse loco, y un día, con la mente y la sangre
caldeadas, habló de bodas, para asegurar hasta
el fin de la vida la dicha actual... Se le rieron
blandamente, y como insistió, le pusieron de
patitas fuera del paraíso. ¡Qué crujida, Dios!.
Gabriel, al pensar en ella, se admiraba de su
juventud, de su sincera pasión y de sus román-
ticos desvaríos. Lo de menos era no dormir,
no comer, sufrir abrasadora calentura, beber y
jugar para aturdirse... ¿Pues no se le ocurrió
cierta mañana mirar con ojos foscos y extravia-
dos un par de pistolas inglesas?... ¡Aquello sí
que tuvo gracia! discurría hoy el hombre de
pelo ralo, acordándose de las fogosidades del
teniente...

El caso es que con el desengaño amoroso se
había vuelto más peñasco que nunca. Por entonces, apartado ya del gran mundo y de sus
pompas y vanidades, sin que le quedase más
rastro que los buenos modales adquiridos, ese
baño delicadísimo que sobre la corteza brusca
del tenientillo recién salido de la Academia de-
rrama el trato con damas y el ingreso familiar
en círculos selectos — baño permanente cuando
se recibe en la primera juventud—empezaron
para Gabriel estudios libres que se impuso á sí
propio. Convencido de que podía beber bastante alcohol sin emborracharse, y de que la em-

briaguez en él jamás era completa, dejándole
siempre cierta lucidez dolorosa; de que el *fatal*
tapete verde no le divertia, y de que las mujeres, no queriéndolas mucho, le eran casi indiferentes, se dió á la lectura por recurso, y en
ella encontró la deseada distracción y la conva-
lecencia de aquella herida al parecer tan profunda, y que en realidad no pasaba de la epidermis.

Con los libros sí que se había emborrachado
de veras. Eran obras de filosofía alemana, unas
traducidas al francés, otras en pésimo y bárbaro castellano. Pero Gabriel, más reflexivo que
artista, más sediento de doctrina que de placer, no se entretenía en la forma; íbase al fondo, á la medula. Las matemáticas del colegio le
tenían divinamente preparado para las pehagu-
das ascensiones de la metafísica y las genero-
sas quinta esencias de la ética. Eran sus actuales
estudios lo que el riego á la planta tierna cuyas
raíces penetran en terreno cultivado y removi-
do ya. La inteligencia de Gabriel se abría, com-
prendiendo períodos enrevesados y diabólicos,
y lisonjeaba su orgullo el que los demás afirma-
sen no poder entender semejante monserga.
Sus nuevas aficiones le pusieron en contacto
con muchos jóvenes, prosélitos de la entonces
flamante y boyante escuela krausista. Y resolvió que él era kantiano á puño cerrado, pero
sin aplicar el método crítico del maestro, como
entonces se decia, más que á las cosas de *la*
ciencia; para las de *la vida* se agarró con
dientes y uñas á la ética de Krause. No sólo re-

negó de las aventuras, los naipes y el absintio,
sino que empezó á aquilatar con más monjiles
escrúpulos la trascendencia y móvil de sus
menores actos, á tener por grave delito el asis-
tir á una corrida de toros ó á un baile de más-
caras. Ponía cuidado especial en que no saliese
de sus labios ni siquiera una mentira oficiosa,
en no defraudar á nadie, en vivir de tal manera
que sus acciones fuesen claras como el agua,
honradas y serias.... ¡La seriedad sobre todo!...
Por las noches hacía examen de conciencia; por
las mañanas elevaba, al despertarse, el pensamiento á Dios—¡al Dios impersonal y sin entrañas!—Reprimidos los impulsos y ardores
juveniles por la especie de fiebre filosófica que
le abrasaba dulcemente el cerebro, sentía en
las iglesias, adonde asistía con frecuencia
suma, impulsos místicos, ternuras inexplica-
bles, ganas de llorar, y entonces se creía *inti-
mo con el ser...*

¿Cuánto había durado? ¿Cuánto? Las cosas
políticas se encrespan; la demagogia y el can-
tonalismo escupen fuego y sangre; los carlistas
medran, pululan, brotan por todas partes con
armamento y municiones; Castelar llama á los
artilleros; Gabriel duda, recela, se alarma ante
la perspectiva de verter sangre humana; por
fin sus nuevas ideas liberales y una carta de su
padre le deciden; va otra vez al Norte. Ro-
déanle sus antiguos amigos; en la maleta del
teniente vienen sin duda la *Analítica*, la *Crítica del juicio*, la *Crítica de la razón pura*,
la *Teoría de lo infinito*; pero á la primer mar-

cha forzada, á la primer bocanada de aire montañés, al primer encuentro, á la primer tertulia
en la tienda de campaña, parécele que entre él
y los maestros de su entendimiento se inter-
pone una muralla, un velo obscuro, y que en
su alma se derrumba, sin saber cómo, un edificio vasto. Y con el bienestar físico que producen el ejercicio y la actividad después de
una vida contemplativa y sedentaria; y la reacción violenta, propia de los temperamentos
nerviosos y los caracteres impresionables, á
los pocos días el teniente no se acuerda de
Kant, da' al diablo los *Mandamientos de la humanidad,* y muy á gusto se deja arrastrar á las
distracciones del compañerismo, á los lances
de la campaña y los episodios de alojamiento.
La guerra se hace ya con más empuje, en vista
del desaliento y merma de las fuerzas carlistas:
Gabriel bate el cobre con fe, persuadido de que
el orden y la libertad están en las negras entrañas de los cañones de su batería; fraterniza
con bandidos contraguerrilleros, lee con afán
los periódicos políticos, vive de acción y de
lucha, y todas las mañanas se levanta determinado á salvar á España... España le había
dado en cambio la efectividad de capitán. Mas
el golpe de Estado de Pavía y luego la pro-
clamación de Don Alfonso, que tanto alegra-
ron á todo el noble cuerpo, le cortaron las
alas del espíritu á Gabriel Pardo, que era re-
publicano teórico y andaba entonces vuelto ta-
rumba por un orden de cosas muy recto y sen-
sato, al modo sajón. Al otro día de recibir el

grado de comandante, viendo la guerra próxima á su fin, desilusionado más que nunca y sin
gusto para pelear, recordaba haber tomado el
camino de la corte.

¡Qué vida tan sosa al principio la suya! Mal
visto entre sus compañeros á causa de sus opiniones políticas; sin trato con sus antiguas relaciones; sin ánimos para volver á sepultarse en
los libros de metafísica que eran hoy para él lo
que la envoltura de la oruga cuando ya voló la
mariposa, sintió de repente, convirtiendo los
ojos hacia sí mismo, que no le quedaba en lo
más íntimo sino descreimiento y cansancio.
¿Quién ó qué le había demostrado la inanidad
de sus filosofías? Nadie, nada. La fe no se des-
truye con razones: es error imaginar que hay
argucia que eche abajo un sentimiento. La fe
es como el amor—bien lo advertía Gabriel.

¿Hay en el mundo del pensamiento algún asidero firme?—discurrió entonces.—Casualmente empezaban las corrientes positivistas: hablá-
base de realidades científicas, de doctrinas
basadas en hechos de experimentalismo. El comandante se propuso estudiar á fondo alguna
ciencia, como se estudian las cosas para saber-
las de verdad, y adquirir la suspirada certeza.
Tenía un amigo, ex-profesor de geología en la
Universidad, de donde le expulsara el decreto
de Orovio. Se puso bajo su dirección, y consa-
gró seis [horas diarias á trabajos de pormenor.
Hacía unos cortes en las piedras y luego se
desojaba [mirándolos al microscopio. Se cansó
antes de medio año. La certeza consabida, por

las nubes. Encontraba relaciones lógicas y armoniosas entre lo creado, leyes impuestas á la materia por voluntad al parecer inteligente, dependencia y conexión en los fenómenos; pero el enigma seguía, el misterio no se disipaba, la substancia no parecía, la cantidad de *incognoscible* era la misma siempre. Gabriel tenía sobrada imaginación para sujetarse á la severa disciplina científica sin esperanza ni objeto, y fueron disminuyendo sus visitas al laboratorio de su amigo. ¿Y no habría otra razón?... Pues, á decir verdad...

Muy aficionado á la música, Gabriel estaba abonado á una butaca del Real—tercer turno.— Resplandecía el regio coliseo con la animación que le prestaba la buena sociedad ya completa y la restaurada monarquía; y, más que teatro, parecía elegante salón cuajado de beldades. Al lado de Gabriel sentábanse un machucho brigadier de artillería y su joven esposa, deidad murciana, de árabes ojos, que á cada acorde de la música, ó á cada nota del amoroso dúo, se posaban en los del comandante, deteniéndose un poco más de lo necesario. El brigadier, fumador empedernido, no recelaba salir en los entreactos dejando á su esposa bajo la salvaguardia del subalterno. ¡Bendito señor, pensaba Gabriel, y cómo le hizo Dios de confiado! A lo mejor el brigadier fué destinado á Filipinas, y partió llevándose á su cara mitad. Gabriel, medio loco, según su costumbre en casos tales, habló de pedir el traslado... La hermosa brigadiera se negó, afirmando que su ma-

rido ya tenía sospechas, que el viaje era celosa
precaución, y que si se encontraba con el comandante llovido del cielo en Manila, habría la
de Dios es Cristo. Y el enamorado la vió partir
sin que nublase aquellos ojazos de terciopelo la
humedad más leve... No, lo que es de esta vez,
el comandante no hacía memoria de haber pen-
sado en suicidios, pero cayó en misantropía
amarga, rabiosa y prolongadísima que paró en
un ataque de ictericia de los de padre y muy
señor mío. Destinado á Barcelona... ¡qué temporada la que pasó en la ciudad condal! ¿Cómo
es posible aburrirse tanto y quedar c᾿n vida? A
enfrascarse otra vez en los libros, no de filosofía, ya, sino de ciencia militar, estudiando las
propiedades formidables de las materias explo-
sivas que nuestro siglo refina y concentra á
cada paso, lo mismo que si el objeto supremo
de tanto adelanto, de tanto progreso, fuese una
conflagración universal. A leerse cuanto encontró sobre el asunto en revistas alemanas ó
inglesas, encargando obras especiales, y escribiendo dos ó tres artículos en que lo resumía y
exponía con bastante claridad, publicados en
los periódicos y que le valieron ser citado como
una gloria del cuerpo. Por señas que entonces fué cuando se le chamuscó la cara probando pólvora, y se le metieron unos cuantos
granos en la mejilla. Ocurrióle la idea de ges-
tionar que le diesen una comisión para el extranjero: lo consiguió; viajó por Francia, Alemania, Inglaterra, países que él creía cifra y
compendio de la civilización posible. Al pronto,

impresión pesimista : Francia era una gran
tienda de modas, Alemania un vasto cuartel
Inglaterra un país de egoistas brutales y de hi
pócritas ñoños. Pero al regresar á España, al
notar el dulce temblor que sólo las almas de
cántaro pueden no sentir en el punto de hollar
otra vez tierra patria, muaó de opinión sin saber por qué: echó de menos el oxigenado aire
francés, y le pareció entrar en una casa venida
á menos, en una comarca semisalvaje, donde
era postiza y exótica y prestada la exigua cultura, los adelantos y la forma del vivir moderno, donde el tren corría más triste y lánguido,
donde la gente echaba de sí tufo de grosería y
miseria... Al acercarse á Madrid y atravesar
los páramos que lo rodean; al subir por la cuesta de San Vicente; al ver las calles estrechas,
torcidas, mal empedradas, el desanimado comercio; al oir el canturrear de los ciegos y el
pregón de la lotería, pensó encontrarse en uno
de esos prehistóricos poblachones de Castilla.
fosilizados desde el tiempo de los moros...-¡Madrid! ¡Ese era Madrid... esa era España... la
España santa de sus ensueños de adolescente!
    Empezó á hablar, mejor dicho, á perorar
donde quiera que encontraba auditorio, proponiendo una campaña activísima, especie de
coalición de todos los elementos intelectuales
del país, á fin de civilizarlo é impulsarlo hacia
senderos donde no quería el muy remolón sentar el pié... Un día, en el Centro militar, al caer
la tarde, Gabriel sorprendió un diálogo de sofá
á butaca.

—¿Y el comandante Pardo?—preguntaba el sofá.—¿Le ha visto V. desde que ha llegado de su excursión por tierras de extrangis?

—Ayer me le encontré en la Carrera...—respondía la butaca.

—¿Y qué cuenta? ¿Viene entusiasmado?

—¿Entusiamado? Decidido á que crucen por doquier caminos y canales. Siempre dije yo que se guillaba; pero ahora, me ratifico. Sonámbulo. Chifladísimo.

—De remate—confirmó el sofá.

No hizo falta más para que el gran reformador entrase á cuentas consigo mismo.—¿Será cierto, Gabriel? ¿Serás tú un chiflado, un badulaque que se mete á arreglar lo que no entiende, que todo lo intenta y de que todo se cansa, y que se acerca ya á la madurez sin encontrar ancla donde amarrar el bajel de la vida? Soldadito de papel, ¿cuántos caballos te han matado ya? Pero, ¿es culpa tuya si esos caballos no los montas frescos, sino rendidos y exánimes?. ¿Has pedido tú tantas gollerías? Verbigracia: ¿qué le pediste al amor? Sinceridad y firmeza: ¡qué diantre! tú ibas derecho al término de la pasión, que se sobrepone y debe sobreponerse á intereses mezquinos... ¿Y á la filosofía, á la ciencia? Certidumbre: una regla moral para seguirla, un Dios en quien creer, á quien elevar el alma. ¿Y al uniforme que vistes, y á la patria á quien sirves, y á las convicciones políticas que profesas? Un ideal á quien sacrificar todas las energías, todo el calor que te sobraba... ¡Vive Dios! Que á cada cosa le pe-

7

días tú lo justo, lo que puede y debe contener,
y nada más. ¿Es culpa tuya si el amor es dis
tracción frívola, la ciencia nombre pomposo que disfraza nuestra ignorancia trascen-
dental y la política farsa más triste y vil que
todas?

Al llegar á esta parte de sus recuerdos auto-
biográficos, alzó Gabriel la vista al cielo, como
buscando huellas del poder augusto que rige
nuestro destino terrestre. Y eso que él sabía
que aquel gran espacio obscuro que le envolvía
por todas partes no era más que el firmamento
astronómico, con sus millares de soles, de planetas, de mundos chicos y grandes...

¿Tendrán razón los que creen que andan las
almas viajando por ahí?—pensaba, al acordarse
de la muerte de su padre. Por cierto que no la
había sentido con la misma fuerza que la de su
hermana, porque Gabriel y Don Manuel Pardo
eran naturalezas que no simpatizaban : pertenecían á dos generaciones muy diversas, y en
realidad no se entendían ; con todo, vino el dolor natural y justo, pues siempre hace su oficio
la sangre. Bastante abatido llegó Gabriel á Santiago... Y apenas hubo puesto el pié en el caserón solariego—ya suyo — de los envejecidos
muebles, de los cuadros cuyo asunto tenía cla-
vado en la memoria, de las cortinas de apagado color, de los rincones familiares, se alzó radiante, amorosa, poetizada por la muerte y la
distancia, la imagen, no de su padre, sino de
su hermana Marcelina, la *mamita,* la única
mujer que con desinteresado amor le había

querido; y aquellas lágrimas que un día lloró
el alumno, el mancebo colegial, subieron ahora
más que á los párpados, al corazón de Gabriel,
derramándose en benéfico rocío. Recorrió toda
la casa: buscaba en ella no sé qué; tal vez un
fantasma—¡el del tiempo pasado! El caserón
estaba solitario, triste, sin otros moradores que
una criada antigua, cuyas perezosas chancle-
tas, así como el hálito de un cascado reloj de
pared, era lo único que pugnaba con el alto
silencio de los salones y corredores vacíos.
Ninguna de las tres hermanas que tenía vivas
Gabriel había acudido allí para acompañarle:
todas estaban casadas, la menor mal, con un
estudiante de medicina, hoy médico de un partido; la otra con un hidalgo rico de la montaña;
la mayor con un ingeniero andaluz, con quien
residía en una provincia distante. Gabriel es-
cudriñaba todas las habitaciones, tocaba con
especie de devoción y de pueril curiosidad los
objetos que por allí andaban diseminados. En
el que fué cuarto de su *mamita* encontró, detrás
del tocador, horquillas, una caja de polvos, un
alfiler grueso: lo manoseó todo: probablemente
sería *de ella*. Sobre la cabecera del difunto Don
Manuel campeaba un ramo de pensamientos
trabajado en pelo negro, encerrado en un
marco de madera obscura: abajo decía en le-
trita cursiva y muy regarabateada: *Nucha
á su querido papá*. Gabriel pegó los labios
al cristal, besando religiosa y lentamente la
reliquia. Después se dejó caer en una butaca
que tenía los muelles rotos, vencidos del enor-

me peso de Don Manuel Pardo de la Lage,
y sus meditaciones tomaron un giro inusitado.

¿Cómo no se le habría ocurrido antes? ¿Por
qué, hasta que circunstancias fortuitas le arro-
jaron al hogar viejo, no le cruzó por las mientes idea tan sencilla..., perogrullada semejante?
¿Es posible que se pase un hombre la vida con
la linterna de Diógenes en la mano, buscando
sendas y probando derroteros, cuando la felicidad le está prevenida en el cumplimiento de
la ley natural? La esposa, el hijo, la familia;
arca santa donde se salva del diluvio toda
fe; Jordán en que se regenera y purifica el
alma.

Varias veces había notado Don Gabriel la
irresistible tendencia de su imaginación viva,
ardorosa y plástica, á construir, con la vista de
un objeto, sobre la base de una palabra, un
poema entero, un sistema, una teoría vasta
y universal, llegando siempre á las últimas
y extremas consecuencias: propensión que le
explicaba fácilmente los muchos desengaños
sufridos, y aquello que llamaba él *caérsele
muertos los caballos*. Le sucedía también que
la experiencia no le enseñaba á cautelar, y cada
nueva construcción la emprendía con igual lujo
y derroche de ilusiones y esperanzas. En la
vieja poltrona paterna, ante la cama de dorado
copete donde tal vez había venido al mundo,
comenzó á edificar un palacio conyugal, sintiendo el tiempo perdido y lamentando no haber caído antes en la cuenta de que todo sujeto

valido, todo individuo sano é inteligente, con
mediano caudal, buena carrera é hidalgo nombre está muy obligado á *crear una familia*, ✓
ayudando á preparar así la nueva generación
que ha de sustituir á ésta tan exhausta, tan sin
conciencia ni generosos propósitos.

—Yo no soy un chiflado—pensaba Don Gabriel, respirando sin percibirlo por la herida.—
Yo soy víctima de mi época y del estado de mi
nación, ni más ni menos. Y nuestro destino
corre parejas. Los mismos desencantos hemos
sufrido; iguales caminos hemos emprendido, y
las mismas esperanzas quiméricas nos han agitado. ¿Fué estéril todo? ¿Hemos perdido mala-
mente el tiempo? ¿Sentenciados á no producir
ni fundar cosa alguna? Cansados, sí, porque el
cansancio sigue á la lucha; pero ¿no hemos
aprendido, ni progresado nada? Yo, sin ir más
léjos, ¿soy el mismo que cuando salí del colegio? ¿No ha ganado algo mi educación externa
desde que frecuenté el gran mundo? El suceso de
mis amoríos malogrados ¿no me curó y preser-
vó de ilícitos y torpes devaneos? Aquellos
libros que no me dieron la certeza, ¿por ventura no me cultivaron y ensancharon el entendimiento, no me hicieron más recto, más tole-
rante y más reflexivo? Mis sueños de gloria militar, mis rachas políticas, ¿no sirven, cuando
menos, para probarme á mí mismo que aspiro
á algo superior, que me intereso por mi raza y
por mi patria, que siento y que vivo? No, Gabriel; lo que es de eso no hay por qué arrepen-
tirse. Y á no ser por tus años de peregrinación y

aprendizaje, ¿valdrías hoy para fundar casa,
para contribuir en la medida de tus fuerzas á
la regeneración de la sociedad y á la depura-
ción de las costumbres... para formar á tus
hijos... ¡si Dios!...

Cuando el nombre divino surgía, ya que no
de los labios, del espíritu del comandante, iba
el crepúsculo lento de una tarde del mes de
Mayo difumando los objetos y haciendo más melancólica la soledad del vacío dormitorio paternal. Sintió Gabriel que el corazón se le llenaba
de ternura, y no sabiendo cómo desahogarla,
llamó cariñosamente á la decrépita servidora,
y en tono festivo, en voz casi humilde, pidióle
que trajese luz.

Así que la bujía quedó colocada sobre la cómoda de su padre, fijáronse los ojos de Gabriel
en el antiguo mueble, muy distinto de los que
hoy se construyen. La cubierta hacía declive, y
recordaba Gabriel que al abrirse formaba es-
critorio, descubriendo una especie de templete
con columnas, y múltiples cajoncitos adornados
de raros herrajes, que ocultaban *secretos*. ¡Secretos! De niño, esta palabra le infundía curiosidad rabiosa y una especie de terror... ¡Secretos! Sonriéndose, sacó del bolsillo un llavero,
probó varias llavecicas... Una servía... Cayó la
cubierta, y los dedos impacientes de Gabriel
empezaron á escudriñar los famosos *secretos*
de la cómoda, cual si en ellos se encerrase algún escondido tesoro... Los buenos de los secretos no tenían mucho de tales, y cualquier
ratero, por torpe que fuese, lograría, como Ga-

briel, hacer girar sobre su base las dos columnas del templete y poner patente el hueco que
existía detrás. Calle... pues había algo allí. Ro-
llos de dinero... Los deshizo : eran moneditas
de premio, Carlos terceros y cuartos, guarda-
dos, sin duda, por su padre para evitarles la
ignominia de la refundición... Y allá, en el fondo, muy en el fondo, un papel amarillento ya
por los dobleces, atado con una sedita negra...
Maquinalmente lo cogió, lo abrió, rompió la
sedita. Cayó una sortija de oro con perlas menudas, y vió Gabriel, cuyo corazón literalmente brincaba contra la carne del pecho, que el
papel era una carta, escrita con tinta ya desco-
lorida y letra no muy suelta. Sus ojos, vidria-
dos por un velo de humedad, leyeron casi de
una ojeada : — "Querido papá, felicito á V. los
días ; sabe Dios quién vivirá el año que viene;
hágame el favor, si me empeoro, de darle á mi
hermano Gabriel la sortijita adjunta, y que mucho me acuerdo de él y le quiero ; que si yo
llego á faltar, ahí queda mi niña. V. y él no de-
jarán de mirar por ella : moriré tranquila con-
fiando en eso... „ — Una lágrima, una verdadera
lágrima, redonda y rápida en su curso, se precipitó sobre la firma— "Su amante hija, Marcelina Pardo. „
El comandante apoyó el papel contra los ojos
al esconder la cara en las manos, y se reclinó
en la cómoda, vencido por uno de esos terre-
motos del corazón que modifican las actitudes
y las elevan á la altura trágica sin que lo advir-
tamos nosotros mismos... Pasados quince minu-

tos; alzó la frente, con una firme resolución y
una promesa.

La misma que repetía ahora á la majestuosa
noche.

IX

TAN enamorado estaba Juncal de las buenas
trazas y discreción de su huésped, que al día
siguiente quiso entrarle en persona el chocolate, varios periódicos, un mazo de tolerables re-
galías y una calderetilla con agua caliente por
si acostumbraba afeitarse. No le maravilló poco
encontrar á Don Gabriel ya en pié, calzado y
vestido. ¡Qué madrugador! ¡Y en ayunas! ¿Qué
tal el brazo? ¿Preferiría Don Gabriel el chocolate en la huerta, debajo de los limoneros? Don
Gabriel dijo que sí, que lo prefería.

Razón llevaba en ello, porque la mañanita estaba fresca, el azahar trascendía á gloria, y
sobre la rústica mesilla de piedra encandilaba
los ojos y excitaba el paladar la vista de la bandeja con el pocillo de Caracas, la pella de man-
teca recién batida, que aún rezumaba suero, el
vaso de agua serenada en el pozo, el pan de
dorada corteza y las lengüetas rubias de los bizcochos finamente espolvoreados de azúcar.

—Su señora de V. es una gran ama de casa—
observó jovialmente Don Gabriel al sorber el

último residuo del aromático chocolate.—Nos
trata á cuerpo de rey. Es increíble el gusto con
que se come en el campo, y qué bien sabe todo.
Parece que se le quitan á uno diez años de en-.
cima.

Con efecto; fuese por obra del campo ó por
otras causas, semejaba remozado el huésped de
Juncal.

—¿V. quiere ir esta tarde á casa del cura de
Ulloa, sin falta? ¿No sería mejor descansar otro
diita en mi choza?

—Me urge, amigo Juncal. Pero si V. por esa
ojeriza que profesa al clero no quiere acompa-
ñarme...—murmuró Don Gabriel risueño, limpiándose lós bigotes con encarnizamiento, á
fuer de hombre pulcro.

—¿Quién? ¿Yo? ¿A casa del cura de Ulloa?
¡Por vida del chápiro verde! Si todos fuesen
como ese... me parece que acabaría por volverme beato.

—No todos pueden ser iguales, señor Don
Máximo, V. bien lo sabe.

—Mire V., natural sería que el clero... Digo,
creo que les tocaba dar ejemplo á los demás.

—El clero es el reflejo de la sociedad en que
vivimos. No estamos ahora en los primeros siglos del cristianismo—replicó con cierta malicia
discreta Don Gabriel, mirando á Juncal que
echaba lumbres con un eslabón para darle mecha encendida, pues á causa del viento y de las
caminatas, el médico había proscrito los fósforos.

—Ríase V. de cuentos... Bien gordos y repo-

lludos andan los tales parrocetáceos—refunfu-
ñó Máximo empleando el vocabulario peculiar
de *El Motín*—á cuenta de nuestra bobería... Más
tocino tiene el arcipreste encima de su alma,
que siete puercos cebados.

—Pues en realidad, la profesión es de las menos lucrativas que hoy se pueden seguir. ¿Por
ambición, quién diablo va á hacerse clérigo?
Amigo, seamos razonables. Antaño, decir canónigo era decir hombre de vida regalona y riñón
cubierto; hogaño el canónigo á quien le alcanza
el sueldo para comer principio y llevar manteos
decentes, se tiene por dichoso. Un cura de aldea
es un pobre de solemnidad: cuando más, llegará
adonde llegue un labriego acomodado : á tener
la despensa regularmente abastecida; y eso,
para un hombre que recibe cierta instrucción y
tiene por consecuencia necesidades que no tiene,
el labriego... ya V. ve... Esto lo sabrá V. mejor
que yo, porque hasta ahora mi carrera me man-
tuvo alejado de Galicia.

—¿Es V. artillero, señor Don Gabriel?

—Para servir á V.

—Por muchísimos años. ¿Grado?

—Comandante efectivo. Hoy excedente, á petición mía. Convénzase V.: al clero no le pode-
mos exigir tantas cosas.

—Pero V. también sabe de sobra... ¿porque
V. habrá viajado? ¿eh?

—Sí, he estado algún tiempo en el extranjero.

—En otras partes, la ilustración, la mora-
idad....

—Moralidad... Sí... Pero el hombre es hombre

en todas partes. El clero protestante, en Inglaterra por ejemplo, alardea de muy moral; sólo
que un vicario protestante, en resumidas cuentas, es un hombre casado, un empleado con buen
sueldo y respetadísimo; ¿qué ha de hacer? ¿Ten-
dría V. disculpa si incurriese en algún desliz,
amigo Juncal, con esa bella, complaciente y
hacendosa mitad, y esta dorada medianía que
goza? Y además toma V. un chocolate... ¡Cuántas veces habrá V. echado en cara á los frailes
la afición á chocolatear! ¡Pues lo que es V... no
se descuida!

Dijo esto Don Gabriel golpeando familiarmen-
te en el hombro del médico, porque veía á éste
colgado de su boca y oyéndole como á un orácu-
lo, y no quería poner cátedra. Sucedíale á veces avergonzarse del calor que involuntariamente tenían sus palabras al discutir ó afirmar,
y para disimularlo recurría á la ironía y á la
broma. Juncal se extasiaba encontrando tanta
sencillez y llaneza en aquel hombre cuya superioridad intelectual, social y hasta psíquica le
había subyugado desde el primer instante.

—Vamos—pensaba para su capote—que aunque fuese mi hermano no estaría más contento
de tenerle aquí. Y todo cuanto dice me conven-
ce... No sé disputar con él, ¡qué rábano!—Echóse el sombrero atrás con un papirotazo del dedo
cordial sobre la yema del pulgar, ademán muy
suyo cuando quería explicar detenidamente alguna cosa, y añadió:—Mire V., así que conozca
al cura de Ulloa y le compare con los demás...
Se quita la camisa por dársela á los pobres: no

alza los ojos del suelo : dicen que hasta trae ci-
licio... Apenas quiere cobrar á los feligreses ni
oblata, ni derechos, ni nada, y su criado (porque ese no entiende de amas ni de bellaquerías)
está que trina, como que les falta á veces hasta
para arrimar el puchero á la lumbre.

—Bien, ese ya es un santo—repuso Gabriel.

—¡Si abundase tal género, qué mayor milagro!
Pero en general, qué va V. á ¡exigirle, señor
Don Máximo, á una clase tan 'mal retribuída?
¿Instrucción, dice V.? ¿Sabe V. lo que cuesta la carrera de un seminarista? Una futesa,
porque si costase mucho, la Iglesia no podría
sostenerlos... ¡Instrucción! ¿Dónde se recluta
la clase sacerdotal? Entre los labriegos ó los
muchachos más pobres de las poblaciones. La
clase media, que es la cantera de que se extraen
hoy los sabios, buena gana tiene de enviar al
Seminario sus hijos... Los manda á las univer-
sidades, y de allí, si puede, al Parlamento, ca-
minito del Ministerio, ó al menos del destino pín-
güe... En las clases altas, por milagro aparecé
una vocación al sacerdocio : ¡los tiempos no son
de fe! La aristocracia es devota, mas no lo bastante para producir otro duque de Gandía. Y los
pocos que se inclinan á la Iglesia, van á las órdenes, en particular á los jesuítas. Así y todo,
nuestro Episcopado, señor de Juncal, le aseguro
á V. que compite con cualquiera de Europa, en
luces y en piedad... Y nuestro clero parroquial,
aunque algo atrasado y díscolo, posee virtudes
y cualidades que no son de despreciar.

—Es V...—preguntó Juncal con la cara más

afligida del mundo—es V... neocatólico, por lo
visto.

—No, nada de eso—respondió apaciblemente
Gabriel.—Soy, platónicamente hablando, avan-
zadísimo; tengo ideas mucho más disolventes
que las de V.; solamente... Pero, ¡qué limoneros
tan hermosos!

Tomó una rama y respiró con delicia los cálices blancos, de pétalos duros como la cuajada
cera.

—Estoy encantado con mi tierra, Don Máximo... Es de los países más poéticos y hermosos
que se pueden soñar. Yo no conocía ni esa parte
de Vigo, tan pintoresca, tan amena, ni esto de
aquí; y lo poco que ya he visto, me seduce... El
suelo y el cielo, una delicia; el entresuelo... gente amable y cariñosa hasta lo sumo; las mujeres
parece que le arrullan á uno en vez de hablarle.

—¿Mecha otra vez?

—Gracias, no fumo más. ¿Vamos á saludar á
la señora? Aún no le hemos dado los buenos días.

—Catalina apreciará tanto... Pero á estas horas... *va en* el molino, de seguro. Así que alistó
el chocolate, le faltó tiempo para recrearse con
aquel barullo de dos mil diablos que arman las
parroquianas...

Una mariposilla blanca, la vanesa de las coles
que abundaban por allí, vino revoloteando á
posarse en el sombrero de Juncal. Don Gabriel
tendió los dedos índice y pulgar entreabiertos,
para asirla de las alas. La mariposa, como si
olfatease aquellos amenazadores dedos, voló
con gran rapidez, muy alto, entre la radiante

serenidad matutina. Don Gabriel la siguió con
los ojos estirando el pescuezo, y el médico reparó en lo bien cuidada (sin afeminación) que
traía la barba el comandante. Cada pormenor
acrecentaba la simpatía en el médico, que estan-
cado en la cultura de los años universitarios,
arrinconado en un poblachón, olvidado ya, á
fuerza de bienestar material y de pereza mental, de sus antiguas lecturas científicas y sus
grandes teorías higiénicas, conservaba, no obstante, la facultad de respetar y admirar, en un
grado casi supersticioso, cuando veía en alguien
la plenitud de circulación y el oxígeno intelectual que él había ido perdiendo poco á poco.
Además, ¡era tan cortés, resuelto, despejado y
afable aquel señor!

Gabriel permanecía con los ojos medio gui-
ñados, como cuando seguimos un objeto distante. Sin embargo, la mariposa había desaparecido hacía tiempo. El artillero se volvió de repente.

—Don Máximo, ¿me hará V. el favor de contestar francamente á varias preguntas que tengo que hacerle?

—Señor de Pardo, por Dios... Me manda, y yo
obedezco. En cuanto le pueda servir...

—Pensaba entenderme con el abad de Ulloa;
pero por la descripción que V. me hace de él,
temo... ¿cómo diré?... temo que sea uno de esos
seres angelicales, pero inocentes y pacatos, que
no le sacan á uno de dudas... y que, además, por
lo mismo que son buenos, conocen mal á la gente que les rodea. (A medida que hablaba Don

Gabriel, aprobaba más enérgicamente con la cabeza el médico, murmurando—"Por ahí, por ahí!") V. es un hombre inteligente y honrado, Juncal...

Ruborizóse éste como se ruborizan los morenos, dorándosele la piel hasta por las sienes, y con algo atragantado en la nuez, murmuró:

—Honrado... eso sí... Me tengo por honrado, señor Don Gabriel. Tanto como el que más.

—Pues yo fío en V. enteramente. Sepa que he venido aquí con objeto de casarme...

Abrió Juncal dos ojos tamaños como dos aros de servilleta.

—...Con mi sobrina, la señorita de Moscoso.

—¿La señorita de Moscoso?—exclamó el médico, apenas repuesto de la sorpresa.—¿Qué me dice, Don Gabriel? ¿La señorita Manolita? ¡No sabía ni lo menos!

—Ya lo creo—repuso Gabriel soltando la risa.

—Como que tampoco lo sabía yo mismo pocos días hace; ni lo sabe nadie aún. Es V. la primera persona á quien se lo cuento.

Juncal sintió dulce cosquilleo en la vanidad, y aturrullado de puro satisfecho, trató de formular varias preguntas, que Gabriel atajó adelantándose á ellas.

—Diré á V., para que comprenda mi propósito, que la persona á quien más quise yo en el mundo fué mi pobre hermana Marcelina, la que casó con Don Pedro Moscoso; y si hay cielo—aquí le tembló un poco la voz á Don Gabriel—allí debe de estar pidiendo por mí, porque fué una... már... una santa. Al morir me dejó encargada

su hija; no lo supe hasta que mi padre falleció.
Yo me encuentro hoy libre, no muy viejo aún,
sin compromisos ni lazos que me aten, con regular hacienda y deseoso del calor de una familia. Teniendo Manolita padre como tiene, un
tío... no está autorizado para velar por ella. Un
marido, es otra cosa. Si no le repugno á mi sobrina, y quiere ser mi mujer... estoy determinado á casarme cuanto antes.

Juncal, poniendo las manos en los hombros
del artillero, respondió vagamente, cual si hablase consigo mismo:

—En efecto... no hay duda que... Realmente,
¿quién mejor? La verdad es...

Miró Don Gabriel, sonriéndose de alegría, al
médico. Su corazón se dilataba dulcemente con
la confidencia, y se le ocurría que por la serena
atmósfera revoloteaba un porvenir dichoso, co-
lumpiado en el espacio infinito, como la mariposilla blanca, que una superstición popular
cree nuncio de dicha. Clavó sus ojos garzos en
el médico: la luz del dia hacía centellar en ellos
filamentos de derretido oro. Se había guardado
los quevedos en el bolsillo, y parpadeaba como
suelen los miopes cuando la claridad les deslumbra.

—Francamente, Juncal, no conozco á mi sobrina Manuela, ni sé... ¿Cómo es?

—El retrato de su difunta madre, que esté en
gloria—respondió cristianamente el tremendo
clerófobo Juncal.

—¡De su madre!—repitió el artillero exta-
siado.

—Pero más buena moza, no despreciando á la pobre señorita... La madre era... algo bisoja y delgada... Esta mira derecho, y tiene unos ojazos como moras maduras... Alta, carnes apretaditas, morena con tanto andar al sol... buenas trenzas de pelo negro... y bien constituida. No digamos que sea una chica hermosísima, porque no tiene las *perfecciones* allá hechas á torno; pero puede campar en cualquier parte... Vaya si puede.

—Si se parece á Nucha, para mí ha de ser un serafín, Don Máximo.

—Y á V. se parece también, no se ría, señor de Pardo... Ya sabe que á V. lo saqué yo ayer en el coche, por su hermana.

—Siempre hay eso que se llama aire de familia... Don Máximo, mire V. que aún no he empezado, como quien dice, á preguntar lo que quiero saber. Yo he sido franco con V.: ¿V. lo será conmigo?

—No faltaba más. Aunque me fuera la vida en responder.

—Diga V. Mi cuñado...

X

J UNCAL terminó la semblanza y biografía de Don Pedro Moscoso y Pardo de la Lage, conocido por marqués de Ulloa, con las siguientes filósoficas réflexiones:

8

—No todos sus defectos hay que imputárse-
los á él, sino (hablemos claro) á la crianza em-
pecatada que le dieron... Sería mejor que se
educase él sólito ó con los perros y las liebres, que en poder de aquel tutor tan animal,
Dios me perdone... y tan listo para sus conveniencias... ¡Y se llamaba como V., Don Gabriel!

El comandante sonrió.

—Maldito lo que se parecen... Como iba diciendo, yo, hace años, muchos años, que no
pongo los piés en los Pazos de Ulloa; desde
aquellas elecciones dichosas en que anduve
contra Don Pedro... porque lo primero de todo
son las ideas y los principios, ¿verdad, Don Gabriel?

—Sin duda, sobre todo cuando uno los ha
pesado y examinado y está seguro de su bondad—respondió el artillero.

—Tiene V. razón... á veces se calienta la cabeza, y hace uno disparates... pero, en fin, yo
soy liberal desde que nací, y en vez de enfriar
con los años, me exalto más.

—¿Dice V. que no va por allí? ¿Cómo anda
de salud... mi cuñado?

—Regular... está muy grueso y padece bastante de la gota, como el difunto tío, por lo
cual dicen que gasta muy mal humor y que ha
perdido la agilidad, de manera es que no puede
salir á caza como antes.

—Y... ¡acuérdese V. de que me ha prometi-
do ser franco! ¿Y... esa mujer que tiene en
casa?

—Mire V., como yo no voy por allí... con re-
petirle lo que se cuenta... y unos hablan de un
modo y otros de otro; pero yo me atendré á lo
que dicen los más formales y los que acostum-
bran ir á los Pazos. V. ya sabe que tal mujer
estaba en la casa antes de casarse su señor cuñado; enredados los dos, por supuesto, y el
padre siendo el verdadero mayordomo y en
realidad el dueño de la casa, aunque por *plataforma* trajeron allí al infeliz del cura de
Ulloa, que no sirve para el caso... Había un
chiquillo precioso, y pasaba por hijo del Marqués. Pero resultó que después de la boda de
Don Pedro, la muchacha, por su parte, se empeñó en casarse con un labriego de quien estaba
enamoradísima, y á quien le colgó, ¿V. se entera? el milagro del rapaz. Este labrador, que
ahora anda hecho un caballero, siempre de
tiros largos, se llama el *Gallo* de apodo; y nadie le conoce sino por el apodo ó por el *Gaitero
de Naya*, porque lo fué; y el remoquete de
Gallo se lo pusieron sin duda por lo bien plantado y arrogante mozo, que lo es, mejorando
lo presente. Un poco antes mataron al padre de
la muchacha...

—¿No le asesinaron por una cuestión elec-
toral?

—Justo... ¿Según eso, está V. en autos?

—Uno que venía conmigo en la berlina... el
arcipreste no... el otro...

—*¿Trampeta?*

—Pequeño, vivaracho, entrecano...

—El mismo. Pues le contó verdad. Al gran

pillastre de Primitivo me lo despabilaron de un
trabucazo, en venganza de que los había ven-
dido á última hora, tanto que les hizo perder la
elección (Juncal bajó la voz involuntariamente). ¿Ve V. aquellas tapias, pasadas las primeras... donde asoman las ramas de un cerezo con
fruta? Pues son las del huerto de Barbacana, el
cacique más temible que hubo en el país... Dicen que ese ordenó la ejecución, aunque el verdugo fué una especie de facineroso que anda
siempre á salto de mata, de aquí á Portugal y
de Portugal aquí...

Gabriel meditaba, sepultando la quijada en el
pecho. Luego se caló distraídamente los quevedos.

—Así somos, amigo Juncal... Un país imposible, en ese terreno sobre todo. Antes que
aquí se formen costumbres en armonía con el
constitucionalismo, tiene que ir una poca de
agua á su molino de V.... Decía cierto hombre
político que el sistema parlamentario era una
cosa excelente; que nos había de hacer felices
dentro de setecientos años... Yo entiendo que
se quedó cortó. Al caso; dígame todo lo con-
cerniente á la historia...

—Hoy en día, á Barbacana ya lo llevan acorralado, y se cree que trata de levantar la casa
é irse á morir en paz á Orense... Porque va
viejo, y no le dejan respirar sus enemigos. El
que vino con V., Trampeta, con el aquel de
protegido de Sagasta, es ahora quien sierra de
arriba... En fin, todo ello para nuestro cuento
importa un comino. Así que mataron al padre,

la muchacha se casó con su *Gallo*, y cuando se creía que el Marqués los iba á echar con cajas destempladas, resulta que se quedan en la casa, ellos y el rapaz, y que está su señor cuñado contentísimo con tal muñeco... Esto fué antes, muy poco antes de morir la señorita su hermana...

Gabriel suspiró, juntando rápidamente el entrecejo.

—No había quedado nada fuerte desde el nacimiento de la niña: yo la asistí, y necesité echar mano de todos los recursos de la ciencia para que...

—¿V. asistió á mi hermana?—exclamó el artillero, cuyos ojos destellaron simpatía, casi ternura, humedeciéndose con esa humedad que es como el primer vaho de una lágrima antes de subir á empañar la pupila.

—Entonces; sí, señor; que después; ya se lo dije á V., el Marqués hizo punto en no volverme á llamar... La pobre señora se quedó, según dicen, como un pajarito; se le atravesaron unas flemas en la garganta...

Los ojos de Gabriel, ya secos, ardientes y escrutadores, se posaron en Juncal.

—Don Máximo, ¿cree V. en su conciencia que mi hermana murió de muerte natural?—pronunció con tal acento, que el médico tartamudeaba al contestar:

—Sí señor... ¡sí señor! ¡sí señor! Puedo atestiguarlo con solo una vez que la vi en la feria de Vilamorta, donde estaba comprando no sé qué, allá unos seis meses antes de la desgracia.

La fallé, y dije (puede V. creerme como estamos aquí y Dios en el cielo) : —No dura medio
año esta señorita.—(Pasóse Gabriel la mano por
la frente). Don Gabriel—prosiguió el médico,—
¿qué le hemos de hacer? Su hermana era deli-
cada; necesitaba algodones; encontró tojos y
espinos... De todas las maneras, ella siempre
fué poquita cosa... Volviendo á la niña, no digamos que su padre la maltrate, pero apenas le
hace caso... El contaba con un varón, y recuerdo que cuando nació la pequeña, ya renegó y
echó por aquella boca una ristra de barbaridades... Al que adora es al chiquillo de la Sabel...
Si lo querrá, que hasta se ha empeñado en que
estudie, y lo manda á Orense al Instituto, y
piensa enviarlo á Santiago á concluir carrera...
El muchacho anda lo mismo que un mayorazgo:
su buen reloj de oro, su buena ropa de paño, la
camisola fina, el bastoncito ó el látigo cuando
va á las ferias... y yegua para montar, y dinero
en el bolsillo...

Asió Juncal con misterio la solapa de la americana de Don Gabriel, y arrimando la boca á
su oído, susurró:

—Dicen que le quiere dejar bajo cuerda casi
todo cuanto tiene...

En vez de fruncir el ceño el artillero, despe-
jóse su encapotada fisonomía, y contestó en voz
serena:

—Ojalá. ¿Se admira V. de mi desinterés? Pues
no hay de qué. Es cierto que considero obligación del hombre sostener la familia que crea al
casarse; pero no soy de esos tipos que tanto les

gustan á los autores dramáticos de ahora, que
no se casan con una mujer de quien están per-
didamente enamorados, sólo porque es rica. En
el caso presente me alegro, porque cuantas menos esperanzas de riqueza tenga mi sobrina,
más fácilmente se avendrán á entregármela, á
mí que no he de exigir dote... Confieso que tenía
yo mis miedos de que me diese calabazas mi señor cuñado. Verdad que como no me las dé Manolita, soy abonado hasta para robarla... ni más
ni menos que en las novelas de allá del tiempo
del rey que rabió.

Miró Juncal la fisonomía del artillero, á ver
si hablaba en broma ó en veras. Revelaba cierta
juvenil intrepidez, y la resolución de poner por
obra grandes hazañas, á pesar de los blancos
hilos sembrados entre la barba y el pelo que
escaseaba en las sienes.

'—Si ella no me quiere... y bien puede ser, que
al fin soy viejo para ella... (Juncal hizo con manos y rostro, vivamente, signos negativos)... entonces... no habrá rapto. De todos modos, por
cuestión de cuartos no se ha de deshacer la
boda: yo lo fío. Aparte de que, siendo ese chico
hijo del marqués, natural me parece que le toque algo de la fortuna paterna.

—¿Quién sabe de quién es el chico? Y es como
un pino de oro.

—¿Más lindo que mi sobrina? Mire V. que voy
á defender, como el ingenioso hidalgo, sin haberla visto, que es la más hermosa mujer de la
tierra.

—De fea no tiene nada: pero de vestir, la

traen... así... nada más que-regular. Muchas
veces no se diferencia de una costurerita de Cebre... Vamos, la pobre tuvo poca suerte hasta
el día.

—A arreglar todo eso venimos—contestó Gabriel levantándose, como deseoso de echar á
andar sin dilación en busca de su futura esposa.
Su huésped le imitó.

—Entonces, ¿á qué hora de la tarde quiere V.
salir para la rectoral de Ulloa?—preguntó muy
solícito.

—He mudado de plan; ya no voy... Iré dentro
de un par de días á saludar al señor cura. Tengo
por V. cuantos informes necesito, y puedo pre-
sentarme hoy mismo en los Pazos de Ulloa sin
inconveniente alguno.

—¿Le corre tanta prisa?

—¿Qué quiere V.? Cuando uno está enamorado...

Juncal se rió, y volvió á mirar á su interlocu-
tor, gozándose en verle tan animoso. El sol as-
cendía, la proyección de sombra de las tapias y
el emparrado empezaba á acortarse. Por la
puerta del huerto asomó una figura humana
inundada de luz, de frescura y color: era una
mujer, Catuxa, con el delantal recogido y levantado, lleno de aechaduras de trigo que arrojaba á puñados en torno suyo chillando agùda-
mente:—Pitos, pitos, pitos..., pipí, pipí, pipí...
Seguíanla los pollos nuevos, amarillos como
canarios, con sus listos ojillos de azabache, con
sus corpezuelos que aún conservaban la forma
del cascarón, columpiados sobre las patitas en-

debles. Detrás venía la gallina, una gallina pe-
dreña, grave y cacareadora, honrada madre
de familia, llena de dignidad. A la nidada seguía
una horda confusa de volátiles: pollos flacos y
belicosos, gallinas jóvenes muy púdicas y mo-
destas, muy sumisas al hermosísimo bajá, al
gallo rojizo con cresta de fuego y ojos de ágata
derretida, que las custodiaba y les señalaba con
un cacareo lleno de deferencia el sustento esparcido, sin dignarse probarlo. Don Gabriel se
detuvo muy interesado por aquel cuadro de
bodegón, que rebosaba alegría. El gallo le recordó el mote del marido de Sabel, y, por inevitable enlace de ideas, los Pazos de Ulloa. Y
al pensar que estaría en ellos por la tarde y
conocería á la que ya nombraba mentalmente
su novia, la circulación se le paralizó un momento, y sintió que se le enfriaban las manos,
como sucede en los instantes graves y deci-
sivos.

—¡Fantasía, fantasía!—pensó.—¡Cuidadito...
no empieces ya á hacer de las tuyas!

XI

Antes de salir de Cebre á caballo, rigiendo
una yegua y una mulita, detuviéronse cortos momentos Juncal y Don Gabriel en el *alpen-*
dre ó cobertizo del patio del mesón donde re-

mudaba tiro la diligencia. Yacían allí las víctimas del siniestro, una mula con una pata toda
entablillada, y no lejos, sobre paja esparcida,
cubierto con una manta, temblando aún de la
bárbara cura que acababan de hacerle, el infeliz delantero, no menos entablillado que la mula.
A su cabecera (llamémosle así) estaba el facul-
tativo, que no era sino el famoso señor Antón,
el algebrista de Boán. Máximo dió un codazo á
Don Gabriel, advirtiéndole que reparase en la
peregrina catadura del viejo, el cual no se turbó
poco ni mucho al encontrarse cogido infraganti
delito, de usurpación de atribuciones; saludó,
sacó de detrás de la oreja la colilla, y empezó á
chuparla, á vueltas de inauditos esfuerzos de
su barba, determinada á juntarse de una vez con
la nariz.

Miró Gabriel al pobre mozo que gemía, con
los ojos cerrados, la cabeza entrapajada y una
pierna tiesa del terrible aparato que acababan
de colocarle, y consistía en más de una docena
de *talas* ó astillas de caña de cortas dimensiones, defensa de la bizma de pez hirviendo que
le habían aplicado. La criada y el amo del mesón se limpiaban aún el sudor que les chorreaba
por la frente, cansados de ayudar á la operación
de la compostura tirando con toda su fuerza de
la pierna rota hasta hacer estallar los huesos, á
fin de *concertar* las articulaciones, mientras el
paciente veía todos los planetas, incluso los te-
lescópicos.

—Mire si tenía razón—murmuró Máximo.—
Estoy ahí, á la puerta, y han preferido mandar

llamar á éste de más de tres leguas... Es verdad que él ha curado de una vez al muchacho y
á la mula, cosa que yo no haría.

Gabriel observaba al algebrista como se ob-
serva un tipo de cuadro de género, de los que
trasladó al lienzo para admiración de las edades
el pincel de Velázquez y Goya.

—Me gustaría darle palique si no tuviésemos
el tiempo tan tasado—indicó al médico.

—¡Bah! No tenga miedo, que al señor Antón
se lo encontrará V. á cada paso por ahí... Raro
es que pase un mes sin que dé una vuelta por
los Pazos: como hay mucho ganado...

Antes de ponerse en camino, Don Gabriel
sacó de la petaca algunos cigarros, que tendió
al atador. Tomólos éste con su flema y reposo
habituales, y arrojando la ya apurada colilla,
se tocó el ala del grotesco sombrero mientras
con la izquierda cogía el vaso colmado de vino
que le brindaba la mesonera.

Los jinetes refrenaron el primer ímpetu de
sus cabalgaduras, á fin de no cansarlas ni cansarse, y adoptaron una ambladura pacífica. Era
la tarde de esas del centro del año, que en los
países templados suelen ostentar incomparable
magnificencia y hermosura. Campesinos aromas
de saúco venían á veces en alas de una ligerísi-
ma brisa, apenas perceptible. La yegua de Juncal, que montaba el comandante, no desmentía
los encomios de su dueño. Regíala Gabriel con
la diestra, y bien pudiera dejarle flotar las riendas sobre el pescuezo, pues aunque lucia y redondita de ancas, gracias al salvado de Catuxa,

era la propia mansedumbre. Sólo se permitía
de rato en rato el exceso de torcer el cuello,
sacudir el hocico y rociar de baba y espuma los
pantalones del jinete; pero aun esto mismo lo
hacía con cierta docilidad afectuosa.

Gabriel se dejaba columpiar blandamente,
penetrado de un bienestar intenso, de una embriaguez espiritual, que ya conocía de antiguo
por haberla experimentado cuantas veces se divisaba en su vida un horizonte ó un camino nuevo. Era una especie de eretismo de la imaginación, que al caldearse desarrollaba, como en
sucesión de cuadros disolventes, escenas de la
existencia futura, realzadas con toques de poesía, entretejidas con lo mejor y más grato que
esa existencia podía dar de sí, con su expresión
más ideal. En la fantasía incorregible del artillero, los objetos y los sucesos representaban
todo cuanto el novelista ó el autor dramático
pudiese desear para la creación artística, y por
lo mismo que no desahogaba esta ebullición en
el papel, allá dentro seguía borbotando. Si la
realidad no se arreglaba después conforme al
modelo fantástico, Gabriel solía pedirle estrechas cuentas; de aquí sus reiteradas decepcio-
nes. Soñador tanto más temible, cuanto que
guardaba sepulcral silencio acerca de sus ensueños, y á nadie comunicaba sus fracasos—los
caballos muertos, que decía él para sí.—Cono-
ciéndose, solía proponerse mayor cautela y
echar el torno á la imaginación. Pero ésta llevaba siempre la mejor parte.

Verbigracia, en el caso presente. ¿Pues no

habíamos quedado en que el pedir la mano de
su sobrina era el cumplimiento de austero deber, un tributo pagado á la memoria de un ser
querido, un acto sencillo y grave? ¿Bastarían
dos ó tres frases de Juncal, el olor de las flores
silvestres y el hervor de su propia mollera para
edificar sobre la base de la obligación moral el
castillo de naipes de la pasión? ¿Por qué pensaba en su sobrina incesantemente, y se la figuraba de mil maneras, y discurría, enlazando ex-
periencias y recuerdos, cómo sorprenderla, in-
teresarla y enamorarla, hablando pronto? ¿Por
qué se deleitaba en imaginar la inocencia selvática de su sobrina, su carácter algo arisco, y
el rendimiento y ternura con que, después de
las primeras esquiveces, le caería sobre el corazón más blanda que una breva, y por qué se
veía disipando poco á poco su ignorancia, edu-
cándola, formándola, iniciándola en los goces y
bienes de la civilización, y otras veces volvía
la torta, y se veía á sí propio hecho un aldeano,
y á Manolita con los brazos arremangados como
Catuxa, dando de comer á las gallinas, ó... ¡celeste visión, espectáculo inefable! arrimando al
blanco y redondo pecho una criaturita medio
en pelota, toda bañada del so...
   La naturaleza se asemeja á la música en esto
de ajustarse á nuestros pensamientos y estados
de ánimo. No le parecieron á Gabriel tristes y
lúgubres ni los abruptos despeñaderos que se
suspenden sobre el río Avieiro, ni los pinares
negros cuya mancha limitaba el horizonte, ni
los montes calvos ó poblados de aliaga, ni los

caminos hondos, que cubría espesa bóveda de
zarzal. Al contrario, miraba con interés los pormenores del paisaje, y al llegar al crucero de
piedra y al copudo castaño que le formaba natural pabellón, exclamó con entusiasmo:

—¡Qué hermoso sitio! Ni ideado por un pintor
escenógrafo de talento.

—Cerquita de aquí—advirtió Juncal—mataron al excomulgado de Primitivo, el mayordomo de los Pazos. Mire V.: debió de ser por allí,
donde blanquea aquel paredón... El chiquillo,
el nieto, el Perucho, lo estuvo viendo muy aga-
chadito detrás de las piedras... Se le ha de acordar cada vez que pase por aquí... si es que tiene
valor de pasar.

Gabriel se volvió un poco sobre la silla española que vestía su yegua, y exclamó como el
que pregunta algo de sumo interés que se le ha
olvidado:

—¿Qué tal índole es la de ese chico? ¿Maltrata
á mi sobrina? ¿La mortifica? ¿Le tiene envidia?
¿Hace por malquistarla con mi cuñado?

—¡El matratarla! ¡A su sobrina! ¡Pues si no
ha habido en el mundo cariño más apretado que
el de tales criaturas! Desde que nació la niña,
Perucho se volvió chocho, lo que se llama chocho, por ella; la señora y el ama no sabían qué
discurrir para quitarse de encima al chiquillo,
que no hacía sino llorar por la nené. Allí estaba
siempre, como un perrito faldero; ni por pe-
garle; le digo á V. que era mucho cuento tal
afición. Y después de fallecer la señora, ¡Dios
nos libre! El niñero de la señorita Manolita en

realidad ha sido Perucho. Siempre juntos, co-
rreteando por ahí. ¡Pocas veces me los tengo en-
contrados por los sotos, haciendo *magostos,* por
las viñas picando uvas, ó chapuzando por los
pantanos! Y que no sé cómo no se mataron un
millón de veces ó no rodaron por los despeñaderos al río. El chiquillo es fuerte como un toro
¡más sano y recio! Un hijo verdadero de la naturaleza. Sólo una enfermedad le conocí, y verá
V. cuál. Cátate que se le pone en la cabeza al
marqués, y otros dicen que al farolón del *Gallo,*
enviar al rapaz á Orense para que estudie; y
quién le dice á V. que el primer año, cuando
tocaron á separarse, los dos chiquillos cayeron
malos qué sé yo de qué... de una cosa que aquí
llamamos *saudades...* ¿V. comprende el término? porque V. lleva años de faltar de Galicia...

—Sí, ya se qué quiere decir *saudades.* Los
catalanes llaman á eso *anyoransa.* En castellano no hay modo tan expresivo de decirlo.

—Ajajá. Pues el chiquillo, el primer año, se
desmejoró bastante y vino todo encogido, como
los gatos cuando tienen *morriña ;* pero así que
volvieron á sus correrías, sanó y se puso otra
vez alegre. Y á cada curso la misma función.
Siempre triste y rabiando en Orense (parece
que la cabeza no la tiene el chico allá para grandes sabidurías), y, apenas *pintan* las cerezas
y toma las de Villadiego, otra vez más contento
que un cuco, y á corretear con su...

Juncal dudó y vaciló al llegar aquí. Por vez
primera acaso, se le vino á las mientes una idea
muy rara, de esas que hacen signarse aun á los

menos devotos, murmurando—¡Ave María!—
de esas que no se ocurren en mil años, y una
circunstancia fortuita sugiere en un segundo...

Cruzáronse sus miradas con las de Don Gabriel, que le parecieron reflejo de su propio pensamiento, reflejo tan exacto como el del cielo en
el río; y entonces el artillero, sin reprimir una
angustia que revelaba el empañado timbre de
la voz, terminó el período:

—Con su hermana.

Calló Juncal. Lo que ambos cavilaban no era
para dicho en alto.

Reinó un silencio abrumador, cargado de elec-
tricidad. Estaban en sitio desde el cual se divisaba ya perfectamente la mole cuadrangular de
los Pazos de Ulloa y el sendero escarpado que
á ellos conducía. Juncal dió una sofrenada á su
mula.

—Yo no paso de aquí, Don Gabriel... Si llego
hasta la puerta, extrañarán más que no entre...
y la verdad, como está uno así... político... no
me da la gana de que piensen que aproveché la
ocasión para meter las narices en casa de su
señor cuñado. Mañana vendrá el criado mío á
recoger la yegua...

Gabriel tendió la mano sana buscando la del
médico.

—Me tendrá V. en Cebre cuando menos lo
piense, á charlar, amigo Juncal... A V. y á su
señora les debo un recibimiento y una hospitalidad de esas... que no se olvidan.

—Por Dios, Don Gabriel... No avergüence á
los pobres... Dispensar las faltas que hubiese.

La buena voluntad no escaseaba: pero V. pasaría mil incomodidades, señor.

—Le digo á V. que no la olvidaré...

Y el rostro del artillero expresó gratitud afectuosa.

—¡Cuidar el brazo, no hacer nada con él!—gritaba Juncal desde lejos, volviéndose y apoyando la palma sobre el anca de la mula. Y diez minutos después aún repetía para sí:—¡Qué simpático!... ¡Qué persona tan decente!... ¡Qué instruído!¡Qué modos finos!...

El médico, después de volver grupas, apuró lo posible á la mulita con ánimo de llegar pronto á su casa. Iba pesaroso y cabizbajo, porque ahora le venía el trasacuerdo de que no había preguntado al comandante Pardo sus opiniones políticas y su dictamen acerca del porvenir de la regencia y posible advenimiento de la República.

—¿Cómo pensará este señor?—discurría Juncal, mientras el trote de la mula le zarandeaba los intestinos.—¿Qué será? ¿Liberal ó carcunda? Vamos, carcunda es imposible... Tan simpático... ¡qué había de ser carcunda! Pues sea lo que quiera... debe de estar en lo cierto.

XII

Por delante de los Pazos cruzaba un mozallón conduciendo una pareja de bueyes sueltos, picándoles con la aguijada, á fin de que an-

9

duviesen más aprisa. Gabriel le preguntó, para.
orientarse, pues ignoraba á cuál de las puertas
del vasto edificio tenía que llamar. Ofrecióse el
mozo á guiarle adonde estuviese el marqués de
Ulloa, que no sería en casa, sino en la era, vien_
do recoger la cosecha del centeno. Arrendando
el artillero su dócil montura, echó detrás del
mozo y de los bueyes.

Dieron vuelta casi completa á la cerca de los
Pazos, pues la era se encontraba situada más
allá del huerto, á espaldas del solariego caserón: Gabriel aprovechó la coyuntura de enterarse del edificio, en cuyas trazas conventuales
discernía rastros de aspecto bélico y feudal, aire
de fortaleza, por el grosor de los muros, la
angostura de las ventanas, reminiscencia de
las antiguas saeteras, las rejas que defendían
la planta baja, las fuertes puertas y los disi-
mulados postigos, las torres, que estaban pidiendo almenas, y, sobre todo, el montés blasón,
el pino, la puente y las sangrientas cabezas de
lobo.

Indicaba desde lejos la era la roja cruz del
hórreo: se oía el coro estridente de los ejes de
los carros, que salían vacíos para volver cargados de cosecha. Era la hora en que los bueyes,
rociados con unto y aceite, como preservativo
de las moscas, cumplen con buen ánimo su pesada faena y se dejan uncir mansamente al
yugo, mosqueando despacio el ijar con las cri-
nadas colas. Gabriel se tropezó con dos ó tres
carros, y al emparejar con ellos pensó que su
chirrido le rompiese el tímpano. Delante de la

era se apeó, ayudado por su guía; entrególe las riendas, y entró.

Un enjambre de fornidos gañanes, vestidos solamente con grosera camisa y calzón de estopa, alguno con un rudimentario chaleco y una faja de lana, empezaban á elevar, al lado de úna *meda* ó montículo enorme de mies, otro que prometía no ser más chico. Dirigía la faena un hombre de gallarda estatura, moreno y patilludo, de buena presencia, vestido á lo señor, con americana, cuello almidonado, leontina y bastón, y muy zafio y patán en el aire; Gabriel pensó que sería el mayordomo, el *Gallo*. Sentado en un banquillo hecho de un tablón grueso, cuyas patas eran cuatro leños que, espatarrándose, miraban hacia los cuatro puntos cardinales, estaba otro hombre más corpulento, más obeso, más entrado en edad ó más combatido por ella, con barba aborrascada y ya canosa, y vientre potente, que resaltaba por la posición que le imponía la poca altura del banco. A Gabriel le pasó por los ojos una niebla: creyó ver á su padre, Don Manuel Pardo, tal cual era hacia unos quince ó veinte años; y con mayor cordialidad de la que traía premeditada, se fué derecho á saludar al marqués de Ulloa.

Este alzó la cabeza muy sorprendido; el Gallo, sin volverse, giró sus ojos redondos, de niña obscura y pupila aurífera, como los del sultán del corral, hacia el recién llegado; los mozos suspendieron la faena, y Gabriel, en medio del repentino silencio, notó en la planta de los piés una sensación muelle y grata, parecida á la del

que entra en un salón hollando tupidas alfom-·
bras: Eran los extendidos haces de centeno que
pisaba.

El hidalgo de Ulloa se puso en pié, y se hizo·
con la mano una pantalla, porque los rayos del
sol poniente daban de lleno en la cara de Gabriel, y no le permitían verla á su gusto. El comandante se acercó más á su cuñado, y alargó·
la diestra, diciendo:

—No me conocerás... Te diré quien soy... Gabriel, Gabriel Pardo, el hermano de tu mujer.

—¿Gabriel Pardo?

Revelaba la exclamación de Don Pedro Moscoso, no solamente sorpresa, sino hosco recelo,
como el que infunden las cosas ó las personas
cuya inesperada presencia resucita épocas de:
recuerdo ingrato. Viendo Gabriel que no le to-·
maban la mano que tendía, hizose un poco atrás,
y murmuró serenamente:

—Vengo á verte y á pedirte posada unos·
cuantos días... ¿Te parece mal la libertad que
me tomo? ¿Me recibirás con gusto? Di la verdad; no quisiera contrariarte.

—¡Jesús... hombre!—prorrumpió el hidalgo·
esforzándose al fin por manifestar cordialidad y
contento, pues no desconocía la virtud primitiva de la hospitalidad.—¡Seas muy bien venido;
estás en tu casa! Angel—ordenó dirigiéndose
al *Gallo*,—que recojan el caballo del señor; que
le den cebada... ¿Quieres refrescar, tomar algo?
Vendrás molestado del viaje. Vamos á casa en
seguida.

—No por cierto. De Cebre aquí, á caballo, no.

es jornada para rendir á nadie. Siéntate donde
estabas; si lo permites, me quedaré aquí; lo
prefiero.

—Como tú dispongas; pero si estás cansado
y... ¡Ey, Angel!—gritó al individuo que ya se
alejaba—á tu mujer, que prepare tostado y
unos bizcochos. ¡Vaya, hombre, vaya!—añadió
volviéndose á Gabriel.—Tú por acá, por este
país...

—He llegado ayer—contestó Gabriel com-
prendiendo que una vez más se le pedía cuenta
de su presencia y razón plausible de su venida.
—Estaba en la diligencia que volcó—y al decir
así, señalaba su brazo replegado, sostenido aún
por el pañuelo de seda de Catuxa.—Ha sido
preciso descansar del batacazo.

—¡Hola, con que en la diligencia que volcó!
¡Ey, tú, Sarnoso!—exclamó el hidalgo dirigiéndose á uno de los gañanes.—¿No dijiste tú que
vieras entrar en Cebre ayer una mula y un delantero estropeados?

—Con perdón—respondió el Sarnoso tocán-
dose una pierna—llevaban esto *crebado*, dispensando V.

—Sí, es verdad; hoy se les hizo la cura—
confirmó Gabriel.

El vuelco de la diligencia empezó á dar mucho juego. El Sarnoso agregó detalles; Gabriel
añadió otros; el marqués no se saciaba de preguntar, con esa curiosidad de los acontecimientos ínfimos propia de las personas que viven en
soledad y sin distracción de ninguna clase. Gabriel le examinaba á hurtadillas. Para los cin-

cuenta y pico en que debía frisar, parecíale muy
atropellado y desfigurado el marqués, tan ba-
rrigón, con la tez tan inyectada, con el pescuezo y nuca tan anchos y gruesos, con las manos
tan nudosas por las falanges, como suelen estar
las de los labriegos, que por espacio de medio
siglo se han consagrado á beber el hálito de la
tierra y á rasgarle el seno diariamente. A modo
de maleza que invade un muro abandonado,
veía el artillero en el conducto auditivo, en las
fosas nasales, en las cejas, en las muñecas de
su cuñado, que teñía de rojo el sol poniente, una
vegetación, un musgo piloso, que acrecentaba
su aspecto inculto y desapacible. El abandono
de la persona, las incesantes fatigas de la caza
la absorción de humedad, de sol, de viento frío,
la nutrición excesiva, la bebida destemplada,
el sueño á pierna suelta, el exceso, en suma, de
vida animal, habían arruinado rápidamente la
torre de aquella un tiempo robustísima y arrogante persona, de distinta manera, pero tan
por completo como lo harían las excitaciones,
las luchas morales y las emociones febriles de
la vida cortesana. Tal vez parecía mayor la ruina por la falta de artificio en ocultarla y reme-
diarla. Ceñido aquel mismo abdomen por una
faja, bajo un pantalón negro hábilmente cortado; desmochada aquella misma cabeza por un
diestro peluquero; raídas aquellas mejillas con
afiladísima navaja, y suavizada aquella barba
con brillantina; añadido á todo ello cierto aire
entre galante y grave, que caracteriza á las
personas respetables en un salón, es seguro que

más de cuatro damas dirían, al ver pasar al marqués de Ulloa: —¡Qué bien conservado! Cuarenta años es lo más que representa.

Lo cierto es que Gabriel, notando en su cuñado señales evidentes del peso de los años y del esfuerzo con que iba descendiendo ya el agrio repecho de la vida, sintió por él esa compasión involuntaria que inspiran á los corazones generosos las personas aborrecidas ó antipáticas, cuando caminan al desenlace de las humanas tribulaciones, flaquezas é iniquidades—la muerte.

—¡Yo que le tenía por un castillo!—pensó.— Pero también los castillos se desmoronan.

De su parte el marqués, lleno de curiosidad y suspicacia, estaba que daría el dedo meñique por saber qué viento traía á su cuñado. Pensaba en recriminaciones, en acusaciones, en cuentas del pasado, ajustadas ahora por quien tenía derecho de ajustarlas, y pensaba también en cosa más inmediata y práctica, en una discusión referente á las partijas que se hallaban incoadas y pendientes desde el fallecimiento del señor de la Lage. Por más que el aire abierto y franco de Gabriel decía á voces—no vengo aquí á ocuparme en cuestiones de intereses— el marqués de Ulloa se fijó en la última hipótesis, y la dió por segura, y empezó á tirar mentalmente sus líneas y á combinar su estrategia. Con los años, el marqués de Ulloa había contraído las aficiones de los labriegos viejos, para los cuales no hay plato más gustoso que una discusión de pertenencia, un litigio, un enredo cualquiera en que, si nó danza el papel sellado, esté por lo menos en ocasión de danzar.

Como anticipándose á indicar el verdadero objeto de su venida, Gabriel, habiéndose quitado su sombrero hongo de fieltro, que le dejaba una raya roja en la frente, y pasándose con movimiento juvenil la mano por el cabello para arreglarlo, calando mejor los quévedos, preguntó:

—Y... ¿qué tal mi sobrina Manuela? Estoy deseando verla. Debe de ser toda una mujer... ¿estará guapísima?

El marqués de Ulloa gruñó, creyendo que el gruñido era la mejor manera de contestar á lo que juzgaba cumplimiento. Al fin articuló:

—Ahora la verás... Milagro que no anda por aquí. Estarán ella y Perucho... como dos cabritos, triscando. Los pocos años, ya se ve... Cuando vamos viejos se acaba el humor... Más tengo corrido yo por esos vericuetos, que ningún muchacho de hoy en día... Pero á cada cerdo le llega su San Martín, como dicen... Todos vamos para allá—dijo, apoyando su grueso mentón en el puño de su palo, y señalando con la cabeza á punto muy distante.

Gabriel se entretenía contemplando el espectáculo de la era, que le parecía,—acaso por la gran plenitud de su corazón y el rosado vapor en que sabía bañar las cosas su fantasía incurable,—henchida de soberana quietud y paz. La puesta del sol era de las más espléndidas, y los últimos resplandores del astro inundaban de rubia claridad la cima de las *medas,* convertían

en cinta de oro bruñido la atadura de los haces,
daban toques clarísimos de esmeralda á la copa
de los árboles, mientras las ramas bajas se obscurecían hasta llegar al completo negror. Se
oían los últimos pitíos de los pájaros, dispuestos ya á recogerse, el canto ritmado del ¡pas-
pa-llás! en el barbecho, el arrullo de las tórtolas, que se dejaban caer por bandadas en los
sembrados en busca del rezago de granos y espigas que allí había derramado la hoz, y la la-
mentación interminable del carro cargado, tan
áspera de cerca como melodiosa de lejos. A trechos se escuchaba también otra queja prolongadísima, pero humana, un ¡ala-laaaá! de segadoras, y todo ello formaba una especie de
sinfonía—porque Gabriel no discernía bien los
ruidos, ni podía decir cuáles salían de laringe
de pájaro y cuáles de femenina garganta—una
sinfonía que inclinaba á la contemplación y en
la cual sólo desafinaba la voz enronquecida del
marqués de Ulloa.

Incorporóse éste, haciendo segunda vez pantalla de la mano.

—¿No preguntabas por tu sobrina? Me parece
que ahí la tienes. ¡Vela allí!

—¿En dónde?—preguntó Gabriel, que no veía
nada ni oía más que un discordante quejido, que
poco á poco iba convirtiéndose en insoportable
estridor.

Entre el marco que dos higueras retorcidas,
cargadas de fruto, formaban á la puerta de la
era, desembocó entonces una yunta de amarillos y lucios bueyes, tirando de un carro ates-

tado de gavillas de centeno. Reparó Gabriel con
sorpresa la forma primitiva del carro, que mejor que instrumento de labranza parecía máquina de guerra : la llanta angosta, la rueda sin
rayos, claveteada de clavos gruesos, el borde
hecho con empalizada de agudas estacas, donde
para sujetar la carga, descansa un tosco enrejado de mimbres, de quitaipón. Pero al alzar la
vista de las ruedas, fijó su atención un objeto
más curioso : un grupo que se destacaba en la
cúspide del carro, un mancebo y una mocita,
tendidos más que sentados en los haces de mies
y hundido el cuerpo en su blando colchón; una
mocita y un mancebo risueños, morenos, vertiendo vida y salud, con los semblantes colo-
reados por el purpúreo reflejo del Oeste donde
se acumulaban esas franjas de arrebol que anun-
cian un día muy caluroso. Y venía tan íntima y
arrimada la pareja, que más que carro de mies,
parecía aquello el nido amoroso que la naturaleza brinda liberalmente, sea á la fiera entre la
espinosa maleza del bosque, sea al ave en la
copa del arbusto. Gabriel sintió de nuevo una
extraña impresión; algo raro é inexplicable que
le apretó la garganta y le nubló la vista.

XIII

PRIMERO se bajó de un salto Perucho, y ten-
diendo los brazos, recibió á Manuela, á quien
sostuvo por la cintura. Cayó la chica con las sa-

yas en espiral, dejando ver hasta el tobillo su
pié mal calzado con zapato grueso y media blanca. Al punto mismo de saltar vió al desconocido,
y se detuvo como indecisa. Perucho también
pegó un respingo de animal montés que encuentra impensadamente al cazador. Gabriel clavó
en su rostro la mirada, impulsado por ansia secreta é indefinible de saber si merecía su fama
de belleza física el que él llamaba entre sí, con
asomos de humorismo, el bastardo de Moscoso.

Para el escultor y el anatómico, belleza era,
y de las más perfectas y cumplidas, aquel cuerpo proporcionado y mórbido, en que ya, á
pesar de la juventud, se diseñaban líneas viri-
les, bien señaladas paletillas, vigorosos hombros, corvas donde se advertía la firmeza de los
tendones; y rasgo también de belleza clásica y
pura, la poderosa nuca redondeada, formando
casi línea recta con la cabeza y cubierta de un
vello rojizo; el trazo de la frente que continuaba
sin entrada alguna; la vara de la correcta nariz;
los labios arqueados, carnosos y frescos como
dos mitades de guinda; las mejillas ovales, sonrosadas, imberbes; la nariz y barba que osten-
taban en el centro esa suave pero marcada meseta ó planicie que se nota en los bustos griegos, y que los artistas modernos no encuentran
ya en sus modelos vulgares, y, por último, el
monte de bucles, digno de una testa marmórea,
de los cuales dos ó tres se emancipaban hasta
flotar sobre las cejas y estorbar á los ojos.

Para Gabriel, más pensador é idealista que
artista y pagano, y además hombre moderno en

toda la extensión de la palabra, aficionado á la
expresión, prendado sobre todo, en el sexo varonil, de las cabezas reflexivas, de las frentes
anchas en que empieza á escasear el cabello, de
las fisonomías que son una chispa, una llama,
una idea hecha carne, que habla por los ojos y
se imprime en cada facción y se acentúa enérgicamente en la ahorquillada ó puntiaguda barba, de los cuerpos en que la disposición atlé-
tica y la hermosura de los miembros se disimu-
la hábilmente bajo la forma de la vestidura usual
entre gente bien educada; para Gabriel, deci-
mos, fuese por todas estas razones ó por alguna
otra que ni él mismo entendía, no solamente
resultó incomprensible la lindeza de Perucho,
sino que á pesar de su predisposición á la simpatía, sobre todo hacia la gente de posición in-
ferior á la suya, le pareció hasta antipática é
irritante aquella cabeza de joven deidad olím-
pica, aquella frescura campesina y tosca, aquella cara tallada en alabastro, pero encendida
por una sangre moza y ardiente, savia vital grosera y propia de un labriego (así pensaba Gabriel); y sobre todo aquellos modales aldeanos,
aquel vestir lugareño, aquella extracción evi-
dentemente rústica, revelada hasta en el modo
de andar y en el olor á campo que le había co-
municado la mies.

En cambio —¡oh transacciones de la estética!
—Gabriel se indignó de que alguien hubiese
dudado de la hermosura de Manolita. ¡Manolita! Manolita sí que era guapa. Así como á Perucho se le estaban despegando la americana y

el pantalón, y su musculatura pedía á voces el
calzón de estopa de los gañanes que erigían la
meda, á Manolita—seguía pensando Gabriel—
no le cuadraba bien el pobre vestidillo de lana,
y su fino talle y su airosa cabecita menuda re-
clamaba un traje de *cachemir*, de corte elegante y sencillo, un sombrero *Rubens* con plumas
negras—que lo llevaría divinamente.—¿Parecido con su madre? Sí; mirándola bien, se parecía, se parecía mucho á la inolvidable *mamita;* los mismos ojazos negros, las mismas trenzas, la frente bombeada, el rostro larguito...
pero animado, trigueño, con una vida exube-
rante, que la pobre *mamita* no gozó nunca. Y,
además, serena é intrépida, y despegada y arisca. Al decirle su padre: "Este señor es tu tío
Gabriel Pardo, el hermano de mamá„, la montañesa apuntó á boca de jarro las pupilas, y
murmuró con desdeñosa gravedad:

—Tenga V. buenas tardes.

Sin más conversación, volvió la espalda, des-
lizándose tras de la meda. Gabriel se quedó algo
sorprendido de semejante conducta por parte
de su sobrina. Entre los números del programa
trazado por su imaginación, se contaba el del
recibimiento. Con el candor idílico que guardan
en el fondo del alma los muy ensoñadores, durante el camino se había imaginado una escena
digna del buril de un grabador inglés: una
doncella candorosa, algo brava y asustadi-
za, que se ruborizase al verle, que le hiciese
muy confusa y bajando los ojos, varios saludos
y reverencias; que luego consultase con tímida

mirada á su padre, y, autorizada por una seña
de éste, saliese precipitadamente, volviendo á
poco rato con una bandeja de frutas y refrescos
que brindar al forastero... Sí, ¡buenos refrescos
te dé Dios! Maldito el caso que le hacía Manolita; y su padre, en vez de mostrar que extra-
ñaba semejante comportamiento, ni lo notaba,
y seguía conversando con Gabriel, informándo-
se asiduamente de ¿cómo había encontrado los
asuntos de su padre al hacerse cargo de ellos?
¿Cómo andaba el partido H y los foros X? El
artillero contestaba; pero de soslayo observaba
atentamente lo que acontecía en la era. A su
sobrina no la veía entonces; sí á Perucho, que
en mangas de camisa, habiendo echado la americana sobre el yugo de los bueyes, ayudaba á
descargar el carro, mostrando deleitarse en la
actividad muscular, que esparcía su sangre y
la enviaba en olas á enrojecer su pescuezo y su
frente blanca y lisa. Así que la carga del carro
estuvo por tierra, llegóse á la meda empezada,
en cuya cima vió Gabriel alzarse, como estatua
en su pedestal, á Manolita. Cruzáronse entre
los dos muchachos frases, risas y una especie de
gracioso reto; y empuñando Perucho con resolución una horquilla de palo, dió principio al
juego de levantar con ella un haz y arrojárselo
á la chica, que lo recibía en las manos como hubiera podido recibir una pelota de goma, sin ti-
tubear, y se lo pasaba al punto á un gañán en-
caramado también sobre la meseta de la meda,
el cual lo sentaba y colocaba, espiga adentro,
medando hábil y rápidamente.

Gabriel no tenía ojos ni oídos más que para
el juego. Su cuñado seguía habla que te habla-
rás, en el tono llano y cansado del hombre para
quien pasó la edad de los retozos, y no cree que
ya le importen á nadie. Y Gabriel se consumía,
contestando cortésmente, pero distraído, con
el alma á cien leguas de la plática. Al fin no
pudo contenerse, y se levantó.

—¿Tú querrás descansar? ¿Tomas algo? ¿Cenas?...—interrogó obsequiosamente el marqués,
dando muestras de querer llevarse á su huésped hacia casa.

—No... Sí... Quisiera...—murmuró Gabriel
un tanto confuso, porque al verse de pié le pareció ridículo decir:—Lo que estoy deseando, á
pesar de mi brazo vendado, es ponerme también á echar haces á la *meda*...—Y no atre-
viéndose á confesar el capricho, se dejó guiar
resignado hacia la gran mole de la casa solariega. Al salir siguió escuchando durante algunos segundos las risas de la pareja, el ¡jeeem!
triunfal que dilataba la cavidad pulmonar de
Perucho al lanzar los haces, y el impaciente
"¡venga otro!„ de Manolita cuando tardaban.

XIV

A L entrar en los Pazos experimentó Gabriel
la impresión melancólica que sentimos al
acercarnos á la sepultura de una persona que-

rida, y la emoción profunda, que nos causa ver
con los ojos sitios que desde hace mucho tiempo
visita nuestra imaginación. En sus años de colegio, Gabriel se representaba la casa de su
hermana como una tacita de plata, elegante, espaciosa, cómoda; después sus ideas variaron
bastante; pero nunca pudo figurársela tan ceñuda y destartalada como era en realidad.

A la escalera salieron á hacerle los honores
el Gallo y su esposa, la ex-bella fregatriz Sabel,
causa de tantos disturbios, pecados y tristezas.
Quien la hubiese visto cosa de diez y ocho años
antes, cuando quería hacer prevaricar á los ca-
pellanes de la casa, no la conocería ahora. Las
aldeanas, aunque no se dediquen á labrar la
tierra, no conservan, pasados los treinta, atrac-
tivo alguno, y en general se ajan y marchitan
desde los veinticinco. Sus extremidades se de-
forman, su piel se curte, la osatura se les mar-
ca; el pelo se les vuelve áspero como cola de
buey, el seno se esparce y abulta feamente, los
labios se secan, en los ojos se descubre, en vez
de la chispa de juguetona travesura propia de
la mocedad, la codicia y el servilismo juntos,
sello de la máscara labriega. Si la aldeana permanece soltera, la lozanía de los primeros años
dura algo más; pero si se casa, es segura la
ruina inmediata de su hermosura. Campesinas
mozas vemos que tienen la balsámica frescura
de las hierbas puestas á serenar la víspera de
San Juan, y al año de consorcio no es posible
conocerlas ni creer que son las mismas, y su
tez lleva ya arrugas, las arrugas aldeanas, que

parecen grietas del terruño. Todo el peso del
hogar les cae encima, y adiós risa alegre y labios colorados. Las coplas populares gallegas
no celebran jamás la belleza en la mujer después de casada y madre; sus requiebros y ternezas son siempre para las *rapazas,* las *nenas
bunitas.*

Sabel no desmentía la regla. A los cuarenta
y tantos años, era lastimoso andrajo de lo que
algún día fué la mejor moza diez leguas en contorno. El azul de sus pupilas, antes tan claro y
puro, amarilleaba; su tez de albérchigo era piel
de manzana que en el madurero se va secando,
y los pómulos sobresalientes y la frente baja y
la forma achatada del cráneo se marcaban ahora con energía, completando una de esas cabezas de aldeana de las cuales dice cualquiera:
"Más fácil sería convencer á una mula que á
esta mujer, cuando se empeñe en algo.„

Con todo, su marido Angel de Naya, por remoquete *Gallo,* la tenía, no sólo convencida,
sino subyugada y vencida por completo, desde
los tiempos ya lejanos en que anhelaba dejar
por él su puesto y corte de sultana favorita en
los Pazos, é irse á cavar la tierra. Era una devoción fanática, una sumisión de la carne que
rayaba en embrutecimiento, y una simpatía general de epidermis grosera y alma burda, que
hacían de aquel matrimonio el más dichoso del
mundo. El varón, no obstante, calzaba más puntos que la hembra en inteligencia, en carácter
y hasta en ventajas físicas. Ajada y lacia ella,
él conservaba su tipo de majo á la gallega y su

10

triunfadora guapeza de sultán de corral: el andar engallado, el ojo claro, redondeado y vivo,
las rizosas patillas y la *fachenda* en vestir y el
empeño de presentarse con cierta dignidad harto cómica. Es de saber que el Gallo, sin madu-
rar los vastos y mefistofélicos planes de su an-
tecesor y suegro el terrible Primitivo, no era
ajeno á miras de engrandecimiento personal,
que delataban indicios evidentes. El Gallo vestía de *señor,* lo que se dice de *señor;* encarga-
ba á Orense camisolas, corbatas, pañuelos,
capa, reloj, botitos, y por nada del mundo se
volvería á poner su pintoresco traje de terciopelo de rizo azul, con botones de filigrana de
plata, y la montera con plumas de pavo real,
ni á oprimir bajo el sobaco el *fol* de la gaita, á
cuyo sonido habían danzado tantas veces las
mozas. Labriego trasplantado á una capa superior, todo el afán del Gallo era subir más, más
aún, en la escala social. Nadie le obligaría á
coger una horquilla ó una azada: dirigía la faena agrícola, nunca tomaba parte activa en ella
porque soñaba con tener las manos blancas y
no *esclavas,* como él decía. Otra de sus pretensiones era leer óptimamente y escribir con perfección. Como todos los labriegos que aprenden
á leer y escribir de chiquillos, su iniciación en
esta maravillosa clave de los conocimientos humanos era muy relativa: saber leer y escribir
no es conocer los signos alfabéticos, nombrar-
los, trazarlos; es, sobre todo, poseer las ideas
que despiertan esos signos. Por eso hay quien
se ríe oyendo que para civilizar al pueblo con-

viene que todos sepan escritura y lectura; pues
el pueblo no sabe leer ni escribir jamás, aunque
lo aprenda. En resolución, el Gallo se despepí-
taba por alardear de lector y pendolista, y acostumbraba por las noches, antes de acostarse,
leerle á su mujer, en alta voz, el periódico político á que estaba subscripto, y que proporcio-
naba una satisfacción profunda á su vanidad al
imprimir en la faja—Sr. Don Angel Barbeito
—Santiago—Cebre.—Por supuesto, leía de
tal manera, que no sólo al caletre algo obtuso
de Sabel, sino al más despierto y agudo, le sería
difícil sacar nada en limpio; porque suprimía
radicalmente puntos y comas, se comía prepo-
siciones y conjunciones, se merendaba pronom-
bres y verbos, casaba sin dispensa palabras y
repetía cuatro y seis veces sílabas difíciles,
siendo de ver cómo se transformaban en labios
suyos las noticias referentes, v. gr., al *Mahdi,*
á los *nihilistas,* al rey Luis de Baviera ó á los
fenianos y *liga agraria.* Y todos estos sucesos,
batallas, asolamientos y fieros males, cuanto
más lejanos y más inaccesibles, razonablemente hablando, á su comprensión, más le deleita-
ban, interesaban y conmovían; y era curioso
oírselos explicar, en tono dogmático, á otros
labriegos menos enterados que él de la política
exterior europea, en cierta tertulia que solía
juntarse en la cocina de los Pazos. Respecto á
sus pretensiones de pendolista, había empezado á satisfacerlas del modo siguiente: encargando á Orense una resmilla de papel de cartas
bien lustroso, de canto dorado, y mandando

plantificar en mitad de cada hoja un A. B. cru-
zado, tamaño como la circunferencia de un
duro; y ya provisto de papel tan elegante y de
escribanía y cabos de pluma en armonía con él,
dió en escribir, para ejercitar la letra, cartas y
más cartas á todo bicho viviente, tomando por
pretexto, ya felicitar los días, ya cualquier
motivo análogo. También era para él gran preocupación el hablar, pues se esforzaba en que
sus labios olvidasen el dialecto á que estaban
avezados desde la niñez, y no pronunciasen
sino un castellano que sería muy correcto si
salvásemos las innumerables *jeadas*, contrac-
ciones, diptongos, barbarismos y otros lunar-
cillos de su parla selecta. ¡Y cuanto más se empeñaba en sacudirse de los labios, de las manos, de los piés, el terruño nativo, la obscura
capa de la madre tierra, más reaparecía, en sus
dedos de uñas córneas, en sus patillas cerdo-
sas y encrespadas, en sus muñecas huesudas y
en sus anchos piés, la extracción, la extracción
indeleble, que le retenía en su primitiva esfera
social! Si él lo comprendiese, sería muy infeliz.
Por fortuna suya, creía todo lo contrario.

Incapaz de los vastos cálculos de Primitivo,
había dedicado á comprar tierras todo el dinero heredado de su difunto suegro, que no era
poco y andaba esparcido por el país en préstamos á un rédito usurario. El Gallo amaba las
fincas rústicas á fuer de labriego de raza. Ins-
talado en los Pazos de Ulloa, la casa más im-
portante del distrito, vió desde luego lo venta-
joso de su situación para *papelonear;* y como

el Gallo antes pecaba de pródigo que de mezquino, condición frecuente en los gallegos, dí-
gase lo que se quiera, su sueño dorado fué subir como la espuma, no tanto en caudal, cuanto
en posición y decoro; y se propuso, ya casado
con Sabel, convertirse en *señor* y á ella en *señora*, y á Perucho en señorito verdadero...
Aquí conviene aclarar un delicado punto. Era
de tal índole la vanidad del buen Gallo, que
dejándose tratar de *papá* por Perucho y sin
razón alguna para regatearle el título de hijo,
la idea de que por las venas del mozo pudiese
circular más hidalga sangre, lo ponía tan esponjado, tan hueco, tan fuera de sí de orgullo,
que no había anchura bastante para él en toda
el área de los Pazos. Lo pasado, el ayer de Sabel en aquella casa, lejos de indignarle ó dis-
gustarle, era el verdadero actractivo que aún
poseía á sus ojos una mujer marchita y cuadra-
genaria.

El matrimonio salió á esperar al huésped en
la meseta de la escalera, deshaciéndose en
obsequiosos ofrecimientos al "señorito „. Parecían los verdaderos dueños de la casa. Aunque
Sabel no guisaba ya, ¡pues no faltaría otra
cosa!, se enteró minuciosamente de lo que el
huésped podía apetecer para su cena. ¿Una en-
saladita? ¿Tortilla? ¿Lonjas de carne? ¿Chocolate? Gabriel repetía que cualquier cosa, que
él comía de todo; y en esta porfía me lo iban
llevando de habitación en habitación, á cual
más destartalada y sin muebles. En el comedor dieron fondo, y según la costumbre del

país, sentáronse ante la mesa libre de manteles, presenciando cómo la *cubrían*. Gabriel, al comprender que se trataba de cenar, buscó con los ojos algo que no parecía por el comedor. Y al fin no pudo contenerse.

—¿Y Manolita?—preguntó. —¿Y Manolita? ¿No cena?

—¿La chiquilla?... ¡Busca! ¿Quién cuenta con ella?—respondió el marqués de Ulloa, como si dijese la cosa más natural y corriente del mundo.—¿En tiempo de siega? Echarle un galgo. Ahora se juntarán en la era todas las segadoras, y armarán un bailoteo de cuatrocientos mil demonios, y pandereta arriba y pandereta abajo, y copla va y copla viene, y habiendo una luna hermosa como hay, tenemos broma hasta cerca de las diez.

No replicó palabra Gabriel, por lo mismo que se le ocurrían infinidad de objeciones; pero no era ocasión de soltar la sin hueso allí delante de la criada que entraba y salía llevando platos, vasos y servilletas. Su impulso era decir:

—Pues mira, vámonos á la era, y luego cenaremos juntos,—pero se contuvo: todo le parecía prematuro, indelicado y fuera de sazón mientras no tuviese con su cuñado una entrevista, lo que se llama una entrevista formal.

Trató de entretenerse observando. Le parecía poético aquel comedor tan distinto de los que se ven en todas partes, sin aparadores, sin platitos japoneses ó de Manises colgados por la muralla, sin cortina ni chimenea; por todo adorno, barrocas pinturas al fresco; descon-

chadas y empalidecidas, representando pájaros, racimos, panecillos, ratones que subían á
comérselos, y otros caprichos de la fantasía
del pintor; y en el centro, frente á la vasta
mesa de roble y á los bancos duros, de abacial
respaldo, el péndulo solemne. También la mesa
se le antojó que tenía *carácter ó cachet*, ese no
sé qué de arcáico que enamora á las cansadas
imaginaciones modernas, y se confirmó en ello
al fijarse en el plato que le pusieron delante,
en cuyo fondo campeaban emblemas curiosísi-
mos, que le trajeron á la memoria su edad infantil, pues en su casa siendo niño había visto
loza idéntica. Era, en efecto, resto de dos do-
cenas de platos traídos por doña Micaela, la
madre del marqués, que debían de formar parte
de alguna soberbia vajilla hecha para un Pardo magnate ó virrey: tenía en el centro el escudo de los Pardos de la Lage dividido en dos
cuarteles; en el de la derecha se encabritaban
dos leones rapantes en campo de gules, y en
el de la izquierda otro león y cuatro cruces de
Malta en campo de oro. Un casco con una cruz
de Caravaca por cimera remataba el escudo:
sobre él se leía en una banderola la divisa:
Fortis in fide et regi fidelis; bajo el escudo,
en otra banderola: *Per cruces ad triumphos.*
¡Resto de algo glorioso, esculpida y dorada
proa que recuerda al buque náufrago! Distrajo
á Gabriel de la contemplación del plato, su cuñado que con inmenso cucharón de plata le servía una sopa de pan humeante, grasienta y
doradita. La sopa cubrió en un momento los

lemas heroicos y los fieros leones, y no quedó
ni señal de la pluma flotante del casco, ni de los
airosos picos en que se bifurcaban al extremo
las gallardas banderolas de las divisas.

Si Gabriel pudiese recordar otras épocas de
los Pazos, notaría, no sólo en aquella exhibi-
ción de vajilla blasonada, sino en mil detalles
más, que allí reinaba cierta suntuosidad desco-
nocida cosa de veinte años antes. Y no era que
Don Pedro Moscoso se hubiese pulido y civilizado algo; al revés: con la mengua de sus
fuerzas físicas; con el paso de la vida nómada
de cazador á la más sedentaria de hidalgo que
cultiva sus tierras; con el terror de la gota, de
la vejez y de la muerte, terror que se iba escribiendo en su huraño semblante, le había entrado mayor indiferencia que nunca por las
finuras y elegancias; en cambio, la materia le
dominaba, cogiéndole por el flaco de la gula,
y, como todos los gotosos, apetecía justamente
los platos y vinos que más daño podían cau-
sarle. El ramo de pompas y vanidades corría
de cuenta del insigne Gallo, en quien latía la
inclinación más irresistible al fausto y esplen-
dor, y que procuraba deslumbrar al huésped
con la vajilla y con cuanto pudiese.

Cuando, después de reposar la cena, fumando un par de cigarrillos, pedía Gabriel á Don
Pedro una entrevista confidencial para el día
siguiente, retirábase el Gallo á sus habitaciones en compañía de su mujer, la cual acababa
de disponer todo lo necesario al alojamiento
del huésped. Nada menos que á sus habitacio-

nes, que eran en la planta baja, muy apañadas
y cucas, con divisiones nuevecitas de barroti-
llo y enlucido de yeso. Todo lo que antes fué
madriguera del zorro Primitivo, lo había convertido el presuntuoso Gallo en corral, digno
de sus espolones y fachenda. Y cuanto tenían
de destartalados y tristes los aposentos de arriba, que habitaba el señor, otro tanto de cómodos y alegres los de abajo, el nido que se labra-
ba el mayordomo. Llenitos como un huevo,
nada faltaba en ellos: ni los cómodos armarios
recién pintados, ni las útiles perchas, ni las sillas y sofá de *yute*, ni el espejo grande en la
salita, ni las fotografías harto ridículas en sus
marcos dorados, ni cromos de frailes y majas,
ni muñequitos de porcelana tocando el violín,
ni calendario americano, ni, en suma, ninguno
de los objetos que componen el falso bienestar
y el lujo de similor que hoy penetra hasta en
las aldeas. La cama de matrimonio era negra,
maqueada, es decir, con unos pecaminosos
medallones dorados y unas inícuas guirnaldas
de rosas; á cada viaje que el Gallo hacía á
Orense se le acrecentaba el deseo de trocarla
por una dorada enteramente, lo cual era á sus
ojos el colmo de la ostentación y del sibaritismo
humano; pero un vago recelo de lo que podría
decir la gente envidiosa y chismosa le contenía
siempre, reduciendo su vehemente capricho al
estado de sueño, de aspiración imposible y por
lo mismo más seductora.

Las pollitas, ó sean las hijas del Gallo, de
siete y nueve años de edad, dormían ya como

sardina en banasta en una misma cama, la una
en posición natural, la otra con los piés hacia
la cabecera; dormían con los ojos colorados y
los carrillos hechos un tomate de tanto bece-
rrear y llorar, porque querian ir á la era, á oir
tocar la pandereta y cantar la *encomienda;*
pero su padre, que profesaba las más severas
ideas respecto al decoro de las *señoritas,* no se
lo había permitido. Sabel empezaba á soltarse
los cordones de las innumerables sayas que
vestía según la costumbre aldeana : y el Gallo,
sentado en una butaca, al lado de una mesa
que sustentaba la lámpara de petróleo (una
lámpara nada menos que de imitación de porcelana japonesa) tomó el periódico que á la
sazón recibía, y era si no mienten las crónicas
El Globo, y comenzó á chapucear sueltos, asom-
brándose mucho del calor que hacía en Nueva
York, y exclamando:

—¡Ave María de gracia!... ¡Dice que están á
noventa... y cin... y cin... co *farengues...* (95°
Fahrenheit se cree que sería), y trm... trienta
y ci... cinco y ciento gra... dos!... (35° centígra-
dos, supongo que rezaría la hoja). ¡Mujer... qué
pasmo!

Sabel, que se acostaba entonces, respondió
con una especie de complaciente gruñido, esti-
rándose gustosa entre las sábanas, pues sin saber cuántos *farengues* de calor se gastaban
por allí, sabía que había sudado el quilo el día
entero. Y con este género de gruñidos salía del
apuro siempre que su consorte se empeñaba en
enseñarle el santito, el grabado, ó mejor dicho

el borrosísimo cliché del periódico, para hacerle admirar cuatro chafarrinones y media
docena de rayas en que una fantasía ardiente
podía reconocer, ya una *Aldea rusa á orillas*
del Volga, ya la *Vista de Constantinopla to-*
mada desde el Bósforo, con otros primores
artísticos de la misma laya. Aquella noche,
habiendo pagado el imprescindible tributo á la
política exterior y al movimiento europeo, ambos cónyuges, después de apagar el quinqué
soplando fuertemente en la boca del tubo, entre el silencio y la obscuridad y el bienestar
del lecho, que refresca muchísimo la potencia
discursiva, se echaron á indagar, comunicán-
dose sus reflexiones, qué demonios sería aquella venida del señorito Don Gabriel.

XV

LA primera noche de los Pazos fué para Gabriel Pardo noche de fiebre. Fiebre de impaciencia, fiebre de cólera, fiebre de recuerdos,
de esperanzas, de curiosidad, de indefinible y
hondo temor, y además... ¿por qué negarlo?
¿por qué dudarlo? ¡fiebre amorosa!

¡Amorosa! ¡Una niña á quien había visto un
cuarto de hora, que le había dicho *buenas tar-*
des por junto y en seguida á recoger gavillas
de centeno sin mirarle más á la cara! ¡Una niña

cuyos rasgos fisiognómicos le sería imposible
recordar con exactitud!

—No soy yo quien se enamora, es mi imaginación condenada—pensaba el comandante.—
Parezco un cadete. Pero es que en esa chiquilla he cifrado yo muchas cosas. La familia pasada y la futura, mi *mamita* y mi hogar, mis
ya casi desvanecidas memorias de cariño y mis
justas aspiraciones á los afectos santos que todo
hombre tiene derecho á poseer... Por eso me ha
entrado así, tan fuerte.

Cabalmente le habían dado el cuarto de su
mamita—¡el cuarto en que había muerto! El no
lo sabía. Por una especie de convenio tácito
consigo mismo, y á fuer de persona recta, le
repugnaba hacer ninguna pregunta hostil ó desagradable en una casa adonde venía en son de
paz; así es que no había querido ni enterarse
de *cuál era el cuarto*. Se lo dieron, porque,
arreglado poco antes de la boda, se encontraba
más presentable que el resto de la desmantelada huronera, tan invadida por las aficiones agrícolas del dueño, que en algún salón la cosecha
de maíz sobrante se amontonaba á ambos lados
en rimero de oro.—Allí la cama barroca, con
su dorado copete figurando el sol; allí el biombo con inverosímiles pinturas de casas y árboles; allí todavía el canapé de estilo Imperio en
que se reclinaba la enferma, la honda ventana
junto á la cual se sentaba á leer en un sillón de
gutapercha ya descascarado; sobre la cabecera
estampas de su devoción, un rosario de azabache con engarce de plata... todo había sido con-

servado allí, no por respeto ni ternura, sino por
la indiferencia de la vida campesina, por el tamaño del gran caserón, donde se pasaba un año
sin que fuesen visitados algunos aposentos.

Gabriel velaba revolviéndose en la cama, escuchando el silencio, ese silencio campesino en
que vibran siempre ladridos de canes vigilantes,
murmullos de agua y brisa, coros de ranas, y
antes de la aurora, gemir de carros, y á la aurora, dianas de gallos de sangre ligera. Calcu-
laba qué línea de conducta le convendría adoptar al día siguiente; al fin optó por la más leal.
Hablaría con el hidalgo francamente, se lo diría
todo, obraría de acuerdo con él y previo su con-
sentimiento. Y si le negaba autorización para
hacerse querer de la niña... bien, entonces le
asistiría el derecho de tomársela.

Llegó al cabo el amanecer, y sucedióle á Gabriel lo que á todos los que se pasan la noche en
blanco suspirando por el día: que se quedó profunda é invenciblemente dormido. El marqués
de Ulloa, inveterado madrugador, gracias á sus
hábitos de caza y siesta, vino con impertinente
celo á despertar á su cuñado, aguijoneándole ya
la curiosidad de saber el objeto de la venida del
comandante. Gabriel fué llamado al mundo real
cuando más á su sabor se encontraba en el de
las quimeras. Propuso el marqués, á guisa de
armisticio, que la conversación fuese de cama á
butaca, pero Gabriel rechazó las sábanas, y
empezó á vestirse y lavarse en un aguamanil
tan chico como incómodo, con dos toallas no
mayores que pañuelos de narices. Convinieron

en que la entrevista se celebraría dentro de media hora en el despacho y archivo del marqués de Ulloa—archivo que ya volvía á encontrarse, punto más punto menos, en su pristino estado, antes de arreglarlo cierto capellán.

El artillero acudió puntualmente, y sin saber cómo, el diálogo que Gabriel se había propuesto que fuese sumamente correcto y formal, tomó en seguida giro humorístico, descarado y hostil por ambas partes.—Me dejas pasmado.—No sé por qué.—Pero, vamos claros : ¿tú tienes gana de broma?—Nada de eso : con nadie, y menos contigo.—¿En qué quedamos; me pides ó no á Manolita?—No te la pido; lo que hago es advertirte que voy á intentar tomarla, porque me parece desleal proceder de otra manera : al fin eres su padre.—¿Tomarla? ¿Cómo se entiende eso de tomarla?—¿Cómo se entiende? No como lo entiendes tú, sino de otro modo : y para explicártelo mejor, voy á ver si logro que la chica me quiera, y entonces... entonces sí que te la pido.—Sólo faltaba que tampoco me la pidieras entonces.—Pues bien mirado, si ella quiere darse, es cuando menos falta me hace que me la dés tú; pero... yo soy así.—Tú eres, por lo visto, una buena pieza.—Nada de eso; al contrario, por sencillez y por honradez te cuento á ti todo esto.—Pero... ¿estará decente que andes tú por ahi acompañando á la chica, después de saber que tienes tales proyectos?—Mis proyectos son bien honestos, y no parece sino que tu hija anda muy recogida y pierniquebrada.—¡Hombre... hombre!—La has criado como un marimacho,

sin recato ninguno, ¿sabes? Y muy mal, por no
decir infernalmente.—Y á ti ¿quién te da vela?...
—Poca cosa : como que intento ser su marido,
y como que soy el hermano de su madre.—Manolita es una chiquilla, y además...no anda sola.
—No, ya sé que la acompaña... el hijo del mayordomo.—(Aquí los ojos de ambos cuñados
cruzaron una mirada singular, y Don Pedro
acabó por bajarlos).—Siempre anduvieron jún-
tos ella y ese rapaz desde pequeñitos.—¡Bonita
razón! En fin, al grano; ¿me permites, sí ó no,
que pruebe á agradar á Manolita?—¿Y si no te
lo permito?—Lo haré sin tu permiso; sólo que
lo haré desde fuera de tu casa, porque no me
parecerá regular venir á meterme en ella para
obrar contra tu gusto.—Y si te doy permiso y
le agradas ¿te casarás con ella?—¡Hombre! ese
es mi propósito : pero, ¿y si tratada no me gusta? No puedo empeñarte mi palabra.—Me estás
proponiendo cosas raras.—Aún voy á propo-
nerte otra más rara que todas las demás. Si se
arregla la boda, no le dés un céntimo á tu hija
de presente, y dispón tu testamento como te dé
la gana y á favor de quien se te antoje.—¡Eh!...
Ni un cént... Quieto, quieto; mi hija no está en
la calle; por de pronto tiene... la legítima materna.—(Por ahí te duele, pensó Gabriel cuando
oyó esto).—La legítima materna de Manolita te
la cederé: yo le señalaré de mi patrimonio, en
carta dotal, otro tanto como le corresponda por
herencia de su madre.—Yo... en realidad de verdad... así Dios me salve...—He dicho que ni un
céntimo de presente, ¿cómo se dicen las cosas?...

Y el día de mañana... lo que te dicte tu conciencia... y nada más.—(La cara del marqués se dilataba, su barba gris temblaba de placer).—
¡Vaya, vaya con Don Gabriel Pardo! ¿Y cómo
ha sido ese repentón de gustarte la chica?—
Tres meses hace que me gusta.—¿Sin verla?—
¡Se entiende! Casi no la he visto aún á estas
horas. A ti, ¿qué te importa eso? Es cuenta de
ella y mía. No se te pide sino la aquiescencia, y
nada más.—Pues... por mí... trato hecho.—Trato hecho... ¡Acabáramos! ·

—Ya tengo—pensó Gabriel al volver á su
cuarto—campo libre y carta blanca.

Pasábase el cepillo por la cabeza á fin de ali-
sar y distribuir mejor sus cabellos finos y esca-
sos, cuando el corazón le dió un brinco absur-
do, inverosímil: unos dedos menudos herían
aprisa la puerta; una voz que le era imposible
confundir ya con otra alguna, preguntaba:

—¿Hay permiso?

Manolita entró. Venía vestida con algún más
esmero que el día anterior, y su traje de percal,
color garbanzo salpicado de cabecitas de perros, látigos y gorras de jockey, revelaba pretensiones de *seguir la moda* y procedencia
orensana ó pontevedresa. El peinado también
indicaba más larga elaboración que la víspera,
y había un lazo azul de raso al extremo de las
trenzas. La muchacha se adelantó sin cortedad
alguna por el cuarto de su tío, y con cierta sequedad le dijo, de carretilla y en tono uniforme,
á manera de chico que recita la lección:

—Buenos días.. ¿Cómo ha descansado V.?

Yo... bien. Dice papá que le lleve á ver el huerto y la casa toda.

—Gracias, niña... ¿Y para venir conmigo te has compuesto así?

—Mandó papá que me pusiese el vestido nuevo para acompañarle á V.

—¿Te sería igual tutearme... ó te parezo demasiado viejo? Di—añadió con unos visos de melancolía.

—Algo viejo es... y me da vergüenza.

Gabriel se quedó encantado de la contestación. "Ella me tuteará„—pensó para sí;—y, añadió en voz alta:

—Pues cuando tengamos más confianza. Ahora vámonos por ahí, al huerto... Tengo más ganas de aire libre que de ver la casa. ¿Quieres mi brazo?

—¡Brazo! ¡Ay qué chiste! Tengo los dos que Dios me dió. Puede que...

—¿Qué?

—Que si fuésemos por ahí... por montes... le tuviese yo que dar la mano.

—Pues mira... Justamente quería pedírte ese favor. Que me enseñases paseos largos, sitios bonitos... Tú que conoces todo este país como tu propio cuarto.

—Sí; pero á esta horita—notó la muchacha castañeteando los dedos—¿quién se atreve á pasar más allá del bosque? No se aguantará la calor, y V. que no tiene costumbre...

—Pues al bosque ahora, y á la tarde... me llevarás adonde gustes, chiquilla.

Volvióse la muchacha con un movimiento de

11

mal humor y aspereza, que ya dos veces había
observado en ella Gabriel, y este síntoma infalible de detestable educación, en vez de des-
alentar al artillero, le atrajo más.

—Es un terreno inculto, virgen, lleno de espinos, ortigas, zarzales... ¡Pobre huérfana y
pobre hermana mía! Si viviese... Á falta suya
yo desbrozaré esa maleza á fuerza de paciencia
y de cariño.

La montañesa echó delante, ágil y airosa
como una cabrita montés, y su tío la seguía,
rumiando aquello del terreno virgen y observando con gran placer que era aplicable así á
lo moral como á lo físico de la muchacha. La
cintura de Manolita, en vez de ser de forma ci-
líndrica, tenía las dos planicies, delante y detrás, que suelen delatar la inocencia del cuerpo:
su nuca (descubierta por la raya que dividía las
trenzas colgantes), su nuca, esa parte del cuerpo fenemino que el arte moderno ha rehabili-
tado devolviéndole todo su valor expresivo,
era de las más tranquilizadoras, por su delga-
dez y pureza y lo raro y lacio del pelo corto
que la sombreaba; su andar era andar de cer-
vatilla, sin languidez alguna, y sus sienes
rameadas de venas azules y su frente convexa
la hacían semejante á las santas mártires ó ex-
táticas que se ven en los museos.

—¡Cuánto tengo aquí que enmendar, que en-
señar, que formar!—reflexionaba Gabriel, muy
encariñado ya con su oficio de preceptor.—
Pero hay terreno, hay sujeto... ¡La han descuidado tanto! Lo que exista aquí de bueno ha

de ser bueno de ley, por deberse exclusiva-
mente á la fuerza é influjo del natural, á la rectitud del instinto. Más fácil es habérselas con
esta niña, entregada á sí misma desde que nació, que con esas chicas criadas en una atmósfera artificial, y á quienes la solicitud y los sabios... ó hipócritas consejos de las mamás, tías
y amiguitas han cubierto de un barniz tan es-
peso y compacto, que el demonio que sepa lo
que hay debajo de él.—Conque ¿á dónde me
llevas, al bosque? Pero ¡qué modo de correr!—
exclamó en voz alta, viendo que Manolita atravesaba velozmente las habitaciones de la casa;
bajaba las escaleras de cuatro saltos y sin aflojar el paso se metía por el huerto.

—Corra también—respondió la niña casi sin
volver la cara;—¡todo esto de la casa y la
huerta es más cargante! Ya iremos despacio
por el soto... Allí da gusto.

Realmente el huerto parecía un horno. El día
amenazaba ser del todo canicular, y en la superficie del estanque los mismos *escribanos de
agua* tenían pereza de echar complicadas fir-
mas con sus largos zancos, y adormecidos sobre las verdosas plantas palúdicas se entrega-
ban al goce de beber sol. Los átomos del aire
vibraban, prontos á inflamarse, cuando el astro
ascendiese á su zénit; innumerables insectos
zumbaban entre la hierba; gorjeaban con viveza y regocijo los pájaros, seguros de que con
aquel día tropical la espiga se abriría sola y los
surcos se llenarían de derramada simiente; de
cuando en cuando una bandada de mariposas

ejecutaba en el ambiente de fuego una figura de rigodón y luego se desvanecía. Gabriel, sofocado, se había quitado el hongo y abanicábase con él. Sin pararse, de soslayo, la chica lo vió:

—Va á pillar un *soleado*... ¡Ave María Purísima! Coja una hoja de berza y métala en el sombrero, que si no... mañana á estas horas está en la cama con un mal.

Obedeció el sabio consejo el artillero, y colocó dentro de su hongo una hoja de col bien aplicada.

—¿Y tú?—exclamó en seguida.—¿Por qué no coges un *soleado* tú? No llevas nada en la cabeza.

—¡Uy! ¡Yo! Yo ya tengo confianza con el sol.

A lo lejos, más allá de los frutales del huerto, que apenas daban sombra, destacábase el soto, como una promesa de frescura y bienestar; el soto de castaños floridos, donde los rayos del sol no tenían acceso. Pero Gabriel, fuese por detenerse un minuto, ó porque realmente el paseo convidaba á refrescar la boca, se detuvo al pié de un ciruelo cargado de fruta, y llamó á su sobrina.

—¿Manuela?

Ella se volvió, asaz impaciente.

—¿Sabes que de buena gana comería un par de ciruelas?

—Pues cómalas, y buen provecho—respondió la chica, encogiéndose de hombros.

—Escógemelas; ten compasión de un pobre cortesano ignorante.

—¿*Seque* no diferencia las verdes de las maduras?

—No... Sé un poco amable. Ayúdame.

Con el ceño fruncido, el ademán entre hosco y burlón, la chica alargó los dedos, bajó una rama, fué tentando ciruelas... y en un abrir y cerrar de ojos dejó caer una docena, como la pura miel, amarillas por la cara que miraba al sol y reventadas ya de tan dulces, en el pañuelo limpio, marcado con elegante cifra, que Gabriel tenía cogido por las puntas.

—Mil gracias... Ahora...

—¿Ahora qué?

—Cómete tú una primero, para que me sepan mejor las demás.

—No me da la gana... Estoy harta de ciruelas.

—Pues dispensa... Una más ó menos, no te produciría indigestión, y al comerla, cumplirías un deber.

—¿*De qué?*—preguntó ella, fijando con dureza en Gabriel sus ojos ariscos.

—El deber de las señoritas, que es hacerse agradables y simpáticas á todo el mundo, y con mayor razón á los huéspedes que tienen en casa, y todavía más si son sus tíos y vienen á verlas.

Una ojeada más fiera que las anteriores fué la respuesta de Mañolita, que echó á andar, apretando el paso, tanto, que á Gabriel le costaba trabajo seguirla.

—Chica, chica...—gritó.—Mira que he trepado por los vericuetos de las Provincias; pero tú eres un gamo... Aguarda un poco.

Paróse la muchacha, y agarrándose al tronco

de un peral, y estribando en la pierna izquierda, con la punta del pie derecho describía semi-
círculos sobre la hierba. Al alcanzarla su tío,
no dijo palabra; suspiró con resignación, y siguió andando con menos ímpetu, pero sin hacer
caso del forastero.

Dejado atrás el huerto, pisaron la linde del
bosque, alfombrada por las panojas amarillentas de la flor del castaño, que empezaba á desprenderse aquellos días y había impregnado el
aire de un olorcillo que, sin ser embriagador
perfume, tiene algo de silvestre, de fresco, de
forestal, de húmedo y refrigerante, por decirlo
así, encantador para los que han nacido ó vivido largo tiempo en la región gallega. No pecaba el soto de intrincado; como más próximo á
la casa, había sido plantado con cierto orden y
simetría, y los troncos de sus magníficos árboles formaban calles en todas direcciones, aunque los obstruyese la maleza, dejando sólo relativamente limpia la del centro, atajo que solían
tomar los peatones que descendían de la montaña para llegar á los Pazos más pronto. El ramaje era tan tupido y formaba tan espesa bóveda, que sólo casualmente le atravesaba la claridad solar, engalanándolo con una estrella de
oro de visos irisados, trémula sobre la cortina
verde. Manolita andaba y andaba, pero más
despacio ya, con el involuntario recogimiento
que produce la frescura y la obscuridad de un
bosque. Gabriel emparejó con ella, y señalán-
dole el repuesto y solitario lugar y la mullida
hierba, le dijo:

—¿Vamos á sentarnos un poco? Esto está en
vidiable.

—Bien—contestó lacónicamente la muchacha,
siempre con la misma agrazón en el acento y
el gesto; y se tumbó como de mala gana en el
blando tapiz.

XVI

Cortezuda es la pobrecilla!—pensaba Gabriel,
mientras su sobrina callaba, arrancando uno
tras otro los pétalos de una flor silvestre. La
flor, que era una margarita, le contestó—mucho—pero la muchacha, que nada tenía de romántica, no le había preguntado cosa alguna.

—Manuela (esto ya iba dicho en voz alta y con
dulzura y ansiedad) dispénsame que te haga
una pregunta. ¿Estás así, incomodada y de
mal humor, por culpa mía, por tener que acom-
pañarme? Mira, dímelo francamente, porque...
no tendrá nada de particular, ¿sabes? Lo que
se dice, nada. Un pariente forastero que llega
ayer, llovido del cielo; á quien tú no has visto
jamás ni probablemente oído nombrar dos veces en toda tu vida; que no conoce tus gustos
y costumbres, ni tú las de él... más viejo...
mucho más viejo que tú; y que va tu padre
y te manda que... le acompañes, ¿no es eso?

Hija, comprendo, comprendo perfectamente
que reniegues de mí.

Manuela bajó los ojos, que tenía clavados en
el ondeante pabellón de las ramas, y miró á su
tío, primero con cierta sorpresa, después con
atención. Gabriel, habiéndose quitado los quevedos, concentraba en sus expresivas pupilas
toda la vida de su espíritu.

—Como lo comprendo, no pienses que me he
de enfadar contigo... Lo que te dije antes, cuando te pedí que comieses las ciruelas, fué pura
broma. Yo no me enfado por sentimientos natu-
rales y cosas propias de la edad; además, nada
que venga de ti puede enfadarme, niña. Tú
puedes hacer de mí lo que quieras.

—¿Por qué?—preguntó la montañesa, cuya
negra pupila se dilató de asombro.

—Porque eres un ángel, y los ángeles no
ofenden á nadie... y porque aunque fueses un
diablillo, yo... te querría, ¿sabes? Lo mismo
que te quiero... con toda el alma... ¡con toda el
alma!

Fué dicha la frase con tan sabrosa mezcla de
calor y galantería, de ternura paternal y fuego
profano, que Manuela se sintió poco á poco enrojecer desde la punta de la barbilla hasta la
raíz del cabello, y su infalible instinto femenil
le dijo que había allí *algo* inusitado, algo distinto de lo que podía decir un tío á una sobrina
en el fondo de un bosque. Y otra vez se juntaron sus cejas, y su boca de finos labios adquirió
expresión severísima.

—Tu madre—añadió Gabriel como para atemperar el encendimiento de sus palabras—fué mi hermana del corazón, y he conservado de ella tal memoria, que sólo por ser tú hija suya, besaría la tierra que pisas... ¿Te ríes, chiquilla? Pues verás como lo hago, ahora mismo.

Y sin más preliminares, Gabriel, que estaba recostado un poco más abajo que la niña, se volvió, llegó el rostro á las hierbas en que el pié de ésta reposaba, y aplicóles un sonoro beso.

La gravedad de la montañesa se disipó como el humo. Ver á aquel señor, tan elegante, tan fino, tan formal, que aunque no era precisamente viejo, parecía "persona de respeto„, y que sin más ni más besuqueaba el suelo delante de ella, le arrancó una viva y sonora carcajada. Gabriel le hizo coro.

—¡Gracias á Dios que te veo reir!—dijo al disiparse el primer alborozo.—¡Gracias á Dios! Todo lo que sea, no estar con aquella cara de juez de antes, me gusta. A tu edad se debe reir... es lo natural. ¡Qué contento me da verte así! Sobrina mía... te declaro solemnemente que eres muy bonita cuando te ríes. (Ya lo sabía la niña, y aunque montañesa, no ignoraba que al reir se le ahondaba un par de graciosos hoyos en las mejillas, y se lucían sus dientes, que en lo blancos y parejos afrentaban á los piñones). Por lo demás—siguió Gabriel—á mí, como te quiero, me pareces siempre muy linda... Sí, sobrinita. Antes de verte ya me gustabas...

—¿Antes de verme?—interrogó la chiquilla con serenidad burlona, enjugándose con las yemas de los dedos dos lágrimas de risa.

—Antes. ¿De qué te pasmas? ¿Te acuerdas
tú de tu mamá?

—No... ¡Era yo tan *cativa* cuando se murió
la pobre!

—Y, ¿cómo te la figuras tú? ¿Fea ó bonita?

—¡Qué pregunta! Ya se sabe que bonita.

—Pues... lo mismo me pasaba á mí contigo
antes de verte. Ea: ¿están hechas las paces?
¿Somos amigos?

—Sí, señor—respondió Manuela entornando
los párpados.

—¿No estás disgustada por tener que acom-
pañarme?

—No, señor...

—Sí, señor; no, señor... ¡Ay, ay, ay! ¡Qué
sonsonete! Mira que si me enfado... te hago reir
otra vez. Ya que no quieres tutearme... al menos, no me digas *señor:* dime *Gabriel,* que es
mi nombre.

—¿Tío Gabriel?

—Bueno; *tío Gabriel,* si así te parece que te
podrás ir acostumbrando á llamarme *Gabriel* á
secas. Y ahora, que ya estamos con más confianza (Gabriel apoyó el codo sano en el suelo,
y se reclinó cómodamente), vamos, dime por
qué estabas de mal humor conmigo esta mañana.

—Porque...—Manuela iba sin duda á soltar
un secreto formidable; pero de pronto sus labios
se cerraron, sus ojos vagaron por el suelo, y
murmuró enérgicamente:—Por nada.

—¿Por nada?

—Por... porque, hablando francamente, era

mejor que papá le acompañase; yo no soy quién
para entretenerlo ni darle conversación. Bonita
diversión la que saca de estar conmigo. ¿De qué
le he de hablar? Por eso me dió rabia que papá
discurriese mandarme á papar moscas con V.

—Montañesita, eso que vas diciendo sí que es
una chiquillada. No sólo me distrae tu compañía, sino que la he solicitado. ¿De dónde sacas
tú que no tenemos de qué hablar? ¡Miren la
muñeca! Vaya si tenemos: y tanto, que no se
nos acabará en muchísimo tiempo la conversación. Podremos estar charlando una semana, y
otra, y otra, y tener siempre cosas nuevas de
qué tratar.

Enarcó Manuela las cejas, entreabrió los labios; redondeó los ojos, y se quedó como asombrada mirando al artillero.

—¿No lo crees?—dijo éste, que iba cortando
con mucho primor, de una uñada, tallos de gramíneas, y reuniéndolos, sin duda con ánimo de
formar un ramillete.

—No, señor... tío Gabriel. Porque... yo soy
una infeliz que me he criado aquí, entre los tojos, como quien dice, y V. anduvo mucho mundo, y corrió muchos pueblos, y sabe todo... Conmigo se tiene que aburrir, ¿eh?, aunque por
darme jarabe diga eso. Otra le queda.

—¡Ay, chiquilla! Te engañas de medio á medio. Pues si justamente te necesito: si me haces
muchísima falta para explicarme, y enterarme,
y ponerme al corriente de un sinnúmero de
cosas importantísimas, en que eres tú maestra,
y yo no sé ni el *a, b, c...*

—Vaya, vaya, vaya—canturreó la niña con su marcado acento del país.

—No hay vaya, vaya, que valga—murmuró Gabriel remedándola tan jovialmente, que no había modo de enojarse por la parodia.—Sí, señora. Se lo digo á V. formalmente, con toda la formalidad que cabe en un comandante de artillería. Mira, hijita, por lo visto tú eres como Santo Tomás: ver y creer. Así es que te diré cuáles son esas cosas en que eres una sabia y yo un borrico. Son... las cosas de por aquí, del campo.

—¿Del campo?

—Cabales... Atiéndeme... Yo me he criado en un pueblo, he estudiado en otro, he vivido en varios, y no he estado en lo que se llama *campo,* sino en el *campamento,* que es muy diferente... Allí mira uno la tierra desde el punto de vista de cómo podrá, abierta en trincheras, servir para resguardarse del enemigo... y las montañas que yo he visto y recorrido, ¿sabes lo que buscaba en ellas? Un punto estratégico en que situar una batería... para santiguar desde allí á cañonazos á los carlistas.

Inclinóse la montañesa hacia su tío, revelando en sus ojos brillantes, en su respiración agitada, el interés con que infaliblemente escucha la mujer toda historia en que juega el valor masculino.

—¿Estuvo en muchas batallas?—preguntó mostrando gran curiosidad.

—En unas pocas... pero no batallas campales y en grande, hija mía, como esas que tú habrás

visto pintadas ó te habrás representado en la
imaginación; fueron encuentros parciales, tomas de fortines, asaltos de trincheras, escaramuzas, tiroteos de avanzadas...

—¿Y muere gente en eso como en lo otro?

—¡Ah! Morir, sí, lo mismo; en proporción,
quizá sea más peligroso... Allí ve uno muy de
cerca el brillo de las bayonetas y los machetes,
y la boca de los revólveres.

—¿Y á V.... le hirieron? ¿Le hicieron daño?

—Sí, á veces... Rasguños.

—¿En dónde? ¿Aquí?—exclamó la chiquilla
alargando su dedito moreno hasta rozar con él
la mejilla de su tío, el cual se estremeció dulcemente, como si le hiciese cosquillas una de
las delicadas gramíneas que cortaba.

—No...—dijo sin ocultar el estremecimiento...—Esto fué la explosión de un poco de pólvora que se me quedó embutida debajo de la
piel...

—¡Ay! Me ha de contar cómo fué. No..., pero
antes las batallas.

Gabriel se incorporó quedándose sentado en
la hierba, con las piernas estiradas y el haz de
gramíneas en la mano. Habíalas verdaderamente airosas y elegantes, montadas en tallos
como hilos; sus menudas simientes pajizas temblaban, bailaban, oscilaban, se encrespaban y
bullían como burbujas de aire moreno, como
gotas de agua enlodada; algunas semejaban
bichitos, chinches; otras, como la *agrostis*, tenían la vaporosa tenuidad de esas vegetaciones
que la fina punta del pincel de los acuarelistas

toca con trazos casi aéreos, allá al extremo de
los países de abanico: una bruma vegetal, un
racimo de menudísimas gotas de rocío cuaja-
das. Con aquel fino puñado de hierba, Gabriel
acarició la cabeza trigueña de su sobrina, diciendo con una explosión de alegría casi infantil:

—¡Ah, pícara... pícara! Ves cómo tenemos
de qué hablar... y nos sobra. ¿Lo ves, lo ves?
Yo te cuento guerras y catástrofes como esta
de la pólvora que se me metió entre cuero y
carne, y muchas cosas más que me han pasado;
y tú...

—¡Bah! No haga burla, no haga burla... Ya
se sabe que yo no puedo contar nada que valga
dos nueces.

—Que sí, mujer... Más que yo; doscientas
veces más. Tú eres una doctora y yo un igno-
rantón.

—¿Con tanto como estudió?

—En los colegios, hija mía, nos enseñan cosas
muy raras y estrafalarias, que andan en libros...
y mira tú, lo bueno es que allí se quedan, porque luego, en la vida, no se las vuelve uno á
encontrar ni por casualidad una sola vez. Pues
sí... ¡tú vas á reírte de mí cuando veas lo tonto
que soy! No diferencio el trigo del centeno...

La montañesa soltó una carcajada fresquísima.

—No he visto nunca moler un molino... El
único en que estuve lo tomamos á cañonazos:
era un molino en que se habían hecho fuertes
las gentes del cabecilla Radica... Ya te figura-
rás que no molía entonces...

Redobló la carcajada de Manuela.

—Tampoco he visto segar... Ayer me enteré
de que hacéis unas cosas que se llaman *medas,*
que son como una pirámide de haces de mies...
y eso porque te vi encaramada encima como
un loro en su percha...

Ya no era risa; era convulsión lo que agitaba
á Manuela, obligándola á echarse atrás, á re-
costarse en el tronco del castaño para no caer...
Con una mano, á la usanza aldeana, se compri-
mía la ingle, y con otra se tapaba la boca y la
nariz, pero entre sus dedos rezumaban y salpicaban chorros de risa que, por decírlo así,
caían sobre el rostro del artillero.

—¡Ay... ay... que me muero... que no puedo
más!...—decía la chiquilla.—¡Ay... por Dios...
no diga tontadas así!...

Sonreíase él, contento del efecto producido,
haciendo girar entre pulgar é índice el fino
tallo de una gramínea, que por el volteo acelerado parecía una rueda de dorada niebla. Paróse, al ver un insecto semejante á una media
bola de coral pulido, con pintas de esmalte negro, que le había caído sobre el dorso de la
mano y allí permanecía inmóvil.

—Ahí tienes—murmuró dirigiéndose á su sobrina, que, pasado el espasmo, se había quedado como aturdida, con dos lágrimas que le
asomaban al canto de los lagrimales—mira si
es verdad lo que tanto te hace reir, que ahora
me veo en el apuro de ignorar qué fiera es esta
que se me ha domiciliado en la mano.

—¿Esa?—balbució la niña como saliendo de
un letargo—es una *mariquita de Dios.*

—¿Y por qué se está tan quieto este bicho divino? ·

—¿Quiere que vuele? Yo la haré volar en seguida.

—¿Pinchándola? No. Mira que yo, aquí donde me ves con estas barbas, no puedo sufrir que se lastime á ningún animal.

—¿Piensa que yo soy un verdugo? Verá cómo vuela sólo con hablarle.

Y la niña, acercándose tanto á la mano de su tío que éste sintió el húmedo calor y la frescura de su sano aliento, murmuró misteriosamente:

—*Mariquiña, voa, voa, que ch'ei de dar pan é ceboa.*

A las primeras sílabas del conjuro el insecto se bullió; á las segundas removió sus patas, que parecían hechas de cabitos cortos de seda negra; á las terceras entreabrió las alas de coral, descubriendo debajo otras de gasa, de sombría irisación, que tenía replegadas como las alas membranosas del murciélago; y antes de que terminase la fórmula cabalística, alzó el vuelo rápidamente y se perdió en el aire.

—No he visto en los días de la vida animal más bien mandado—observó Gabriel un tanto sorprendido.—¿Obedecen así los demás bicharracos?

—¿Los demás? ¡Buena gana! Si fuese una avispa y le clavase el aguijón... ya vería si obedecen ó no.

—¿De modo que los bichos más dañinos son las avispas?

—¡Uy! Otros son peores. Hay los de cuatro

patas... Raposos y lobos; allá en lo más alto
de la sierra, jabalíes; la marta, que se come las
gallinas; el *miñato,* que mata las palomas...
Pero á mí esos animales fieros no me dan cuidado ninguno; me gustaría ir con los cazadores,
cuando dan la batida á los lobos, que debe de ser
precioso; pero á lo que tengo miedo es á... los
perros rabiosos, en este tiempo del año. Dice
que cuando muerden, para que uno no se mue-
ra, hay que quemarle con un hierro ardiendo
el sitio donde dejan la baba... ¡ih, ih, ihhh!
(Manolita se estremeció, subiendo los hombros
como si tuviese frío.)

—¡Qué nerviosa es!—pensó para sí Gabriel,
el cual, en medio de la embriaguez que le producía el ver á la niña tan domesticada ya y en-
tretenida en tan familiar y afectuosa plática, no
dejaba de estudiarla, recordando que tenía que
hacer con ella oficio de padre, de maestro, y
aun quizá de médico; tierno protectorado, acaso lo más dulce y attractivo de la obra de cá-
ridad que su corazón emprendía.—Al mismo
tiempo—calculó mirando la coloración trigueña, encendida y melada del rostro de su sobrina—hay sangre generosa y roja... Me gusta
que tenga nervios: ¡por el camino de los nervios se puede conseguir tanto de la mujer!

Aún charlaron algo más antes de volver á
los Pazos á la hora de la comida. Al atravesar el bosque, pudo ver el comandante que
los nervios de su sobrina reposaban en ocasiones que alborotarían los de una señorita
madrileña. Allá en lo más obscuro y enmara-

ñado del bosque; notó Gabriel un roce entre
las hojas, algo parecido al cimbrear de una
vara verde; y al punto mismo vió pasar á dos
dedos de sí, con el espinazo arqueado y enhies-
to, arrastrado el pecho, la plana cabeza erguida, una gruesa culebra; distinguíase la blancura azulada de su vientre. Sería como la muñeca de un niño, y mediría de largo vara y
media. Gabriel quedó fascinado, sintiendo el
frío que causa la presencia de los reptiles. Manolita en cambio se bajó, y escudriñando entre
las hojas caídas y la maleza, blandió triunfalmente un objeto amarillento, larguirucho,
diáfano, que parecía hecho de papel de seda
untado con aceite, por encima imbricado de
escamas, por debajo plegado en pliegues hori-
zontales; un andrajo orgánico, que aún parecía
conservar la flexible curvatura del tronco que
momentos antes revestía.

—¡La camisa de la culebra!—gritaba entu-
siasmada Manola.—¡La ha soltado ahí la bribo-
naza! ¡Vestido nuevo, que estamos en tiempo
de feria! ¡Ah maldita! ¡Si yo tuviese una piedra con que *esmagarte* de los sesos!... Mire,
mire, mire—exclamó metiéndosela á Gabriel
casi por los ojos:—mire la hechura de la cabeza, mire la boca, mire los ojos... ¡como se conocen los ojos!

—¿La llevas?—preguntó Gabriel viendo que
se la arrollaba á la muñeca.

—¡Toma! Para enseñársela á Perucho.

XVII

DESPUÉS de comer, transcurrida la hora sagrada de la siesta, Gabriel sintió otra vez
llamar á su puerta, no con los nudillos y desde-
ñosamente como por la mañana, sino con el batir imperioso de una manecita, que manifiesta
cierta cordialidad y deseo de ver pronto á la
persona que busca. Saltó el comandante del
canapé en que se había recostado, más á leer
que á dormir. Como todo hombre de hábitos
intelectuales, Gabriel, al llegar á los Pazos,
había buscado algún alimento del alma, alguna
lectura: el obsequioso Gallo le había ofrecido
sus periódicos (el señor los leía también al día
siguiente); pero Gabriel, recordando haber
visto por la mañana en el archivo un armario
estantería, donde encima de las obscuras en-
cuadernaciones de antiguos libros relucía algún filete de oro, terminada la comida se fué
allá. Al abrir las puertas, forradas, en vez de
vidrios, de rejilla de alambre, salió una tufara-
da de moho, de polvo, de humedad; cenicientas
polillas huyeron despavoridas de su refugio
predilecto. No se arredró; fué sacando volúme-
nes. Cada libro que abría era un depósito de
larvas, una red de túneles abiertos por el dien-

te del insecto bibliófilo, y el cadáver del siglo xviii todo comido de gusanos, se alzaba de su sepulcro; allí estaban, calados y alicatados por la polilla con mil pintorescos dibujos, *La Enriqueida, El Contrato Social,* la *Moral. Universal,* las *Confesiones,* la *Nueva Heloísa,* y también las novelas del género sentimental interminable: *Clara Harlowe, Pamela Andrews,* á las cuales las ratas, por no ser menos que los bichos, habían roído los cantos y puesto como una sierra el borde de las hojas. Lo único que encontró Gabriel en mediano estado fueron obras de Feijóo y Sarmiento, unos tomos del *Viajero Universal* y un ejemplar de los *Nombres de Cristo,* así como la traducción del *Cantar de los cantares,* también del maestro León. Llevóse para su cuarto lo más aceptable, y recordando sus aficiones filosóficas se hundió en las luminosas simas platónicas de los *Nombres.* Pero entre su vista y la hoja de grueso papel en que el tiempo había derramado un baño de ámbar, se interponían dos ojos serenos y ariscos, ojos de novilla virgen, que miraban con despego primero y con pensativa curiosidad después. ¡Qué aprisa soltó el libro al oir llamar!

—¿Está cansado? Si no, es hora de ir saliendo.

—¿A dónde?

—Por ahí. ¿No dijo que quería?...

—Sí, chiquilla,—contigo, al fin del mundo.

Ella se encogió de hombros;—respuesta que tenía preparada para cuanto le sonaba á ga-

lante broma,—pero ya sin el enfado rabiosillo de
por la mañana.

Al salir á campo abierto sobrecogió á Ga
briel el ardor sofocante del día. El aire era fuego, fuego fluido que envolvía el cuerpo, pene-
traba en el cerebro, derretía los sesos y causaba la sensación de hallarse metido en una zanja, rodeado de hogueras. La naturaleza, abru-
mada por aquella temperatura canicular, yacía
inmóvil; no corría brisa alguna. Manuela, sin
embargo, andaba ligera, en términos que á su
tío siempre le costaba trabajo seguirla. Tomaron un sendero oculto días antes por el movi-
ble mar de oro del trigo; pero ya la vega había
ido despojándose del manto de seda amarilla, y
la vista no se recreaba al contemplar, desde
los oteros, las anchas alfombras, tan alegres,
que parecían un pedazo de luz solar; ahora se
veía la desnudez de la tierra, la negrura de los
surcos, invadidos por el estéril helecho, y sobre los cuales yacían los haces en desorden,
como muertos después de la batalla; entre las
cortadas espigas doblaban la cabeza, moribun-
das, las amapolas de tafetán con corazón de
terciopelo negro, las nevadas mejoranas, los
cardos, las alfalfas y tréboles, toda la flora que
se cobija á la sombra de la mies y vive por ella
sola. Aún queda otra cosecha en verano; otra
planta tierna y verde que esparce su polen fe-
cundante por el aire encendido : es el maíz, el
maíz susurrante y melancólico, nunca saciado
de agua; la cosecha del otoño gallego. Manuela
fijó los ojos en la *cortiña* segada.

—Después de que siegan, ya parece que se escapa el verano—pronunció con cierta pesadumbre, pensando en alto, pues el verano era para ella la época suspirada, la época en que su compañero, su amigo de toda la vida, regresaba de Orense, y corrían y se solazaban juntos. Gabriel no comprendió el pesar de la montañesa; creyó que pensaba en el trigo no más, y miró á su vez los surcos. Empezaba á considerar con simpatía, aunque por reflejo, aquella cosa vasta y vaga: *el campo;* mas no se le ocultaba que la veía al través de Manuela, con ese interés que inspiran las cosas que son el ambiente y el marco de la persona querida.

—¿Se puede saber adónde me lleva su alteza la infanta?—preguntó cuando cruzaron el barbecho y fueron bajando á una pequeña hondonada en que crecían hasta una docena de olmos muy bajos.

—Vamos á la represa del molino... le enseñaré cómo muele... porque si subiese por la montaña, se moriría con el calor que hace...

—No, mujer... ¿por quién me tomas? Tú crees que yo soy una damita... Verás cómo no me canso, por muy largo que paseemos y por mucho que sea el calor.

Lo cierto es que el artillero pensaba ahogarse. Desde los tiempos en que andaba á la greña con los carlistas, no había pasado sofocón por el estilo, y el andar rápido de la muchacha le ponía á prueba. Pero antes mártir que confesor. No quería darse por vencido ante un poco de sol, y, como todos los enamorados, quería alardear de vigor y salud.

—Vaya, vaya—dijo con graciosa roncería su sobrina—que si yo le llevase allí (y señaló una cumbre no muy distante, que herida por el sol brillaba con resplandores micáceos), ya veríamos si podía volver por su pié.

—Niña... ¿pero tú te imaginas que nunca he escalado montes? ¡Caramba, hija! Y con la batería, que es un poco más peliagudo. ¿Cómo se llama esa altura?

—Pico-Medelo. Otro día iremos allá, ya que se hace de tan valiente, á ver quien saca la lengua primero; pero hay que salir por la fresquita de la mañana y entonces se ve desde allí una vista tan preciosa, que no sé : dicen que hasta se ve algo de Portugal. Es preciso que sea un día que sople vendaval, porque con él se ve más lejos que con el *nordés*. Y allí hay unas piedras viejísimas que dice que fueron de un castillo del tiempo...

La montañesa reflexionó, llamando en su ayuda todo su caudal de erudición.

—Del tiempo de los moros—exclamó al fin muy formal.

Viendo en el rostro de Gabriel una media sonrisa cariñosísima, añadió :

—¡Bah!-Me hace burla. Pues no le vuelvo á contar nada. ¡Cuidado ahí! ¡Que se puede resbalar en las hierbas, y pataplúm!

Seguían orillando el diminuto barranco, en cuyo fondo iba cautivo un riachuelo que después se tendía encharcándose, antes de llegar

al molino, invisible aún. La proximidad del agua
y la sombra de los olmos, en tal momento, hacían del barranco un oasis. Entapizaban la superficie de la charca esas plantas acuáticas,
esas menudísimas ovas que parecen lentejuelas
verdegay, y engañan la vista representando una
continuación del prado: Manuela avisó al artillero, cogiéndole del brazo, para que no metiese
la bota entera y verdadera en el río. Al borde
de la charca se arrastraban rojizas babosas y
limazas negras de una cuarta de largo: daba
grima pisarlas, por la resistencia elástica que
oponía su cuerpo. Espadañas, gladiolos y juncos elevaban sus lanzas airosas al borde del
agua. El terreno estaba empapado, y la suela de
la bota de Gabriel, al posarse en la hierba, dejaba un charco, borrado al punto. Oíase, misterioso y grave, el ruído del agua en la presa.
Manuela se volvió de pronto.

—¿Sabe pescar?—dijo á su tío.

—¡En qué aprieto me pones! Jamás he cogido
una caña, ni una red, ni...

—¡Qué lástima! Si Perucho viniese, esta noche de seguro que cenábamos una anguila tan
gorda como mi brazo (y ceñía la manga de su
traje para que se viese bien el grosor de la anguila). Las hay hermosas en la presa. Entre el
mismo barro las pescan con un pincho... Hay
que remangarse...

—Vea V.—pensaba para sí el artillero.—¿De
qué me sirven aquí filosofías ni matemáticas? M
convendría mucho, para conquistar á esta criatura, saber pescar anguilas.

Rota la cortina de olmos, apareció el estanque de la presa, del cual emergían los escobones de las poás y las flores rosas de la salvia: el agua se precipitaba espumante ; pero Manuela vió con sorpresa paradas las paletas del molino.

—Hoy no muele—dijo meneando la cabeza.— Ya me figuro por qué será ; pero venga, que preguntamos.

Desanduvo lo andado, y volviendo á meterse por entre los olmos, torció á la derecha por un maizal, y pararon ante una era mucho más chica que la de los Pazos, cerrada por humilde tapia. Un perro de amarillento pelaje, atado á una cuerda al pié del hórreo, saltó ladrando como una fiera y arrojándose á morder ; pero á la puerta de una casuca asomó una mujer anciana, y amansó al fiel vigilante con un—¡Quieto, can! —que en sus labios sonaba como regaño de persona cortés al criado que recibe mal una visita.

—Entren, entren, mi ama y la compañía—suplicaba obsequiosamente la vieja, riéndose con desdentada boca. Gabriel miró á la mujer y la encontró típica. Representaba unos sesenta años : el sol había curtido su piel, que en los sitios donde sobresalen los huesos tenía el bruñido y la lisura de la piel de los arneses cuando el uso la avellana. Sus ojos grises, incoloros, hacían un guiño entre malicioso y humilde; su pescuezo colgaba en pellejos negruzcos, confundiéndose su color y la sombra del arranque del pelo, única parte que descubría el pañuelo atado á la usanza campesina, con una punta

colgando sobre la espalda y dos cruzadas encima de la frente, á modo de orejas de liebre.
Llevaba pendientes de prehistórica forma, pa-
recidos á los que tal vez se encuentran en alguna sepultura; y el cruce de otro pañuelo sobre
su pecho dejaba adivinar senos flojos de hembra
cansada de criar numerosa prole. Remangadas
las mangas de la camisa, se ostentaba su brazo
—un poema de laboriosidad, un brazo en que las
finas venas azules, que al escotarse las damas
atraen la vista como el jaspeado de un rico mármol, eran gruesos troncos negruzcos, cuyas
raíces se destacaban en relieve sobre la carne
terrosa, parecida á barro groseramente cocido.
—El semblante de la vieja respiraba satisfacción y amabilidad, y guiaba á los visitadores
hacia su casa como si les fuese á hacer los honores de un palacio.

A la puerta estaba un rapazuelo como de dos
años, de esos que se ven jugar ante todas las
casucas de labrador gallego: cabeza grande,
pelo casi blanco de puro rubio, muy lacio y que
cae hasta la nariz, barriguilla hidrópica, fruto
de la alimentación vegetal, sayo que respinga
por delante, piés zambos, magníficos ojos negros que se clavan fascinados de terror en el
que llega, el índice metido en la boca y sus-
pensa la respiración. El rapaz lucía un sombrero de paja con cinta negra, en el estado más
lastimoso. La abuela, al entrar precediendo á
Manolita y Gabriel, le dió un pequeño *lapo*
para que se apartase, y en dialecto explicó, re-
pitiendo cada cosa cien veces y con las mismas

palabras, que los chiquillos eran unos demonios, que á éste y á su hermana los había tenido que encerrar en el sobrado para poder cocer
con sosiego, que hacía más de dos horas que
pedían *bola,* aun antes de estar amasada la harina y caliente el horno, y que si no le bastaba
haber cuidado tantos hijos, ahora le caían encima los nietos.

—Són los chiquillos del molinero—dijo Manolita, alzando al muñeco panzudo y besándolo
en la faz, sin asco del amasijo de tierra y algo
peor que le cubría nariz y boca.—Y... ¿por qué
no está hoy su hijo en el molino, señora Andrea?—preguntó á la vieja.

—¡Ay mi ama..., palomiña querida!—exclamó
lastimosamente ésta, levantando al cielo las
manos como para tomarlo por testigo de alguna
gran iniquidad.—¿Y no sabe que estos días, con
el cuento de la siega... de la maja... no sabe
cómo andan, paloma?

Al entrar en la casa, lo primero que vió Gabriel fueron las cabezas de dos hermosos bueyes de labor, que asomaban casi á flor de suelo,
saliendo de un establo excavado más hondo. A
un lado y otro, haces de hierba. A la izquierda,
la subida al sobrado, donde estaban las mejores
habitaciones de la casa : una escalera endiabla-
da y pina, por donde treparon todos, y tras
ellos, á gatas, el chicuelo. Arriba encontraron
á su hermanilla, morena de cuatro años, hosca,
ojinegra, redondita de facciones; cuando le alabaron su hermosura tío y sobrina, respondióles
la vieja con afable sonrisa:

—De hoy en un año andará por ahí con la cuerda de la vaca...

Gabriel sintió un estremecimiento humanitario. ¡Con la vaca, aquella criaturita poco más alta que un abanico cerrado, aquel ser lindo y frágil, aquellas mejillas que pedían besos; una cuerda gruesa, áspera, enrollada á aquella muñequita débil! En dos minutos, la incorregible fantasía le sugirió mil disparates, entre ellos adoptar á la niña; todo paró en echar mano al bolsillo para darle una moneda de plata; pero se había dejado en los Pazos el portamonedas, y sólo encontró el pañuelo. Este era de los más elegantes para viaje y campo, de finísimo fular blanco y las iniciales bordadas con seda negra. Se lo ató al cuello á la chiquilla, que bajaba los ojos asombrada y dudosa entre reir ó llorar.

—¿Cómo se dice? Se dice gracias, Dios se lo pague—gritó la abuela con mucha severidad; por lo cual la niña, volviendo la cabeza, optó por hacer un puchero de llanto. Vieron el sobrado en dos minutos: había el *leito* ó cajón matrimonial, y la cama de la vieja, un brazado de paja fresca sobre una tarima: desde que se le había muerto su *difuntiño,* no podía dormir sino allí, porque tenía miedo en el antiguo *leito.* Los chiquillos dormirían... sabe Dios dónde; abajo, al calor del establo de los bueyes, ó tal vez en el horno. Dos ó tres gatos cachorros correteaban por allí, magros, mohinos, atacados de esa neurosis que en el país les curan radicalmente cercenándoles de un hachazo la punta del rabo. Otro gatazo lucio y hermosísimo salió

á recibir á la gente que bajaba del sobrado: era
de los que llaman *malteses*, fondo blanco, manchas anaranjadas y negras, distribuidas con la,
graciosa simetría que embellece la piel del
tigre. Manuela se inquietó al ver al pequeñuelo
rubio descender solito por la escalera sin ba-
laustre: la abuela se encogió de hombros: ¡bah!,
á los chiquillos los guarda el diablo: ¿pues no
se había quedado un día colgado del primer es-
calón; sosteniéndose con las uñas y berreando,
hasta que lo fueron á coger? Esa clase de hierba nunca muere... Que pasasen, que verían su
bolla... Entraron en la cocina, que ocupaba á
la derecha tanto trecho como los establos y el
sobrado: recibía luz por la puerta de la división
de tablas, comunicada con el corredor, y una
poca más se colaba libremente por el techado
á teja vana; es verdad que también la ilumi-
naban los hilos de brasa de unos *tallos* ó troncos menudos que ardían en el hogar. Encendió
la vieja un fósforo, y enseñó orgullosamente un
magnífico pan, una soberbia torta de *brona*,
color de castaña madura, bien redonda, bien
cocida, bien combada hacia el medio, bien cruzada de rayas, formando un enrejado romboi-
dal. Alumbró después con su fósforo las profundidades del horno, cuya boca guarnecían ascuas
inflamadas, y allá en el fondo se vieron tres ó
cuatro torterones enormes, que acababan de
cocerse. En el hogar resonaba un coro de grillos, muy bien afinado; concierto misterioso
que, sin lastimar el oído, vencía la tristeza del
silencio. La vieja partió la torta, y alargó un

pedazo á Gabriel y otro á Manolita, rogándoles
que *no la despreciasen,* que probasen su po
breza. Hincaron el diente en el pan, de bonísi-
ma gana: al partirse el cortezón, descubria un·
masa amarilla, caliente y sabrosa, que Manue
la alabó mucho.

—Pero, señora Andrea, ¿qué le echa á la
brona? Por fuerza esta mujer es *meiga,* y tiene algún secreto... Si parece bizcocho de Vilamorta.

—¡Ay mi ama, paloma! Ni siquiera *mistura*
llevó, que se nos acabó el centeno y está el
nuevo por majar aún... Cuando lo haya, entonces me ha de venir á probar mi *bola*...

—Pues está mucho mejor hecha que la de
casa; vaya si está... ¿Le gusta, tío Gabriel?

—Riquísima... La mejor prueba es que he
despachado la mía ya... ¿Me das de la tuya?

—Tome, tome, señor—murmuró la paisana
ofreciendo otro trozo; pero al ver á la luz del
tósforo el rostro de Gabriel vuelto hacia su sobrina, implorando el pedazo que la niña mordía
aún, con la rápida intuición y la astuta sagaci-
dad de las gentes del campo, bajó lentamente el
brazo, y no insistió en el ofrecimiento. Cuando
salieron, llamó la atención de Gabriel, ense-
ñándole las puertas de su casa, todas carcomi-
das.

—Señor—dijo en tono quejumbroso—¿y no
le ha de decir al señor marqués ó al señor Angel que nos ponga unas puertas nuevas? Estamos
sin defensa, señor, sin defensa para el invierno... ¿Si entra gente mala y nos roba nues-

tra pobreza toda, señor?... Mi ama, ¿no lo ha de
decir en casa, por el alma de quien la parió, paloma?

—Calle, calle,—respondía Manuela;—que si
les hiciesen caso, estaría siempre el carpintero
amañándoles algo.

—Pero mire, santa, mire...—Y la vieja arrancaba con los dedos astillas del podrido maderamen para demostrar la justicia de su pretensión.
Los chiquillos, domesticados ya, venían á en-
redarse entre las piernas; Gabriel hubiese dado
dos duros por tener allí uno en pesetas, y re-
partirlas á aquella tropa.

—Os he de traer una cosa...—les dijo besán-
dolos con tanta resolución como su sobrina.—El
rapaz continuaba con su *pucho* encasquetado;
la abuela se lo derribó, advirtiéndole con la misma severidad de antes:

—¿No se dice *besustélamano?* ¿O cómo se
dice?—Y arrancando la cobertera de la cabeza
de su nieto, la mostró á Gabriel, metiendo los
cinco dedos por otros tantos agujeros fenome-
nales; podían creerla, era un sombrero nue-
vecito, comprado en la última feria de Cebre;
pero al enemigo del rapaz, ¿qué se le había ocurrido hacer? pues con la hoz de segar la hierba
lo había segado, perdonando Vds... y así estaba
ahora, que parecía un Antruejo. *(Antroido).*
Con esto, la buena de la vieja acompañó á las
visitas hasta el límite de su era, á fin de librar-
las del colmilludo mastín, y las despidió con un
¡vayan muy dichosos! que ahogaron los ladridos del vigilante.

—¿Qué tal? ¿se divirtió?—preguntó Manuela
muy risueña, al salir.

—No sabes cuánto, hija. No doy lo que acabo
de ver por las más pintadas distracciones que
puede ofrecer un pueblo. Chiquilla, no sólo me
divierte, sino que me interesa... pero no sabes
cómo. ¿No te parece á ti que daría gusto ir entrando así en todas las casas de estas pobres
gentes, una por una, y enterarse de lo que necesitan, de lo que quieren, de lo que piensan?...

—¡Ay! son tantas cosas las que necesitan...
A mí y á Perucho nos rompen siempre los oídos
pidiendo... Que una *chaminé,* porque los mata
el humo; que rebaja del arriendo, porque la cosecha fué mala; que perdón de la renta de cas-
tañas, porque no se cogieron... El diablo y su
madre. Si uno pudiera... Pero mi padre y Angel
no hacen caso maldito... Son muy pedigüeños;
lo que es eso es la pura verdad. Yo... dar... les
doy lo que tengo; toda mi ropa vieja... pero es
poquita.

Gabriel Pardo, olvidando ideas humanitarias
y fantasías sociológicas, sintió, al oir estas frases que dijo Manolita con acento alegre é indiferente, ternísima compasión por su sobrina; y
la miró de tal manera, que la montañesa volvió
el rostro y cogió una rama de espliego que formaba el seto del huerto de la señora Andrea.
Gabriel se alegró de la turbación de la niña. Le
parecía imposible haberla amansado tanto en
tan corto tiempo; indiferente del todo hacía pocas horas en la era, áspera por la mañana, se
había ablandado, conversaba familiar é íntima-

mente con él, se pasaba el día acompañándolo,
sin dar muestras de cansancio ni de fastidio;
más aún: sentía involuntariamente el poder de
aquel afecto nuevo, no se enojaba por miradas
claras y expresivas, ni por palabras ó movimientos afectuosos: era, en suma, una cera
virgen, y Gabriel presentía enajenado los deliciosos relieves que un hombre como él sabría
imprimirle. Resolvió no espantar á la cierva,
no insinuarse más por no perder las consegui-
das ventajas; seguir aprovechándolas, haciéndose simpático, adquiriendo cierto ascendiente
sobre Manuela, y aguardar un momento favorable.

Bajaron hacia el fondo del valle, donde debía
de estar terminándose la faena de la siega. De
repente recordó algo el artillero:

—Tengo que ver al señor cura... ¿Me llevas
allá?

—Bien... justamente, estamos cerquita de la
iglesia y de la casa.

XVIII

LA rectoral de Ulloa, en poder de su actual
párroco, era la mansión más apacible y sosegada. El cura vivía con un criado, y no pisaba los aposentos otro pié femenino sino el de
las mozuelas que en Pascua florida venían

13 ·

á traer las acostumbradas cestas de huevos,
los quesos y los pollos—en cantidad bien escasa, pues el señor abad no exigía, y los labriegos
se aprovechaban, conrentándole con poco y
malo.

El criado era uno de esos fámulos de eclesiásticos que sólo pueden compararse con los asis-
tentes de militares, porque además de su leal-
tad canina, son seres universales y andróginos,
que reunen todas las buenas cualidades del
varón y de la hembra. El del cura de Ulloa
podía servir de modelo. Lo poseía por herencia
de otro cura del arciprestazgo, á quien Goros
—que así se llamaba el sirviente—había cuidado y asistido hasta el último instante en una
eniermedad larga y cruel, con tanto esmero
como la enfermera más solícita. Al encontrar
á Goros, el cura de Ulloa resolvió el problema
que él juzgaba tan arduo: arreglar la vida
práctica, sin admitir en casa mujeres. Goros
tenia cuidado de levantarse por la mañana muy
temprano, y de despertar á su amo, pues según
decia él en dialecto, demostrando su pericia en
asuntos de la vida eclesiástica, *el clérigo y el
zorro, si pierden la mañana, lo pierden todo;*
y cuando el párroco volvía de misar, le aguardaba ya un chocolate hecho al modo conven-
tual, con una onza de cacao mitad caracas y
mitad guayaquil, macho y sin espuma, confortativo como él solo. Mientras su amo rezaba,
leía ó asentaba alguna partida en el registro
parroquial, Goros se dedicaba á guisar la comida, no sin haber entregado á mediodía la

llave de la iglesia al sacristán, para que tocase
á las Ave-Marías. A la una, contada por el sol,
único reloj de que se servía Goros para averi-
guar la hora que estaba *al caer,* llamaba á su
amo y le servía con diligencia la apetitosa aunque frugal refacción: la taza de caldo de patatas ó verdura con jamón, tocino y alubias de
cosecha, el cocido con cerdo y garbanzos, el
estofado de carne con cebollas, la fruta en el
verano, el queso en invierno, el vinillo clarete,
con olor á silvestre viola. El cura comía parca-
mente, distraído, pero así y todo, Goros notaba
sus inconscientes golosinas, sus instintivas pre-
ferencias, y no se olvidaba jamás de acercarle
la tartera cuando el guisote le había agradado,
ni de dorarle la sopa de pan, porque sabía que
le gustaba así. Por la tarde, cuando el cura
dormía su breve siesta ó recorría el huerto con
las manos á la espalda embelesándose en notar
lo que había crecido desde el año pasado un
arbusto, ó se iba á visitar algún feligrés enfermo ó á cuidar del ornato de la iglesia y el cementerio, lidiaba el bueno de Goros con la hortaliza, cavaba las patatas, plantaba coles, enviaba al pasto con un zagal de pocos años el
ganado vacuno y la yegua, y luego bajaba al
río, y con sus propias manos, cual otra Nausi-
caa, lavaba toda la ropa blanca, que lo hacía
primorosamente, así como plancharla y esti-
rarla, sirviéndose de una de esas planchas antiguas, en forma de corazón, que ya no se ven
sino arrumbadas en los desvanes. No eran estas
las únicas habilidades femeniles de Goros. Ha-

bía que verle por las noches, á la luz de una
candileja de petróleo, provisto de un dedal per—
forado por arriba y abajo, de los que usan las-
labradoras, bizcando del esfuerzo que hacía,
para concentrar el rayo visual y enhebrar una
aguja, apretando entre las rudas yemas de sus
dedos el hilo que antes había retorcido y hume-
decido para aguzarlo; y cumplida la ardua faena de enhebrar, y encerando 'la hebra con un
cabo de cera; dedicarse á pegar botones á los-
calzoncillos, echar remiendos á las camisas,
poner, bolsillos nuevos á los pantaolnes y aun
zurcir las punteras de los calcetines del cura;
todo lo cual no iría curioso, pero sí muy firme,
como los cosidos del diablo. ¿Que más? En las
largas veladas de invierno, junto á la lumbre-
de sarmientos que chisporroteaba, acurrucado
en el banco, Goros, con sus manos cansadas de-
labrar la tierra todo el día, aquellas manos pe-
ludas por el dorso, callosas por la palma y los
pulpejos, zarandeaba cuatro agujones de hacer
calceta, y á eso se debían las buenas medias de-
lana gorda con que abrigaba piés y pantorrillas-
el señor cura.

Si por hogar se entiende, no la asociación de-
seres humanos unidos por los lazos de la sangre ó para la propagación y conservación de la
especie, sino el techo bajo el cual viven en paz-
y en gracia de Dios y con cierta afectuosa co-
municación de intereses y servicios, el cura de
Ulloa había reconstruido con Goros el hogar
que perdiera al fallecer su madre. Y en cierto-
modo, hasta donde puede aplicarse la frase á

dos individuos del mismo sexo, Goros y él se
completaban. El criado era para el cura, para
el místico que apenas sentaba en la vida práctica la suela del zapato, quien le impedía des-
mayarse de necesidad ó perecer transido de
frio en invierno. Por Goros tenía tejas en el
tejado, leña que quemar en la leñera, huevos
frescos para cenar y buen chocolate para el
desayuno; por Goros cubría sus carnes con
ropa limpia y de abrigo; por Goros le quedaban unos reales para traer de Cebre candela,
lienzo, aceite, sal, fósforos y loza; por Goros
no faltaba nada en aquella rectoral de aldea,
humilde como la que más, y como ninguna
aseada y abastecida de lo indispensable.

Cuando Goros entró á servir al cura, hacía
dos años que éste había perdido á su madre y
despabilado las economías de la difunta entre
caridades, préstamos sin interés á feligreses
pobres, ropa para la iglesia, ornato del cementerio, y otros gastos superfluos. En el gobierno
de la casa se habían sucedido dos viejas brujas,
á cual más holgazana, ávida é impudente; porque el cura de Ulloa, al tomarlas, no les exigió
más requisito que pasar de los sesenta y estar
hechas unas láminas por lo arrugadas y horro-
rosas. En ese terreno el abad era intransigente,
y sentía que no bastaba ser bueno, que era
preciso también parecerlo, y que, añadía suspirando, aun con las mejores intenciones se da á
veces pasto á la calumnia. Las dos Parcas de-
jaron la rectoral desmantelada, y Goros tropezó con dificultades inmensas al principio de su

misión restauradora. El cura casi no le daba un
ochavo para sus gobiernos, y el fámulo no sabía á qué santo encomendarse. Poco á poco fué
tomando confianza con su amo, y aun adquiriendo cierto imperio sobre él : y entonces siguió la pista al dinero del cura, á las dádivas
impremeditadas, á los feligreses morosos en el
pago de derechos, á los préstamos sin interés,
al chorrear continuo de limosnitas pequeñas
que absorbían lo mejor de la paga, sin que literalmente quedase en el presbiterio con qué
arrimar el puchero á la lumbre. Y sin que el
cura lo notase, ni pudiese evitarlo, Goros empezó á luchar por la existencia, defendiendo al
pastor contra las ovejas que amenazaban tra-
gárselo, como la tierra caída de la montaña iba
tragándose la pobre iglesia de Ulloa. Goros se
hizo recaudador, y á veces, con el instinto de
rapacidad que caracteriza al aldeano, exactor
y usurero. Reclamó y cobró algunas cantidades
prestadas, é introdujo severo orden en los gastos, equilibrándolos con los ingresos. Llegó el
momento en que el cura, por no pensar en la
moneda, entregó al criado la llave de la cómoda, diciéndole :—Mira si hay cuartos... dime si
tenemos para esto ó para lo otro.—Cabalmente
era lo que Goros deseaba. Hecho intendente ya,
equilibró el presupuesto, realizando varias
combinaciones que traía entre ceja y ceja desde
su llegada á casa del cura. El primer dinero
que pudo ahorrar, lo empleó en ganado, que dió
á parcería; fué en persona á las ferias, hizo
tratos ventajosos, y trajo á la casa del cura un

bienestar modesto. Así se estableció el debido equilibrio entre las potestades, dándose á Dios lo que es de Dios, y al César lo que es del César; el cura era el espíritu, Goros vino á hacer el oficio del cuerpo, de la realidad sensible, factor del cual no es posible prescindir acá abajo; y para que la similitud fuese completa, cuerpo y espíritu andaban siempre pleiteando, queriéndose llevar cada uno la mejor parte, pues el cura no hacía sino sonsacarle á su criado metálico y especies para satisfacer, como decía Goros, el vicio de dar á todo Dios que llegaba por la puerta, y Goros por su parte no recelaba mentirle al cura y ocultarle dinero á fin de que no lo derrochase sin ton ni son.

Cuando no estaba su amo presente, Goros soltaba la rienda á dos inclinaciones invencibles suyas: decir irreverencias, y murmurar de los curas y las amas. Cuantas chanzonetas agudas ó sátiras desolladoras ha creado la musa popular y la irrespetuosa imaginación de los labriegos contra las compañeras del celibato eclesiástico; cuantas anécdotas saladas, coplas verdes, chascarrillos que levantan ampolla y dicharachos que arden en un candil, corren y se repiten en molinos, *fiadas* y deshojas, al amor de la lumbre, por este pueblo gallego que posee el instinto de la sátira obscena y del contraste humorístico entre las profesiones consagradas al ideal y las caídas y extravíos de la naturaleza, todas las sabía Goros de memoria, y apenas se reunía con gentes de su misma laya, bien en el atrio de una iglesia, á la salida

de misa, bien á la mesa de una taberna, en las
ferias donde chalaneaba y negociaba sus gana-
dos, bien á lo largo de las *corredoiras,* cuando
regresan juntos cuatro compadres semichispos,
tan dispuestos á alumbrarse un garrotazo como
á reirse mutuamente las gracias, vaciaba el
saco y daba gusto á la lengua, y soltaba todo
su repertorio de irreverencias y verdores', todas las coplas sobre el clérigo y el ama, saliendo de aquella boca sapos y culebras, como de la
de los energúmenos al alzarse la hostia.

¿Quién será capaz de resolver si en el alma
de Goros sería aquello chispa de la santa indignación que inflamó á tantos Padres de la Iglesia
contra las mujeres que hacen prevaricar á los
ordénados y contra el sexo femenino en general? Porque Goros, aparte de semejantes des-
ahogos verbales, era en su conducta el mejor
cristiano del mundo; cristiano viejo rancio, con
aquella piedad desahogada y sólida, que ya no
se encuentra en el pueblo. No perdía la misa
un solo día féstivo; confesábase dos ó tres veces al año; sus costumbres eran morigeradas;
no fumaba, no bebía, no comía con gula; pecaba sí de lenguaraz y aun de propenso á la codicia y á la tacañería; pero hombre de bien á carta
cabal é incapaz de robar una hilacha á su amo.
Y en cuanto á su continencia, más que virtud,
semejaba manía de misógino; todo el mal que
no hacía, se daba á suponerlo en los demás,
siempre echando la culpa á las hembras; y no
sólo las huia por cuenta propia, sino que no
serviría por todos los tesoros del mundo á un

cura mujeriego. El exterior de Goros tenía algo
de extraño, muy en armonía con todas estas
prendas de carácter; recordaba el de un puerco
espín, y las cerdas del erizadísimo cabello, la
barba recia, descañonada á un dedo de la piel,
pues Goros andaba mal afeitado, según la usanza de los eclesiásticos, contribuían á la semejanza.

En presencia de su amo, los labios de Goros
eran más limpios que si los hubiese purificado
el ascua encendida del profeta; bien se guarda-
ría de soltar la menor de sus desvergüenzas
y pullas. Y no influía en este modo de proceder
el miedo á ser reprendido ó despedido, sino un
respeto misterioso que le infundía el rostro del
cura de Ulloa; le cortaba—decía él—la palabra
en la boca. Era un rostro mortificado, de esos
que se ven en pinturas viejas, donde la sangre
ha desaparecido y la carne se ha fundido, ahon-
dándose las concavidades todas, yéndose los
ojos, al parecer, en busca del cerebro y sumién-
dose la boca, que remata en dos líneas severas, jamás modificadas por la sonrisa. Goros
abrigaba la convicción de que su amo era un
santo y á ratos un simple. Algunos hábitos y
prácticas del cura le infundían temor vago,
porque Goros era supersticioso y, á pesar de
sus irreverentes bravatas, tenía miedo cerval
á los muertos y á los aparecidos. ¡Qué manía
la del señor abad de pasarse horas y horas en
el cementerio y volver de allí con los ojos más
hundidos y la boca más contraída que nunca!

Al salir el abad para su misa solían pasar en-

tre amo y criado diálogos por el estilo del siguiente:

—Señor, ¿y ha de volver pronto para el chocolate?—preguntaba Goros, partiendo astillas
de leña menuda contra el hueso de la tibia de--
recha (es de advertir que el fámulo tenía carne
de perro).—¿Parará mucho en el camposanto
hoy?

Un levísimo matiz sonrosado aparecía en los
desecados pómulos del cura, que contestaba,
haciéndose el distraído:

—Tú prepara el chocolate... y si se enfría...
lo arrimas un poquito á la lumbre...

—Se echará de *pierda*— contestaba Goros,
que solía tratar con notable desenfado á la lengua castellana.

—No, hombre... siempre está bueno á cualquier hora.

No se·atrevía el criado á porfiar. Aquella
suavidad y mansedumbre le imponían silencio
y obediencia mejor que ningún regaño. Batía
su chocolate con resignación y aguardaba.

También por las tardes solía el cura entretenerse más de la cuenta en el dichoso cementerio, y Goros, después de la puesta del sol, no
dejaba de recelar que le sucediese algo; no sabía explicar qué, pues ningún riesgo concreto
había en el breve camino de la iglesia á la rectoral. La inquietud le obligaba á situarse de
centinela junto á la puerta del huerto, por donde solía entrar su amo. Allí se lo encontraron
las dos visitas inesperadas que fueron á turbar
el sosiego de la vida ascética del abad de Ulloa.

La montañesa y su tío pusieron el pié en el huerto del cura cuando ya el sol declinaba. Una gran melancolía inundaba el huerto, cuya puerta abrió Goros de par en par, deshaciéndose en muestras de cortesía, debidas á la presencia de Gabriel, pues á Manolita no era novedad verla por allí de tarde en tarde, y se la recibía como niña á quien el cura había tenido mil veces en brazos de chiquita; pero las trazas del comandante impusieron respeto al tosco fámulo.

—De contadito llega el señor *abade*...—murmuraba éste.—Entren, pasen, siéntense... ¿Ven? Ya viene por allá...

Sobre la zona encendida del Poniente, en el camino hondo, vieron tío y sobrina moverse y aproximarse una figura negra, y conforme se aproximaba distinguía Gabriel sus contornos angulosos, acusados por la raída sotanuela, y su cabeza pálida, exangüe, en que dibujaban dos agujeros de sombra las concavidades de los ojos.

—¡Don Julián, Don Julián!—gritó Manuela.

El cura apretó el paso, y al tenerlo cerca Gabriel reparó atónito en el carácter de su fisonomía, en el rostro demacrado, tan semejante á esas caras de frailes penitentes que surgen de un fondo de betún sobre las paredes de refectorios y sacristías antiguas; en los ojos cavos, de párpado delgadísimo, que dejaba transparentar el globo de la órbita; en el pliegue de la boca, semejante á un candado que cerrase las puertas del alma. No parecía muy viejo el cura de Ulloa; pero se veía en él la anulación del cuerpo. En aquella espléndida tarde de verano, impregnada de calor, de vida, de fecundidad y regocijo, Gabriel sintió al ver al abad repentino frio en la espalda, y el recuerdo de su hermana muerta cayó sobre él como el velo negro sobre la cabeza del sentenciado.

Adelantóse, no obstante, y con el mayor respeto tomó la mano del abad y aplicó á ella los labios. De puro sorprendido, no retiró la diestra Julián; pero á sus macerados pómulos afluyó un poco de sangre... y balbuceó, clavando los ojos en tierra:

—Señor... señor...

—Para servir á V., Gabriel Pardo de la Lage, el hermano de Marcelina...

La ola de sangre subió á la frente del cura, bajó á las orejas, al cogote y pescuezo; un temblor agitó la cabeza y la mano que el artillero no había soltado aún. De repente, el cura se echó hacia atrás, desprendió la mano y la llevó á la frente, al mismo tiempo que se apoyaba en la tapia del huerto. Ya se acercaba el artillero para sostenerle; pero recobrando su continente absorto y como fantasmagórico, al cual contribuían los ojos, siempre bajos, el abad murmuró:

—Por muchos años... Servidor de V... Sea V. muy bien venido... Pase, suba; en la sala estará más cómodo que aquí.

—¿Yo no soy nadie, Don Julián?—preguntó Manuela, ofendida de que el cura no hubiese contestado á su saludo.

—¿Qué tal, Manolita?—exclamó Julián, y al-

zando los ojos miró á la niña con indulgencia,
aunque sin calor. Pero fué obra de un minuto.
La cortina de los párpados volvió á caer, y el
cura echó á andar, señalando á sus visitas el
camino de la sala. Gabriel protestó: prefería
quedarse en el huerto; y se sentaron en un banco de piedra, frente á unas coles. La conversación languidecía. El cura preguntaba acerca del
viaje y del vuelco, y después de oída la respuesta, transcurría un minuto de silencio. No sabía
el artillero qué decir; todo cuanto hablaba, y
hasta el sonido de su voz, le parecía extraño y
fuera de sazón, y sentía ese recelo, esa cautela
y esa especie de sordina en el acento, en los
movimientos y hasta en la mirada que procuran
adoptar los profanos ante los místicos. ¡Extraña
sensación! Nada de cuanto diga yo—pensaba
Gabriel—puede interesar á este santo: estamos
en dos mundos diferentes: á él le parece raro
mi lenguaje, y no me entiende, y lo que es
yo tampoco le entiendo á él. ¡Un creyente á
puño cerrado!—Y miraba con atención el rostro ascético y los ojos bajos.—Un hombre que
tiene fe... ¿Qué le importa lo que á mí me pre-
ocupa? ¿Cómo haré para marcharme pronto sin
que parezca descortesía?

Su sobrina le dió el pretexto. Era tarde; había
que estar en los Pazos para la cena. Y se despi-
dieron, siempre con la misma amabilidad triste y forzada por parte del abad, y el mismo inexplicable recelo por la de Gabriel. Caminaron
en silencio al salir de la rectoral; parecía que
algo les pesaba sobre el corazón. Al acercarse

á los Pazos, oyeron el alegre vocerío de sega-
dores y segadoras, y Gabriel, divisando á su
cuñado, que presidía la faena, tomó hacia el
campo donde segaban. Sobre el fondo obscuro
de la tierra vió blanquear las camisas y sayas,
las fajas rojas y los pañuelos azules de labriegos
y labriegas; contra un matorral descansaba un
jarro de barro, y la cuadrilla, entonando su
inevitable "¡ay... lé lé!„ se daba prisa á atar
los haces, sirviéndose de las rodillas para apre-
tar las mies. El olor embriagador de los tallos
cortados embalsamaba el aire, y el artillero sintió una ráfaga de alegría, y contempló embelesado el cuadro.

Mientras tanto, Manolita, andando despacio y
pensativa, tomaba el sendero que conducía á
la linde del bosque. Parecía, por su frecuente
volver la cabeza hacia todos lados, como si bus-
case ó aguardase impaciente alguna cosa. Atra-
vesó el soto; una neblina ligera, producida por
el gran calor de todo el día, se alzaba del suelo,
y los dardos de oro del sol no atravesaban ya el
follaje. Al salir de la espesura, un hombre se
irguió de repente ante la montañesa. El chillido
que acudía á la garganta de Manuela se convirtió en risa alegre, conociendo á Perucho; mas
la risa se apagó al ver la cara demudada del
muchacho, sus ojos que despedían fuego, su actitud de dolor sombrío. Manuela le miró ansiosa, y el mancebo, después de considerarla fijamente algunos segundos, le volvió la espalda
encogiéndose de hombros. La niña sintió en el
corazón dolor agudo.

—¡Pedro!—gritó. Muy rara vez le había llamado así.

El se alejaba despacio. De repente dió la vuelta, y corriendo, tomó en sus brazos á la montañesa, la alzó del suelo con ímpetu sobrehumano, y la estrujó contra su cuerpo, oprimiéndole las costillas é interceptándole la respiración. Y pegando la boca á su oreja, tartamudeó:

—Mañana sales conmigo; conmigo nada más.

La niña jadeaba con dulcísima fatiga, y la voz de Perucho, sonando en el hueco de su oído, le parecía sorda y atronadora, como el ruído del Avieiro al saltar en las rocas. Un frío sutil corría por sus venas, y una felicidad sin nombre ni medida la agobiaba. Con la cabeza dijo *que sí.*

—¿Conmigo? ¿Todo el día? ¿Me das palabra?

—Sí—balbuceó ella, incapaz de articular otra frase.

—Pues á las seis sales por el corral. Allí estoy yo esperando. ¡Adiós!

Perdiendo casi el sentido, Manuela notó que de nuevo la estrechaban, y luego la dejaban suavemente en tierra. Abrió los ojos, á tiempo que Perucho corría ya en dirección de los Pazos.

XIX

S E vistió la montañesa su ropa de diario, falda
y chaqueta de lanilla á cuadros blancos y negros; y apenas había tenido tiempo más que
para frotarse apresuradamente el rostro con la
toalla y atusarse el pelo ante un espejo todo
estrellado por la alteración del azogue, cuando,
oyendo dar las seis en el asmático reloj del comedor, salió de su cuarto andando de puntillas
y bajó la escalera que comunicaba con la cocina, en aquel momento solitaria. Deslizóse por
el corredor de las bodegas, que conducía á las
elegantes habitaciones de la familia del *Gallo;*
y apenas dió tres pasos por él, una mano mus-
culosa, aunque llena y juvenil, asió la suya,
y se sintió arrastrada, en medio de la obscuridad, hacia la puerta. Salieron de los Pazos, y,
con deleite inexplicable, bebieron juntos la primer onda de fresco matutino.

Aunque el sol calentaba ya, aún se veía, sobre el azul turquesa del cielo, al parecer lavado
y reavivado por el copioso *orvallo* nocturno, la
faz casi borrada de la luna, semejante á la hue-
lla que sobre una superficie de cristal azul deja
un dedo impregnado de polvillo de plata.

Sin decir palabra, asidos de la mano, caminando unidos, con andar ajustado y rápido, si-

guieron la linde de los trigos segados ya, humedeciéndose los piés al hollar la hierba y el tapiz
de manzanillas todas empapadas de helado rocío, próximo á convertirse en escarcha. Cosa
de un cuarto de hora andarían así, ascendiendo
hacia la falda del monte, donde empezaban á
escalonarse los paredones para el cultivo de las
vides; y Perucho, en vez de aflojar el paso, lo
apretaba más. A pesar de su ligereza de cabrita
montés, Manuela mostró querer detenerse un
instante.

—Anda, mujer; anda—dijo él imperiosa-
mente.

—Hombre, ya ando... pero déjame tomar
aliento. ¿Qué discurso es este de ir como locos?

—Es que no quiero que se despierten tu padre
y el forastero, y te echen menos, y te envíen á
buscar.

—¡El forastero! A tales horas dormirá como
un santo. Buenos son esos señores del pueblo
para madrugar. No sé cómo no crían lana en el
cuerpo.

—Bien, bien... yo me entiendo y bailo solo.
Desviémonos de casa lo más que podamos, y
ya descansaremos después.

Al salir de la breve zona fértil y risueña del
valle, empezaba el paisaje á hacerse melancólico y abrupto. Abajo quedaban los maizales,
los centenos y trigales á medio segar, los Pazos
con su gran huerto, su vasto soto, sus terrenos
de labradío, sus praderías; y el sendero, esca-
broso, interrumpido muchas veces por peñas-
cales, caracoleaba entre viñedos colgados, por

14

decirlo así, en el declive de la montaña. En otras
ocasiones, al trepar por aquel sendero, la pareja
se entretenía de mil modos: ya picando las moras maduras; ya tirando de los pámpanos de la
vid, por gusto de probar su elástica resistencia
y de descubrir entre el pomposo follaje el racimo de agraz en el cual empieza á asomar el ligero tono carminoso, parecido al rosado de una
mejilla; ya bombardeando á pedradas los matorrales para espantar á los estorninos; ya re-
buscando unas fresas chiquitas, purpúreas, fra-
gantes, que se dan entre las viñas y son cono-
cidas en el país por *amores*. Hoy, con la prisa
que llevaba Perucho, no les tentaba la golosina.
El mancebo subía por la recia cuesta con el
sombrero echado atrás, la frente sudorosa, el
rostro hecho una brasa (pues el sol se desem-
bozaba y picaba de firme), y sosteniendo á Manuela por la cintura, ó, mejor dicho, empuján-
dola para que anduviese más veloz. Al llegar á
lo alto, cerca ya de la casa de la Sabia, la niña
se detuvo.

—¿Qué te pasa?

—No puedo más... ahogo... ¡Rabio de sed!

—¿Sed? Allá arriba beberemos, en el arroyo.

—Tú por fuerza chocheaste. ¿A dónde seña-
las? ¿Al Pico-Medelo? ¿A los Castros?

—Pues vaya una cosa para asustarse. Ya tenemos ido más lejos.

—Si no bebo pronto, rabio como un can. No
ves que con la prisa salí de casa en ayunas...

—Bueno, pues á ver si la señora María nos da

una *cunca* de leche. Pero despáchala luego,
¿estás? No te entretengas en conversación.

Ligera otra vez como una corza, á la idea de
beber y refrescarse, cruzó Manuela bajo el emparrado, y empujó la cancilla de la puerta de la
Sabia. La horrible vieja ya había dejado su ca-
mastro; pero sin duda por acabar de levantarse,
ó á causa del calor, estaba sin pañuelo ni justi-
llo, en camisa, con sólo un refajo de burdo picote,
ribeteado de rojo : los copos de sus greñas abo-
rrascadas le cubrían en parte el negro pescuezo, sin ocultar la monstruosa papera.—¡Leche!
Dios la dé,—contestó la sibila mirando de reojo
á los dos muchachos. Todas las vacas enfermas;
una recién operada, ya sabían los señoritos; ni
tanto así de hierba con que mantenerlas; la fuente sequita y el prado que daba ganas de llorar...
¡Leche! Que le pidiesen oro, que le pidiesen
plata fina; pero leche... Y ya Manuela, desalenta-
da por las exageraciones de la bruja, iba á conformarse con un poco de agua y suero, que la he-
chicera aseguraba ser regalo de un yerno suyo.
Pero Perucho le arrancó de las manos el cuenco de barro lleno de aquella insípida mixtura.

—Pareces tonta... ¿Que no hay leche? Vamos
á ver ahora mismo si la hay ó no la hay.

Vertió el líquido que llenaba el cuenco, y se
metió por el establo, medio atropellando á la
vieja que se le atravesaba delante. ¡No haber
leche! ¡No haber leche para él, para el nieto de
Primitivo Suárez, para el hijo de Saoel, la que
había estado más de diez años haciendo el caldo
gordo y enriqueciendo á aquel atajo de pillos de

casa de la Sabia! Hasta piezas de loza estaba
viendo en el vasar, que conocía porque en algún
tiempo guarnecieron la cocina de los Pazos...
¡Tenía gracia, hombre, no haber leche! ¡Con_
denada bruja! Perucho se sentía animado de esa
cólera que nos inflama, cuando llegamos á la
edad adulta, contra las personas que hemos tenido que soportar, siéndonos muy antipáticas,
en nuestra niñez Determinado iba, si las vacas
no tenían leche, á sangrarlas. Encendió un fósforo y alumbró las profundidades de la cueva:
lo primero con que tropezaron sus ojos, fué con
unas ubres turgentes, unos pezones sonrosa-
dos, lubrificados por la linfa que rezumaba de
la odre demasiado repleta. Arrimó el cuenco,
echó mano... calentó con dos ó tres fricciones y
golpecitos... ¡Santo Dios! ¡Qué chorro grueso,
perfumado, mantecoso! ¡Qué bien soltaba la
blanda teta su río de néctar, y qué calientes gotas salpicaban los párpados y labios de Perucho
al ordeñar! ¡Qué espuma cándida la que se formaba en la cima del cuenco, rebosando en burbujas, que, al evaporarse, dejaban un arabesco,
una blanca orla de randas sobre el barro! Loco
de gozo, Perucho acarició el grueso cuello de
la vaca, salió con su tazón lleno, y se lo metió
á Manuela en la boca.

—¿Que no había leche, eh, señora María de
los demonios?—gritó.—¿Que no había leche?
Para mí lo hay todo, ¿me entiende V.? ¡Caracoles! ¡Como vuelva á mentir! ¡Por embustera le
ha de dar el enemigo muchos tizonazos allá en
sus calderas!

Manuela, retozándole la risa, bebía aquella
gloria de leche, aquella sangre blanca, que traía
en su temperatura la vida del animal, el calor
orgánico á ningún otro comparable... Perucho
la miraba beber con orgullo y ufanía, satisfecho
de sí mismo, mientras la vieja, dejándose caer
sobre el *tallo*, fijaba en la niña una mirada si-
niestra al través de sus cejas hirsutas : beberle
la leche de su vaca era como chuparle á ella, por
la sangría, el propio licor de sus venas.

—Aún parece que nos la está echando en cara,
¿eh, Sabia?

—Que les aproveche bien — murmuró entre
dientes la sibila, con el mismo tono con que diría:—rejalgar se te vuelva.

—Vaya, pues ya que nos convida tan atenta
y de tan buen corazón, aguarde, aguarde.—Y
Perucho, llegándose al armario misterioso de la
bruja, abriólo de par en par, y de entre cucuru-
chos de papel de estraza, frascos harto sospe-
chosos, cabos de cera y naipes que ya tenían encima más de su peso de mugre, tomó un tanque
de hojalata, entró de nuevo en el establo, y salió
á poco rato con el tanque colmado de leche. Manuela podía beberse otra *cunca*, y á él también
era justo que, por el trabajo de ordeñar, le tocase algo. Fué un golpe mortal para la hechi-
cera. Al pronto se arrimó á la puerta con los
brazos alzados al cielo, gimiendo y rogando al
señorito que por Dios, *por quien tenía en el
otro mundo*, no le secase la *vaquiña*, que de
esta hecha se le moría, y el *cucho* también; y
como Perucho respondiese con la más mofado

'ra carcajada, se contó perdida ya, y se dejó caer en su asiento favorito, hecho de un frag- mento de tronco de roble, volviendo la espalda por no ver desaparecer el contenido del tan- que. La niña montañesa hizo dos ó tres remil- gos antes de reincidir; pero así que llegó el cuenco á los labios, con indecible y goloso de- leité lo apuró enterito, y aun se relamió al verle el fondo. Perucho dió fin al tanque, que llevaría tal vez cuenco y medio; y acercándose á la bru- ja, la descargó una palmada en el hombro.

—Vaya, señora María, abur... Tan amigos, ¿eh? No hay que enfadarse... Más que le bebi- mos ahora de leche tiene V. bebido de vino en la cocina de los Pazos... ¿Ya se le fué de la me- moria? Y si me llevo este pedazo de brona—y enseñaba un zoquete que había sacado de la ar- tesa—bastantes ferrados de maíz se ha comido V. allá á cuenta del padrino... ¡Conservarse!...

Salieron rápidamente, sin oir algo amenaza- dor que rezongaba entre dientes la infernal bru- ja, ocupada sin duda en echarles cuantas mal- diciones, plagas, conjuros y *paulinas* contenía su repertorio. A pocos pasos de la casa rompie- ron á reir mirándose.

—¿Eh? ¿Qué tal sabía la leche?

—Sabía á poco.

—¡Mujer! Dijéraslo, y te ordeño la otra vaca. La grandísima tal y cual de la vieja tiene dos paridas, con leche así, que les revienta por la teta, y nos quería dejar rabiar de sed.

—No, bien bastó lo que hiciste... Nos queda echando plagas. Hoy nos maldice todo el santo día. ¿Será cierto eso de que estas mujeres hacen mal de ojo cuando les da la gana? ¿Y de que maldicen á la gente y la gente se muere pronto?

—¡Mal de ojo! ¡Morirse!—y el estudiante se rió.—No, tontiña... Esas son mamarrachadas; bueno que las crea mi madre; pero, ¿quién da crédito á tal cosa?

—Pues á mí poca gracia me hace que me maldiga un espantajo así. De seguro que esta noche sueño con ella. ¡Qué horrorosa está con el bocio! ¿De qué se cogerán estos bocios, tú, Perucho?

—Dice que de beber el agua que corre á la sombra del nogal ó de la higuera.

—¡Ay! Dios me libre de catarla enjamás.

Caminaban charlando, con tanta alegría como los mirlos, gorriones, jilgueros, pardillos y demás aves, no muy pintadas pero asaz parleras, que en setos, viñedos y árboles cantaban sus trovas á la radiante mañana. La leche bebida parecía habérseles subido á la cabeza, según iban de alborotados y regocijados, y el cuerpo un poco magro de Manuela competía en agilidad con el robusto y bien modelado de Perucho. Echaban paso largo por las veredas anchas y practicables; y por las trochas difíciles, subían corriendo, disputándose la prez de llegar más pronto á la meta señalada de antemano: un árbol, una piedra, un otero. De cuando en cuando se volvía Perucho y miraba hacia atrás.

—Ya no se ven los Pazos—exclamaba con satisfacción, como si perder de vista la casa solariega fuese el objeto único de carrera tan desatinada.

¡Qué se habían de ver los Pazos! Ni por pienso. Es de advertir que Perucho no había tomado el camino del crucero, aquel camino para él
de recordación tan trágica, sino que subía por
la parte opuesta, hacia sitios mucho menos fre-
cuentados; la dirección de Naya. Entraba á la
sazón en los montes que forman la hoz, al través de la cual va cautivo, espumante y mugidor,
el río Avieiro. Daba gusto pisar aquel terreno
montuoso, tan seco, tan liso, y hollar el tapiz de
flores de brezo, de tierno tojo inofensivo aún,
los setos de madroñeros floridos, las matas de
retama amarguísima, las orquídeas finas, con
olor á almendra, toda la seca y enjuta y balsámica flora montés, que convida al cuerpo á tenderse y le brinda un colchón higiénico, tibio del
calor solar, aromoso, regalado, incomparable.
De trecho en trecho, algún pino ofrecía fresca
sombra, ambiente resinoso, quitasol que susu-
rraba al menor soplo de viento... Manuela sintió que le pesaban los párpados, y el cuerpo se
le enlanguidecía. ¡La maldita leche!

—¡Qué calor!—balbuceó.—De buena gana me
tumbaba ahí, debajo de ese pino.

Perucho dudó un instante; luego, como si se
le ocurriese una objeción, pero no quisiese ex-
presarla; respondió:

—Ahí no. Yo te diré en dónde hemos de sentarnos.

La montañesa obedeció sin replicar. Desde
tiempo inmemorial, desde que ella andaba aún
á gatas, Perucho dirigía el paseo, la zarandeaba á su gusto, la llevaba aquí y acullá, era el

encargado de saber dónde se encontraban nidos, frutos, sitios bonitos, hacia qué lado convenía dirigir el merodeo. Rara vez intentó sublevarse Manuela y apropiarse la dirección del grupo, y las contadas tentativas de independencia no produjeron más resultado que demostrar la indiscutible superioridad y maestría de su amigo. En el invierno, mientras Perucho se secaba en Orense, Manuela, instantáneamente y como por arte maravilloso, aprendía á manejarse solita y se encontraba de improviso profesora en topografía, conocedora de todos los caminos, rincones y andurriales del valle; pero esto duraba hasta el regreso de Perucho: volvía él, y la montañesa olvidaba su ciencia y volvía á descansar en su compañero, pasiva y gozosa.

Seguían caminando, apartándose gran trecho ya de los Pazos y descendiendo la corriente del río Avieiro por veredillas incultas, aquí encontrando un pinar, allá un grupo de carrascas verdinegras, más adelante un roble ufano de su robustez y de su hercúleo tronco, y siempre matorrales de madroño y retama, por entre los cuales no el pié del hombre, sino la naturaleza misma, había abierto senderos, análogos á tortuosas calles de parque inglés. La luz del sol, que ya tocaba al zénit, lo enrubiaba todo; encendía con tonos áureos la grama seca; daba color de ágata á las simientes de la retama; hacía transparentes, como farolillos de papel de seda carmesí, las flores del brezo; convertía en follaje de raso recortado los brotes tiernos de las carrascas; calentaba con matices de venturina las hojas del pino; prestaba á la bellota verde el pulimento del jade; y en las alas vibrátiles de las mariposas monteses—esas mariposas tan distintas de las que se ven en terreno cultivado; esas mariposas que tienen colores de madera y hoja seca,—y en los carapachos de los escarabajos, y en la negra coraza y cuernos de las *vacas louras*, encendía tintas vivas, reflejos metálicos, esmaltes de oro, brillo negro de tallado azabache. La intensidad del calor arrancaba á los pinos todos sus olores de resina, á las plantas sus balsámicas exhalaciones; y entre el sol que le requemaba la sangre, y el vaho que se elevaba de la ebullición de la tierra, y la leche que le aletargaba el cerebro, Manuela sentía como un comienzo de embriaguez, el estado inicial de la borrachera alcohólica, que pareciendo excitación no es en realidad sino sopor; el estado en que las manos resbalan sobre el objeto que quieren asir, en que los movimientos del cuerpo no obedecen á la voluntad, en que nos sentamos sin pesar sobre la silla y nos levantamos y andamos sin estribar en el suelo, porque el sentimiento de la gravedad se ha amortiguado mucho, y nuestras percepciones son vagas y turbias, y parece que ha desaparecido la resistencia de los medios, la densidad de la materia, la dureza de las esquinas y ángulos, y que los objetos en derredor se han vuelto fluidos, y nuestro cuerpo también, y más que nada nuestro pensamiento.

No es desagradable el estado, al contrario y

la plétora de vida que produce se revelaba en
el rostro de Manuela: sus ojos brillaban y su
boca sonreía sin interrupción. La niña no preguntaba ya cosa alguna á su compañero: andaba, andaba tan ligera como se anda en sueños,
sin sombra de cansancio, aunque apoyándose
en Perucho y arrimándose á su cuerpo con ins-
tintiva ternura. Allá en la pequeña ladera del
monte divisó la espadaña del campanario de
Naya, que conocía, y le ocurrió pensar en el
cura que podría darles un buen almuerzo de
huevos y fruta á la sombra de la fresca parra
que entolda la rectoral; mas sin duda no era
este el propósito de Perucho, pues tomó otra
dirección, volviendo la espalda al campanario
y hundiéndose en una trocha que serpeaba entre pinos, y á cuyos lados se alzaban peñascos
enormes, calvos y blancos por la cima, jaspea-
dos de liquen y musgo por la base. Manuela se
detuvo un momento; respiró; sus potencias se
despejaron un poco al benéfico influjo de la
temperatura menos ardorosa: miró en derredor, para saber dónde estaba. El Avieiro corría
allá abajo, rumoroso y profundo, no muy distante.

Por aquella parte se ensanchaba la hoz, hacíase muy suave, casi insensible, el declive de
las montañas, y el río, en vez de rodar encajonado, sujeto, con torsión colérica de serpiente
cautiva, se extendía cada vez más ancho, bello
y sosegado, ostentando la hermosura y gala
soberana de los ríos gallegos, la margen florida, el pradillo rodeado de juncos, salces y

olmos, la placa de agua serena que los refleja
bañando sus raíces, el caprichoso remanso en
que el agua muere más mansa, más sesga, con
claridades misteriosas de cristal de roca ahu-
mado; la *frieira*, la gran cueva á la sombra del
enorme peñasco, en que la sabrosa trucha busca la capa de agua densa y no escandecida por
el sol; el cañaveral que nace dentro de la misma corriente, el molino, la presa, toda la graciosa ornamentación fluvial de un río de cauce
hondo, de país húmedo, que recuerda las ideas
gentílicas, las urnas, las náyades, concepción
clásica y encantadora del río como divinidad.

La humedad que siempre sube de los rios y
la frescura de la vegetación, despabilaron más
y más á la niña.

—Ya sé á dónde vamos—exclamó—á las Poldras. ¿Y después de pasado el Avieiro, á dónde?
¿Me lo dices, ó está de Dios que no lo he de saber?

—Calla... Ya verás.

—Yo pensé que íbamos á Naya.

—¿Para qué? ¿Para encontrarnos con el cura
y que nos llevase por fuerza á comer consigo?

—Pero... es que... comer, de todas maneras
hay que comer en casa; y ya debe de ser tarde,
tarde... No puedo tal día como hoy faltar de la
mesa...

—A ver si te callas, tonta. ¡Eh... cuidado con
caerte de hocicos por la rama del pino! Yo iré
delante... La mano... ¡Así!

Con efecto, en las púas secas del pino los piés
resbalaban como si el terreno estuviese untado
de jabón.

XX

Patinando sobre aquellas púas endiabladas, se deslizaron y corrieron hasta un grupo de salces inclinado hacia el borde del Avieiro. Oíase el murmurio musical del agua, y el ambiente, tan abrasador arriba, allí era casi benigno. Cruzaron por entre los salces desviando la maleza tupida de los renuevos, y vieron tenderse ante sus ojos toda la anchura del río, que allí era mucha, cortándola á modo de irregular calzada las pasaderas ó *poldras*.

En torno, y por cima de las anchas losas obscuras, desgastadas y pulidas como piedras de chispa por la incesante y envolvedora caricia de la corriente, el río se destrenzaba en madejas de verdoso cristal, se aplanaba en delgadas láminas, bebidas por el ardor del sol apenas hacían brillar la bruñida superficie. Para una persona poco acostumbrada á tales aventuras, no dejaba de ofrecer peligro el paso de las *poldras*. Sobre que se movían y danzaban al menor contacto, no eran menos resbaladizas que la rama del pino. Nada más fácil allí que tomarse un baño involuntario.

—¿Hemos de pasarlas?—preguntó la montañesa, con una sonrisa que significaba, á ver cuándo determinas que paremos en alguna parte.

—Las pasamos—ordenó Perucho con el tono
mandón y despótico que había adoptado desde
por la mañana.

Manuela tendió la vista alrededor, y eligiendo
un sitio favorable, la sombra de un árbol, se
dejó caer en un ribacillo; y resignadamente
comenzó á desabrocharse las botas. Ni un segundo tardó Perucho en hincársele de rodillas
delante.

—Yo te descalzo... yo. Como cuando eras
una *cativa:* ¿te acuerdas? un tapón así... y yo
te descalzaba y te vestía... y hasta te tengo peinado mil veces.

Medio riendo, medio enfadándose, la muchacha no retiró el pié de las manos de su amigo.
Este hacía ya saltar uno tras otro los botonci-
tos de la botina de casimir, mal hecha, muy
redonda de punta, contra todas las leyes de
la moda. Tiró depués delicadamente, con un pe-
llizco fino, del talón de la media de algodón, y
la bajó; arrollóla en el tobillo, y con un nuevo tirón dejó el pié desnudo. Sus palmas se dis-
trajeron y embelesaron en acariciar aquel
pié, que le recordaba la patita rosada y regor-
deta de la nené á quien tanto había traído en
brazos. Era un pié de montañesa que se calza
siempre y que tiene en las venas sangre patri-
cia; no muy grande, algo encallecido por la
planta, pero arqueado de empeine, con venillas
azules, suave de talón y calcañar, redondo de
tobillo, blanco de cutis, con los dedos rosados
ó más bien rojizos de la presión de la bota, y un
poco montado el segundo sobre el gordo. El

pié transpiraba, por haber andado mucho y aprisa.

—Enfríate un poco—murmuró el mancebo... —No puedes meter el pié en el agua estando así; te va á dar un mal.

—Que me haces cosquillas—exclamaba ella con nerviosa risa tratando de esconder el pié bajo las enaguas.—Suelta, ó te arrimo un cachete que te ha de saber á gloria.

—Déjame verlo... ¡Qué bonito es! Lo tienes más blanco que la cara, Manola... Pero mucho más blanco.

—¡Vaya un milagro! Como que la cara va por ahí destapadita papando soles y lluvias. ¡Pasmón! ¿Es la primera vez que ves un pié en tu vida? ¡Soltando!

Soltó el que tenía asido, pero fué para descalzar el otro con el mismo cariño y religiosa devoción, y abarcar ambos con una mano, uniéndolos por la planta.

—Que me aprietas... que me rompes un dedo... ¡Bruto!

—¡Ay! Perdón—murmuró él;—y bajándose, halagó con el rostro, sin besarlos, los piés desnudos. La montañesa se incorporó pegando un brinco, y echó á correr, y sentó la planta descalza en la primer pasadera. Su amigo le gritó:

—Chica, aguárdate... Déjame recoger las medias y las botas... Allá voy á darte la mano... Vas á caerte de cabeza en el río... ¡Loca de atar!

Con saltos ligeros, volviendo la cabeza á cada brinco, lo mismo que los pájaros, Manuela sal-

vaba ya las *poldras*, eligiendo diestramente el
trecho seco á fin de caer en él. Dos ó tres veces
estuvo á punto de dar la zambullida, y la daría
de fijo á no ser tan grande su agilidad: saltaba
largo, y era su ligereza la ligereza del ave, de
la golondrina que vuela rasando el agua. Remangaba las faldas al brincar, y su pierna, no
torneada aún, pero de una magrez llena, donde
las redondeces futuras apuntaban ya, tenía al
herirla el sol la firmeza y el granillo algo duro
de una pierna acabada de esculpir en mármol
y no pulimentada aún.

Casi había alcanzado la otra orilla, cuando
Perucho voló tras ella. El muchacho, calzado
con duros zapatos de doble suela, desdeñaba
descalzarse, habiéndose contentado con reman-
gar los pantalones.

La chiquilla comprendió que llevaba ventaja
á su compañero, y excitada por el juego, quiso
hacerle correr un poco. Como una saeta se em-
boscó entre los árboles de la orilla, y desapareció en la espesura, dándose traza para que
Perucho no supiese dónde se había metido.
Pero al muchacho le asustó aquella pequeña
contrariedad, como si realmente su amiga se le
perdiese de vista, y gritó, llamándola con opri-
mido corazón y angustiada voz; tan angustiada, que Manuela salió al punto de los matorrales, renunciando á continuar el juego:

—¿Qué te pasa?—dijo riéndose al ver el semblante demudado de Perucho.

—¿Qué?... Que no me hagas judiadas... Vamos juntos, ¿entiendes? Tú no te apartes de

mí. ¿Dónde estabas? No, no sirve esconderse.

—Pues cálzame—exclamó ella, sentándose en un peñasco.

La calzó, enjugándole antes los piés húmedos con la falda de su americana, y bromeando ya sobre el enfado y el susto del escondite.

—Y ahora...—murmuró la niña, mientras él lidiaba con un botón, empeñado en resbalarse del ojal—¿á dónde vamos? ¿Seguimos como locos?

—Ahora... ahora ven conmigo... Ya pararemos, mujer.

Echaron monte arriba, alejándose de la refrigerante atmósfera del río. Aquella montaña era más áspera aún, y en su suelo dominaban las carrascas y las encinas, que daban alguna sombra; pero siendo muy agria la subida, en los puntos descubiertos quemaba el sol de un modo insufrible. Manuela jadeaba siguiendo á Perucho, que parecía llevar un objeto determinado, pues miraba á un lado y á otro para orientarse. Al fin divisó una encina vieja, un tronco perforado y hueco donde aún gallardeaba algún ramaje verde en lugar de la copa desmochada; dió un grito de júbilo, metió la cabeza dentro con precaución, luego la mano, armada de una navaja, luego el brazo todo... y al cabo de unos cuantos minutos de manipulación misteriosa, sacó en triunfo algo, algo que hizo exhalar á la montañesa clamor alegre.

¡Un panal soberbio de miel rubia, pura y balsámica, de aquella miel natural, un millón de veces más sabrosa que la de colmena, como si el insecto, libre ciudadano de su inocente repú-

15

blica, ajena al protectorado del hombre, líbase
un néctar más puro en los cálices de las flores,
un polen más fecundo en sus estambres, elabo-
rase un propóleos más adherente para afianzar
la celdilla y emplease procedimientos de desti-
lación más delicados para melificar la esencia
de las plantas, el jugo precioso recogido aquí
y acullá, en el prado, en la vega, en el castañar,
en el monte!

Manuela chillaba, reía de placer.

—Pero tú mucho discurres... ¿Pero de dónde
sacaste eso?... Pero tú creo que echas las cartas como la Sabia... ¿Quién te contó que ahí
había miel?

—¡Boba! ¡Gran milagro! Supe que unos hombres de las Poldras pillaron en este sitio un enjambre... pregunté si habían registrado el nido
de la miel, y contestaron que no, que ellos sólo
andaban muertos y penados por las abejas para
llevarlas al colmenar... Yo dije ¡tate!, pues los
panales han de estar allí, en un árbol hueco...
Ya ves cómo acerté. ¿Qué tal el panalito? ¡Pe-
can los ojos en mirarlo!

—¿Y si estuviesen en el tronco las abejas,
ahora que andan tan furiosas con la borrachera
de la flor del castaño? Te comían vivo.

—¡Bah! Yo sé la maña para que no piquen...
Hay que meter poco ruido, moverse despacio y
bajarse al suelo cuando le sienten á uno...

—¡A comer, á comer la miel!—gritó la montañesa palmoteando.

—Ven, aquí hay una sombra, ¡una sombra
que da la hora!

Era la sombra la de una encina cuyas ramas
formaban pabellón, y que caía sobre un ribazo
todo estrellado de flores monteses, donde crecía
el tojo ó escajo tan nuevo y tierno, que sus pinchos no lastimaban. Además parecía como si la
mano del hombre hubiese labrado allí esmera-
damente un asiento, á la altura indicada por la
comodidad. Perucho sacó su navaja, y del bolsillo del chaquetón hizo surgir el pedazo de
brona tomado contra la voluntad de su dueña
la Sabia. Partiólo en dos mitades desiguales,
dando la mayor á su compañera; y el panal de
miel se sometió al mismo reparto. Sentada ya,
tranquila, descansando de la larga caminata y
del calor sufrido, con esa sensación de bienestar
físico que produce el reposo después de un vio-
lento esfuerzo muscular y la pregustación de
un manjar delicioso, virgen, fresco, sano, que
hace fluir de la boca el humor de la saliva, Manuela, antes de hincar el diente en la miel puesta
sobre el zoquete de pan, tocó en el hombro á su
compañero:

—Mira, en comiéndola nos largamos, y vuelta
á casita... ¿eh? Ya me parece que dieron las doce
en el campanario de Naya... Sabe Dios á qué
hora llegaremos allá, y lo que andarán preguntando por nosotros.

El le echó el brazo al cuello, y con los dedos
le daba golpecitos en la garganta.

—Hoy no se vuelve—murmuró casi á su oído.

Pegó un respingo la muchacha.

—¿Tú loqueas? Si fuese en otro tiempo... bien,
nadie se amoscaría; pero ahora, que está el tío

Gabriel? Se armaría un ruido endemoniado por
toda la casa.

Perucho la tiró de la trenza.

—Hoy no se vuelve... No me repliques, que
no puede ser. Hoy no se vuelve... ¿Sabes por
qué? Por lo mismo, por eso... porque está tu
tío, tu caballero de tío. Calla, calla, *vidiña*....
Si quieres volver, vuélvete tú sola, muy en-
horabuena ; yo me quedo aquí... Yo no voy más
á los Pazos.

—A mí se me figura que tú chocheaste. Lo que
á ti se te ocurre, no se le ocurre ni al mismo
Pateta. ¡No volver á los Pazos! Pues apenas se
alborotaría aquello todo.

—¿Y qué nos importa, di?—murmuró el mancebo con ardorosa voz.—Tú eres muy mala,
Manola : sí señor, muy mala ; tú no me quieres
á mí así, á este modo que yo te quiero. ¡Qué
me has de querer! Ni siquiera sabes lo que es
cariño... de este. ¿Lo entiendes? Pues no lo sabes. Vamos, yo no digo que tú no me quieras
una miajita ; si me muriese, llorarías, ¡quién lo
duda! llorarías una semana, un mes... y te acor-
darías de mí un año... y soñarías conmigo por
las noches... y después... te casarías con el tío
Gabriel, y se acabó... se acabó Perucho.

Su voz temblaba, enronquecida por la pasión.

—¡Qué cosas dices! ¡Con el tío Gabriel!—exclamó la montañesa dilatando las pupilas de
asombro y limpiándose distraídamente con el
pañuelo la boca untada de pegajosa miel.

—O con otro del pueblo, otro señor elegante.

y de fachada, así por el estilo... ¡Malacaste!
Oye tú : aquí en la aldea no se hace uno cargo
de ciertas cosas... pero allá en el pueblo... los
estudiantes... unos con otros... nos abrimos los
ojos... nos despabilamos... ¿estás? Allá... cuando me preguntaban los compañeros que si tenía
novia, y que por qué no tomaba una en Orense...
atiende, atiende... les dije así:—Tengo mi novia,
ya se ve que la tengo, y es más bonita que todas
las vuestras, y se llama Manuela, Manuela
Ulloa...—Y ellos á decir :—¿Quién? ¿La hija del
marqués?—La misma que viste y calza... decid
ahora que no es bonita, morrales...—Y ellos
con muchísima guasa me saltan :—En la vida
la vimos... pero esa no es para ti, páparo... Esa
es para un señor, porque es una señorita, hija
de otro señor también... y tú eres hijo de una
infeliz paisana... ¿eh? date tono, date tono...—
Le santigüé las narices al que me lo cantó, pero
me quedé pensando que lo acertaba... ¿Entiendes? Y tanta rabia me entró, que me eché á llorar como si fuese yo el que hubiese atrapado los
soplamocos... Mira si sería verdad... que a...
aún... aún...

Manuela, que chupaba muy risueña el panal,
alzó la vista y notó que su amigo tenía como
una niebla ante aquellas hermosas pupilas azul
celeste. En lo más profundo de su vanidad de
hembra, quizá á medio dedo de las telillas del
corazón, sintió algo, una punzada tan dulce, tan
sabrosa... más que la propia miel que paladeaba. Volvió la cabeza, recostóla en el hombro de
su amigo.

—¿Quién te manda llorimiquear ni apurarte?—pronunció enfáticamente.

—Porque tenían razón—tartamudeó él.

—No, señor. Yo te quiero á ti, ya se sabe. Mas que fueses hijo del verdugo. Valientes tontos, y tú más tonto por hacerles caso.

—Bien — afirmó él; — me quieres, corriente, estamos en eso; pero es allá un modo de querer que... Yo me entiendo. Es un querer, así... porque... porque uno se crió desde pequeñito junto con el otro, sin apartarse... y tienes costumbre de verme, como quien dice... y... y... Yo te voy á aclarar cómo me quieres, y si acierto, me lo confiesas. ¿Eh? ¿Me lo confiesas?

—Hombre...—murmuró ella con la boca atarugada de brona—siquiera das tiempo á una para tragar el bocado y contestar... Conformes; te lo confesaré. ¡Falta saber qué es lo que he de con-fe-saaaár!

—Tú me quieres... como quieren las hermanas á los hermanos. ¿Eh? ¿Acerté?

—Mira tú... ¡Verdad! Si yo siempre pensé de chiquilla que lo eras, no entiendo por qué...—

—Aquí la montañesa dió indicios de quedarse pensativa, con la brona afianzada en los dedos, sin llevarla á la boca.—Y yo no sé qué más hermanos hemos de ser. Siempre juntos, siempre, desde que yo era así... (bajó la mano indicando una estatura inverosímil, menor que la de ningún recién nacido.) Aún hay hermanos que no se crían tan juntos como nosotros.

Perucho permaneció silencioso, con el pan caído á su lado sobre la hierba, una rodilla en

el aire, que sostenía con las manos enclavija-
das, y mirando hacia el horizonte.

—¿Qué te pasa? ¿Por qué pones esa cara de
bobo?

—Eso ya lo sabía yo—exclamó él desesperado, descargándose de golpe una puñada en el
muslo...—¿Ves...? ¿Ves cómo tenían razón los
de Orense? Lo que tú me quieres á mí... es...
así... por eso, porque desde chiquillos andamos
juntitos, y, á menos que fueses una loba, no me
habías de tener aborrecimiento... ¡Pues andando! Siga la música... Y que se lo lleven á uno
los diablos.

Encaróse violentamente con la niña, y to-
mándole las muñecas, se las apretó con toda
su alma y todo su vigor montañés. Ella dió un
chillido.

—Yo te quiero á ti de otra manera, muy diferente... te quiero como á las novias, con amor,
con amor (vociferó esta palabra). Si se calla uno
más de cuatro veces, es por miramientos y con-
sideraciones y embelecos... Que se vayan á paseo todos juntos... Aguantar que á uno no le
quieran, ya es martirio bastante; pero ver que
viene otro y con sus manos lavadas le escamo-
tea la novia, le roba todo... Eso ya pasa de
raya... No tengo paciencia para sufrirlo ni para
verlo... No, y no, y no lo veré, me iré, me iré,
aunque sea a la isla de Cuba.

Manuela oyó todo esto derramándose en risa,
porque el enfado de su amigo la gustaba; y sobre todo, encantábale la idea de calmarlo con
unas cuantas frases cariñosas, que sin esfuer-

zo, antes muy á gusto suyo, la salían del corazón.

—Lo dicho: á ti hoy picóte una avispa ó un
alacrán en el monte... Yo quisiera saber de
dónde sacas tanto disparate... ¿Quién te viene
á quitar la novia, ni quién me coge á mí, ni me
lleva, ni todas esas barbaridades que sueñas tú?

—El tío Gabriel te quiere; está enamorado
de. ti. Ha venido á casarse contigo. No me lo
niegues.

—Vaya, lo dicho.

Manuela se tocó la frente con el dedo y me-
neó la cabeza.

—No, no me llames loco; porque me parece
que haces risa de mí ó que me quieres engañar.
Dime sólo una cosa. ¿Te gusta tu tío Gabriel?

—¿Gustar?... ¿Qué sé yo lo que es *gustar*,
como tú dices? El tío Gabriel me parece muy
bueno, muy listo, y un señor así... no sé cómo
te diga... muy fino, y que sabe mucho de mu-
chísimas cosas... Un señor diferente de los de
por acá, de Ramón Limioso, del sobrino del
cura de Boán, Javier, de los de Valeiro... de
todos.

—Ya lo ves—exclamó con aflicción el mancebo;—ya lo estás viendo... ¡Tu tío... te gusta!

—Pues sí; claro que me gusta... ¡No tiene
por qué no gustarme!

Las correctas líneas del rostro de Perucho
se crisparon. Las raras veces que tal sucedía,
palidecían sus mejillas un poco, dilatábansele
las fosas nasales, se obscurecían y centelleaban
sus ojos de zafiro, poníase más guapo que nun-

ca, y era notable su parecido con las estampas
de la Biblia que representan al ángel extermi-
nador ó á los vengadores arcángeles que se
hospedaron en casa de Lot el patriarca. Manuela lo contemplaba con placer, á hurtadillas;
y de pronto, pasándole suavemente una mano
por detrás de la cabeza y atrayéndolo á sí, murmuró:

—Tú me gustas más, queridiño.

—A ver, dilo otra vez.

—Te lo daré por escrito.—Hizo ademán de
escribir en el suelo con el dedo, y deleteó:
Me-gus-tas-más.

—Manola, vidiña... ¿A mí, me quieres más
á mí?

—Mas, más.

—¿Te casarás conmigo?

—Contigo.

—¿Conmigo? ¿Aunque tú seas señorita y yo...
un labrador?

—Aunque fueses el último pobre de la parroquia. Yo no soy tampoco una señorita... como
las demás. Soy una montañesa, criada entre
las vacas. Estaría yo bonita allá en pueblos de
rio sé. Más señorito pareces tú que yo.

—Y si tu padre...

Manuela miró al suelo; su boca se contrajo
por espacio de un segundo. Luego suspiró le-
vemente:

—Para el caso que me hace papá... Yo no sé
de qué le sirvo... ¡Bah! Desde pequeñita sólo
tú hiciste caso de mí, y me cumpliste los caprichos y me mimaste... cuando necesitaba dos

cuartos... ¿te acuerdas? me los prestabas... ó me
los regalabas... Tú me traías los juguetes y las
rosquillas de la feria... En el invierno, cuando
te vas, parece que se me va lo mejor que tengo
y me quedo sin sombra.

—¡Qué gusto!—exclamó él, y con ímpetu irresistible se levantó, le apoyó las manos en los
hombros, y la zarandeó como se zarandea al
árbol para que suelte el fruto. Luego se le hin-
có de rodillas delante, sin el menor propósito
de galantería.

—Manola, *ruliña,* dame palabra de que nos
hemos de casar tan pronto podamos. ¿Me la
das, mujer?

—Doy, hombre, doy.

—Y de que hasta la tarde no volvemos á los
Pazos

—¡Uy! Reñirán, se enfadarán, armarán un
Cristo.

—Que lo armen. Que riñan. Hoy el día es
nuestro. Que nos busquen en la montaña. Aquí
corre fresco, da gusto estar. ¿No comiste bastante? ¿Tienes hambre? Ahí va el pan y más
miel.

—¿Y qué vamos á hacer aquí todo el día de
Dios?—preguntó ella risueña y gozosa, como
si la pregunta estuviese contestada de antemano.

—Andar juntos—respondió él inmediatamente.—Y subir á los Castros. Desde aquí todavía
estamos cerca de Naya.

XXI

Para subir á los Castros había que dejar á un lado el monte y el encinar, torcer á la izquierda y penetrar en uno de esos caminos hondos, característicos de Galicia, sepultados entre dos heredades altas y cubiertos por el pabellón de maleza que crece en sus bordes: caminos generalmente difíciles, porque la llanta del carro los surca de profundas zanjas, de indelebles arrugas; porque á ellos ha arrojado el labrador todos los guijarros con que la reja del arado ó la pala tropezó en las heredades limítrofes; porque allí se detiene y se encharca el agua y se forma el barro; los peores caminos del mundo, en suma, y sin embargo encantadores, poéticos, abrigados en invierno porque almacenan el calor solar, y protegidos del calor en verano por la sombra de las plantas que se cruzan, cerrándolos como tupido mosquitero; encantadores porque están llenos de blancuras verdosas de saúco, palideces rosadas de flor de zarza, elegancias airosas de digital, enredadas cabelleras de madreselva que vierten fragancia, cuentas de coral de fresilla, negruras apetitosas de mora madura, plumas finas de helecho, revoloteos y píos y caricias de pájaros, serpenteos perezosos de orugas, escapes de la-

gartos, contradanzas de mariposas, encajes de
telarañas sujetos con broches de rocío, y des-
melenaduras fantásticas de rojas *barbas de ca-
puchino,* que allí, colgadas entre zarzas y matorrales, parecen *ex-votos* de faunos que inmo-
laron su pelaje rudo al capricho de una ninfa. Y
aquel camino en que penetró la pareja montañesa añadía á estos méritos, comunes á todas
las *corredoiras,* un misterio especial, debido á
que era muy poco frecuentado de carros y de
labriegos, y conservaba todo el mullido suave
de su hierba virgen, que literalmente era un
tapiz verde clarísimo, salpicado de esas orquídeas color entre lila y rosa que asoman fuera
de tierra sólo los pétalos, sin hoja verde alguna; y como además era estrecho y muy hondo,
la vegetación de sus bordes, viciosa y lozana
como ninguna, se había unido, y sólo á duras
penas se filtraba de la bóveda una misteriosa y
vaga claridad, una luz disuelta en oro y pasada
al través de una cortina de tafetán verde.

Quien estuviese hecho á conocer estos caminos hondos y el país gallego en general, no se
admiraría de las particularidades que presentaba aquella corredoira, así en su virginidad y
misterio, como en ser más honda que ninguna
y en estar trazada con extraña regularidad,
como obra donde, no sólo se descubria la mano
del hombre, sino una mano ducha y hábil, que
da á sus obras proporción y simetría. El nombre de *Los Castros* que lleva el lugar le expli-
caría bien, si antes no se lo dijese su pericia,
por qué estaba allí aquella zanja abierta como

por la pala del ingeniero militar de hoy, que ciertamente no la abriría más perfecta.

Dos eran los Castros: Castro Pequeño y Castro Mayor, y se elevaban en doble colina escalonada, facilitando la ascensión del uno al otro la trinchera, aunque también haciéndola más larga, pues era preciso seguirla y dar la vuelta á toda la base del Castro Pequeño para intentar la ascensión al grande, muchísimo más elevado y vasto. El estado de conservación de los dos campamentos era tan maravilloso, se veían tan claras las líneas del reducto y el círculo perfecto de la profunda zanja que en torno lo defendía, que aquella fortificación de tierra, levantada probablemente por legionarios romanos anteriores á Cristo, si es que no fué en tiempos aún más remotos trabajo de defensa practicado para sustentar la independencia galaica, aparecía más entero y robusto que las fortalezas, relativamente jóvenes, de la Edad Media. Ni el arado, ni el agua del cielo, habían mordido la esbelta cortadura que, á modo de verde culebra, se enrosca al pié de los Castros. No; no habían hecho más que vestirla de enredaderas, de zarzales, de plantas y hierbas lozanísimas; y allí donde el soldado rompió el terruño para prevenir el ataque del enemigo, se embosca hoy la ágil sabandija y teje sus gasas el pardo arañón campesino.

Subió lentamente la pareja, no apremiada ya por la angustia de hallarse cerca de sitio habitado, que desde por la mañana impulsaba á Perucho á desviarse del caserón. Iban los dos

montañeses radiantes de alegría, con el desahogo de la confesión y las promesas anteriores.
Parecíales que, sin más que trocar aquellas
cuatro frases, se les había quitado de delante
un estorbo grandísimo, y ensanchádoseles el
corazón y arreglado todo el porvenir á gusto
y voluntad suya. En especial el galán no cabía
en sí de gozo y orgullo, y sostenía á Manuela y
la empujaba por la cintura con la tierna autoridad del que cuida y atiende á una cosa absolu-
tamente propia. Tranquilo y sosegado, hablaba
de las cosas acostumbradas y se entregaba á
las ocupaciones y á las investigaciones habituales en la pareja. Aquella corredoira de los Castros, en las actuales circunstancias, era para él
un descubrimiento. ¡Qué filón! Olvidados de
todo el mundo, amontonábanse allá tesoros que
no habían de desdeñar nuestros exploradores.
Hacia la parte que forma la solana de la colina,
las moras se hallaban ya en estado de perfecta
madurez, y millares de dulces bolitas negras
acribillaban el verde obscuro de los zarzales.
En los sitios de más sombra y humedad, las
perfumadas fresillas ó *amores* abundaban, y
las delataba su aroma. Nidos, era una bendición
de Dios los que aquella maleza cobijaba. Porque, desnuda de arbolado la cima de los Castros
desde cerca de veinte siglos (sin duda sus
árboles habian sido cortados para levantar empalizadas), las aves no tenían más refugio que
la zanja misteriosa, donde les sobraba pasto de
insectos y caudal de hierbas secas y plantas
filamentosas para tejer la cuna de su prole. Así

es que, tras cada matorral un poco tupido, en
cada rinconada favorable se descubrían redondas y breves camas, unas con huevos, cuatro
ó seis perlitas verdosas, otras con la cría medio
ciega, vestida de plumón amarillento. Y al en-
treabrir Manuela el ramaje para sorprender el
secreto nupcial, no sólo volaba el pájaro palpitante de terror, sino que se oía corretear des-
pavorida á la lagartija, y el gusano se detenía
paralizado de miedo, enroscándose al borde de
una hoja con sus innumerables patitas rudimen-
tarias.

En la exploración y saqueo de la zanja gasta-
rían más de hora y media los fugitivos. En la
falda remangada de Manuela se amontonaban
moras, fresas, frambuesas, mezcladas y revueltas con alguna flor que Perucho le había echado
allí como por broma. Manuela prefería coger
los frutos, y su amigo era siempre el encargado
de obsequiarla con las orquídeas aromosas ó
con las largas ramas de madreselva. Andando,
andando, la carga de fresas desaparecía y el
delantal se aligeraba: picaban por turno los dos
enamorados, y al llegar á la cima del Castro
Pequeño, la merienda de fruta silvestre había
pasado á los estómagos.

La cima del Castro Pequeño, donde empezaba
á asomar el tierno maíz, era una meseta circular, perfectamente nivelada, como picadero gigantesco donde podían maniobrar todos los jinetes de la orden ecuestre. Las necesidades del
cultivo habían abierto senderitos entre heredad
y heredad, y á no ser por ellos, el Castro Pe-

queño sería raso como la palma de la mano.
Desde su altura se divisaba una hermosa extensión de tierra, y seguíase el curso del Avieiro,
distinguiéndose claramente y como próximas,
pero á vista de pájaro, las poldras, con el pena-
chillo de espuma que á cadá losa ponía el remo-
lino y el batir colérico de la corriente. Ni un
árbol, ni una mata alta en aquella gran planicie
del Castro, que rasa, monda, lisa é igual, pare-
cería recién abandonada por sus belicosos in-
quilinos de otros días, á no verse en su terreno
los golpes del azadón y á no cubrirla, como
velo uniforme; las tiernas plantas del maíz
nuevo.

Mas no era allí todavía donde Perucho y Manuela se creían dueños del campo y situados á
su gusto para reposar un poco después de tanto
correr. Aspiraban á subir al Castro Mayor, ascensión difícil para otros, porque la trinchera,
menos honda allí, dejaba de ser corredoira y
estaba literalmente obstruida por los tojos recios, feroces y altísimos. Casi impracticable
hacían la subida sus ramas entretejidas y espi-
nosas. Perucho, con sus pantalones de paño
fuerte, podría arriesgarse llevando en brazos á
Manuela; pero era el trayecto del rodeo de la
zanja larguísimo, y á pesar del vigor del rapaz,
bien podría cansarse antes de recorrer el hemi-
ciclo que conducía á la entrada del Castro. Tendió la vista, y sus ojos linces de montañés distinguieron al punto un senderito casi invisible,
en el cual no cabía el pié de un hombre, y que
serpeaba atrevidamente por el talud más ver-

tical de la base del Castro, yendo á parar en el matorral que guarnecía la cúspide.

—¡El camino del zorro!—exclamó Perucho, señalando á su compañera, allá en lo alto, la boca de la madriguera, que se entreparecía oculta por las zarzas y escajos.—Por ahí vamos á subir nosotros, que si no es el cuento de nunca acabar y de quedarse sin carne en las panto-rrillas.

Para llevar á cabo la difícil hazaña, yendo el montañés delante y colocando el pié en las le-vísimas desigualdades que daban señal del paso del zorro cuando subía y bajaba á su oculto asi-lo, Manuela, que seguía á Perucho, se le cogía, no de la mano, pero de los faldones de la ame-rica, y á veces del paño del pantalón. El apuro fué grande en algunos puntos del trayecto, y grandes también las risas con que celebraron lo crítico de la situación aquella. Perucho se asía con las uñas á la tierra, á las plantas, á todo cuanto podía servirle de asidero, y al avan-zar el pié hincaba la punta de golpe en la mon-taña, para dejar hecho sitio al pié de la niña. Al fin, sudorosos, encarnados y alegres, llegaron á la última etapa de la jornada, y agarrándose á unos menudos pinos que crecían desplomados sobre el talud, saltaron triunfantes dentro del Castro Mayor.

La impresión que producía este segundo re-ducto fortificado era harto diferente de la del primero. En éste el cultivo borraba el aspecto de la trinchera, y el alegre y fresco verdor del maíz no permitía que acudiesen al ánimo ideas

16

de antiguas batallas, de sangre y defensas heroicas; sobre la honda zanja había tendido la
naturaleza velo de florida vegetación; y las huellas de la vida humana, de la actividad rústica,
el manto amigo de la agricultura, daban al viejo
anfiteatro aspecto risueño y apacible. En el Castro Mayor, al contrario, se advertía cierta salvaje grandeza y desolación trágica, muy en armonía con su destino y su puesto en la historia.
Era aún, después de veinte siglos, el sitio de
las defensas heroicas, de las resistencias supre-
mas; el sitio donde, rotas ya las empalizadas,
invadido el Castro de abajo, se refugiaría la
destrozada legión, llevándose sus muertos y
sus heridos para darles, á falta de honrosa pira,
túmulo en aquella elevada cumbre, y resuelta
á vender caras las vidas á la hueste cántabro-
galaica. La vegetación, los brezos altísimos y
tostados por el sol, las carrascas, los tojos, todo
adquiría allí entonación rojiza, despertando la
idea de un rocío de sangre que los hubiese ba-
ñado: á trechos, rompían la lisura del inmenso
circuito pequeñísimas eminencias, donde las
plantas eran más lozanas todavía, y que á juz-
gar por su hechura cónica serían acaso túmulos. ¡Quién sabe si un investigador, un arqueó-
logo, un curioso, cavando en aquel suelo vestido
de plantas monteses y de ruda y selvática flora,
descubriría ánforas, monedas, hierros de lanza,
huesos humanos!

La soledad era absoluta en aquel lugar elevado y casi inaccesible; el cielo parecía á la vez
muy alto y muy próximo, y como nada limita-

ba la vista, horizonte inmenso lo rodeaba por
todas partes, resultando el firmamento verdadera bóveda de azul infinito y profundo, que
encerraba á manera de fanal el inmenso anfiteatro. Las lejanías, más bajas que el Castro,
se perdían gradualmente en tintas rosadas
y cenicientas, que formaban la ilusión de un
lago, ó del mar, cuya extensión se divisase lejos, muy lejos. Parecía como si el Castro fuese
una isla, suspendida sobre un océano de vapores. La calma y el silencio rayaban en fan-
tásticos: allí no había pájaros, sea porque sólo
un árbol—un viejo roble, digno de ser contem-
poráneo de los druidas—se alzaba en la gigantesca plataforma, como respetado por la pala
de los soldados que habían nivelado el monte
para fortificarlo, sea porque la altura, gravedad y solemnidad misteriosa de aquel sitio in-
timidase á las aves. Una liebre, galopando entre los brezos, fué el único ser viviente que
encontraron los fugitivos.

Divirtiéronse éstos durante un buen rato en
otear todo el país circunvecino, que desde la
estratégica altura se dominaba completamente.
El caserío de Naya se les presentaba á sus piés
como esparcida bandada de palomas; más lejos
los Poldras y el río espejeaban al sól; eran
un hilo verdoso, roto á trechos por blancos
espumarajos; y allá remoto, remoto, se hun-
día el valle de los Pazos, donde la casa solariega era un punto rojo, el color de sus tejas.
Manuela, al columbrarlas, mostró una especie
de terror.

—¡Madre mía del Corpiño, qué lejos estamos de la casa!

Perucho la tranquilizó riendo.

—No, mujer... Parece así porque la vemos de alto. Vaya que de poco te pasmas. ¿No tienes voluntad de descansar? ¿No te pide el cuerpo sentarte?

—Hombre... me dan ganas de hacerte no sé qué. Hace mil años te dije que me cansaba, y ahora sales... Yo ya estaba aguardando á ver si querías que me cayese muerta. ¡Y con este calor! Aquí tan siquiera corre un poquito de aire.

—Pues ven.

Acercáronse al roble, cuyo ramaje horizontal y follaje obscurísimo formaban bóveda casi impenetrable á los rayos del sol. Aquel natural pabellón no se estaba quieto, sino que la purísima y oxigenada brisa montañesa lo hacía palpitar blandamente, como vela de esquife, obligando á sus recortadas hojas á que se acariciasen y exhalasen un murmullo de seda crujidora. Al pié del roble, el humus de las hojas y la sombra ,proyectada por las ramas, habían contribuido á la formación de un péqueño ribazo, resto quizá de uno de aquellos túmulos, así como el duro y vigoroso roble habría chupado acaso la substancia de sus raíces en las vísceras del guerrero acribillado de heridas y enterrado allí en épocas lejanas.

—Ahí tienes un sitio precioso—dijo Perucho.

Dejóse caer la montañesa, recostada más que sentada, en el tentador ribazo.

—La hierba está blandita y huele bien...—exclamó la niña.—No hay tojos... ¡Qué ricura!

—¿A ver?—murmuró él—y desplomóse á su vez en el ribazo, riendo y apoyándose en las palmas de las manos.

—¡Vaya! Ni un tojo para un remedio... ¡Y qué sombra de gloria! ¡Ay... gracias á Dios! Estaba muerta... Mira cómo sudo—añadió cogiendo la mano del montañés y acercándola á su nuca húmeda.

—¿Quieres *escotar* un cachito de siesta?—preguntó el mozo, mirándola con ternura.—Aquí hay un sitio que ni de encargo... Si hasta parece que la tierra hace figura de almohada... Yo te echaré la chaqueta para que acuestes la cabeza....

—Y tú, ¿qué haces ínterin yo duermo? ¿Papas moscas?

—Duermo también á tu ladito... Como marido y mujer. ¿No te gusta? Sí tal, sí tal.

Quitóse el chaquetón, y extendiólo con precauciones minuciosas, de modo que la cabeza de Manuela quedase cómodamente reclinada en el cojín que formaba una manga bien envuelta con el cuerpo. En seguida se tendió al lado de la montañesa, poniéndose bajo la nuca su hongo gris, para no coger un tortícolis. La hierba del ribazo era, en efecto, olorosa, espesa, fina, menuda, y entretejida como la lana de una alfombra de precio. Al lado de la cabeza de Manuela crecía una gran mata de biznaga, cuyos airosos tallos prolongados y blancas umbelas de flores menuditas con la punta roja en medio, parecían, al destacarse sobre el fondo azul del horizonte, un transparente, obra de hábil pintor. Por efecto de la posición, le parecían á la montañesa altísimas aquellas biznagas; más altas que los montes, que se perdían en los tonos vagos y vaporosos del horizonte lejano. Se lo dijo á su compañero. Este respondió á la observación con una sonrisa cariñosa, y murmuró:

—Levanta un poco el cuerpo... te pasaré el brazo así por debajo...

Hízolo y quedaron careados. La claridad solar, que pugnaba por atravesar el follaje de la encina, les derramaba en las pupilas un centelleo de pajuelas de oro; en los ojos negros de Manuela se convertían en reflejos de ágata, y en los azules de Perucho tenían el colorido de la gota de vino blanco expuesta á la luz... Complacíase la viva claridad en descubrir, jugando, los más mínimos pormenores de aquellos rostros juveniles: doraba la pelusa de las mejillas: arrojaba una sombra rosada, con venillas rojas, en el tabique de la nariz, en el velo del paladar, que se divisaba por entre los dientes nacarados y entreabiertos, y, en el hueco de las orejas; daba tonos azulados al pelo negrísimo de la niña, é irisaba los rizos de Perucho, que se encendían y parecían una aureola, con visos como de venturina.

Manuela alargó la mano, la hundió entre las sortijas de su amigo, y las deshizo y alborotó con placer inexplicable. Aquella cabellera magnífica, tan artísticamente colocada por la naturaleza, tan rica de tono que estaba pidiendo á

voces la paleta de un pintor italiano para co-
piarla, era una de las cosas que más contribuían
á mantener la admiración y el culto que desde
la infancia tributaba á su compañero. Si hermoso era á la vista el pelo de Perucho, no menos
dulce el tacto. ¡Con qué elástica suavidad se
enroscaban de suyo los bucles alrededor del
dedo! ¡Cómo se deshacían y partían cada uno
en innumerables anillos, ligeros y gallardos, y
cómo volvían luego á unirse en grueso y pesado tirabuzón, el bucle estatuario, la cifra de la
gracia espiral! ¡Con qué indisciplina encantadora se esparcían por la frente ó se agrupaban
en la cima de la cabeza, haciéndola semejante
á las testas marmóreas de los dioses griegos!
Claro está que Manuela no se daba cuenta del
carácter clásico de las perfecciones de su amigo, mas no por eso la gustaba menos juguetear
con la rizada melena.

Pedro la dejaba á su disposición, cerrando
los ojos y sintiendo un bienestar infinito é indecible. La cortedad penosa experimentada el
día del refugio en la cantera, con la conversación explícita de amor, las trocadas promesas, el desahogo de la explicación mutua;
y el montañés ni pedía ni soñaba dicha mayor
que la de estar allí solos, próximos, seguros
el uno del otro, á razonable distancia de todo
lo que fuese gente, habitación, obstáculos,
mundo en suma; allí, en el desierto de la isla
del Castro, donde Perucho quisiera quedarse hasta la consumación de los siglos, con Manuela nada más. Ni el pensamiento de otras

venturas le cruzaba por las mientes, y aunque
la respiración de Manuela le calentaba el rostro y su mano le desordenaba y acariciaba el
pelo, no hervía con ímpetu su sangre moza;
sólo parecía correr con mayor regularidad por
las venas. Tan feliz se encontraba, que olvidaba el transcurso del tiempo y lo que pudiesen regañarles al volver al caserón, sumido
en una de esas distracciones profundas propias
de los momentos culminantes de la existencia,
que rompen la tiranía del pasado, anulan la memoria, suprimen la preocupación del porvenir,
y dejan sólo el momento presente con su solemnidad, su intensidad, su peso decisivo en la
balanza de nuestro destino.

De vez en cuando, á un leve estremecimiento del follaje charolado del roble, á una caricia
más viva, más nerviosa y eléctrica de los dedos
de Manuela, Pedro entreabría los párpados, y
su mirada, clara y azul, se cruzaba con la de
aquellas pupilas negras, quebradas y enlan-
guidecidas á la sazón, que lo devoraban. Dos ó
tres veces retrocedió el montañés—sintiendo
en la conciencia una especie de punzada, un
misterioso aviso, que al cabo, no en balde tenía
cuatro ó seis años más que su compañera, y
algo que en rigor podía llamarse conocimiento
—y otras tantas la niña volvió á acercársele,
confiada y arrulladora, redoblando los halagos
á los suaves rizos y á las redondas mejillas,
donde no apuntaba aún ni sombra de barba. Al
fin, sin saber cómo, sin estudio, sin premedita-
ción, tan impensadamente como se encuentran

las mariposas en la atmósfera primaveral, los rostros se unieron y los labios se juntaron con débil suspiro, mezclándose en los dos alientos el aroma fragante de las frambuesas y fresillas, y residuos del sabor delicioso del panal de miel.

XXII

SEGÚN suele suceder cuando el calor desazona el cuerpo y acontecimientos importantes ocurridos durante el día perturban el espíritu, Gabriel Pardo había pasado la noche en vigilia casi completa. Lo bueno fué que al acostarse creía tener mucho sueño; pesábale la cabeza y los párpados, y experimentó gran alivio al desnudarse, estirarse en las frescas sábanas de lino y sentir en las mejillas el contacto de la tersa almohada. Resuelto á consagrar diez minutos á pensamientos agradables antes de rendirse á la soñolencia que notaba, se colocó bien del lado derecho, no sin apagar la luz y dejar sobre una silla, al alcance de la mano (pues en los Pazos sólo conocía el lujo de las mesas de noche el Gallo, que se había traído de Orense uno de los más feos ejemplares de la especie, con su tableta de mármol y demás requilorios), la fosforera, la petaca y el pañuelo.

Gozó de quietud y reposo los primeros instantes, dedicados á recordar incidentes de la jornada, dichos de Manuela, observaciones re-

ferentes á ella que conservaba apuntadas en la
memoria, movimientos, actitudes y otras menudencias por el estilo. En la obscuridad, paseando la palma de la mano sobre el embozo de
la sábana, pensaba el comandante: ·

—La chiquilla posee un fondo sorprendente
de rectitud; además tiene, como su madre, tierno el corazón y las entrañas humanas; es fácil,
es casi elemental el método para hacerse querer de ella: no hay más que aparecer muy cariñoso, interesarse por la pobrecita... lo cual la
coge de nuevas, porque se ha criado en completo abandono, gracias á mi bendito cuñado y
á sus líos é historias... Tenemos aquí lo que se
llama un *naife*, ó sea un diamante en bruto...
y ¿quién sabe si vale más así? Se me figura que
me hace doble gracia de esta manera; que sí
señor...! ¡Ah! Sencillez, carácter primitivo y
campestre, comercio exclusivo con la madre
naturaleza, su única maestra y su única protectora... Cargue el diablo con todo eso que está
uno harto de ver por ahí: muñecas emperejila-
das y vestidas según las cursilerías de *La Moda
Elegante*, juguetes automáticos que tocan la
Rapsodia húngara entreverada de pifias...
Luego dicen que tiene mucha ejecución... ¡Ejecución! ¡Qué más ejecución que la que hacen
ellas del arte!... Muñecas que todas ríen como
por resorte... que andan igual que si les tirasen
de un hilito... que para fingirse cándidas ponen
cara de tontas en las zarzuelas donde hay frases de doble sentido... que van á misa por ruti-
na y por ver al novio, y á paseo para que rabie

la amiguita si tienen gala que estrenar... Muñecas á quienes les han enseñado que es punto de honra no enterrarse con palma, y cargan con el primer marido que les sale... y después...

Aquí se agolparon á la memoria de Gabriel los recuerdos, y varias gallardas siluetas de pecadoras cruzaron por entre las tinieblas del dormitorio.

—¡Qué antipática me es—prosiguió Gabriel haciendo calendarios—la mentira, la convención social! Convengamos en que hace falta, bueno... ¿Cómo se sostendría sin ella este edificio caduco, apuntalado por unas partes, carcomido por otras, remendado aquí y recompuesto acullá? ¿Esta sociedad que parece un monumento mal restaurado, donde se amontonan hibridaciones de todos los estilos y mescolanzas de todos los órdenes... aquí una portada románica, luego un frontón dórico, después una techumbre de hierro á la moderna?... Aquí se tropieza V. con una preocupación procedente de Chindasvinto... más allá una idea general que difundió algún apólogo traído del Oriente por un cortesano de... ¡Sabe Dios! de un califa cualquiera ó del rey que rabió por gachas... y otra que ya se remontará á los iberos primitivos... y otra que la esparció ayer el estúpido artículo de fondo de un periódico político... Y ajústese V. á esta... y á aquella... y á la otra... y á la de más allá... Verdad es que todo hace falta para reprimir la bestialidad humana... ¡A no ser por eso... crac!

Encontrando caliente ya el lado á que se ha-

bía tendido, volvióse Gabriel del opuesto; y sin
duda este cambio le sugirió ideas revoluciona-
rias, porque pensó:

—¡Valiente estafermo está la sociedad actual!
Aunque la volasen con dinamita...

Pero el rincón frío y agradable que halló hubo
de inspirarle doctrinas conservadoras, y murmuró metiendo el brazo bajo la almohada, postura que era en él habitual:

—Paciencia, Gabriel... Ningún hombre es
tiempo; al tiempo corresponde esa obra histórica, si es que algún día ha de realizarse y no
estamos sentenciados á rodar siempre el mismo
peñasco, nosotros y los que vengan detrás...
Calculemos que todo se lo lleva pateta; ¿y qué
ponemos allí, en el sitio de lo que desbarata-
mos? Verdad que si reparásemos en pelillos, no
habría adelanto ni progreso desde que el mundo
es mundo... No habría evolución... ¿O sí la ha-
bria; qué diablo? La evolución es fatal, y no
está en nuestra mano precipitarla ni estorbar-
la... ¿Puedo yo impedir que ahora se cumplan
perfectamente en mi cuerpo leyes fisiológicas y
biológicas? ¡Cáspita, estoy hecho un pedante;
si me oyesen en el Círculo! Me llamarían chiflado otra vez. Bueno; en resumen, la niña es
una perla sin engarce... y yo debo tratar de
dormirme.

Dejóse oir en este momento la estridente
trompetilla de un cínife, que, guiado por el instinto, venia, sonando su guerrera tocata, á caer
sobre la víctima, suponiéndola aletargada é
inerme.

—La evolución sin lucha... Sin lucha, es una utopía. Quizá la lucha misma, el combate de todos contra todos, es la única clave del misterio... Lo que dice muy bien Darwin en...

El cínife, elevando su clarín bélico á las más altas notas, descendía raudamente sobre el pensador, á quien creía dormido... Gabriel sintió un roce suave en la mejilla; luego le clavaron una punta de aguja, finísima y candente. Aunque empapado en ideas raras, semibudistas, acerca del deber que tiene el hombre de no hacer sufrir al más pequeño avechucho el más insignificante dolor, Gabriel, después de diez segundos de astuta inmovilidad, alzó quedamente la mano, se descargó un lapo bien calculado, con alevosía y ensañamiento, en el carrillo, y despachurró al músico chupón.

Como si la leve sajadura del bisturí del insecto le hubiese inoculado á Gabriel algún amoroso filtro, dió al punto vuelta hacia el mismo lado que acababa de dejar, y empezaron á fatigarle mil tiernos pensamientos relativos á su sobrina.

—¿Me querrá algún día, de verdad, con toda su alma? Si la saco de este purgatorio, si la hago conocer la vida de las gentes racionales, si la enseño á gustar de la música y de las artes, si la restituyo á su verdadera clase social... al gobierno soberano de su casa, que hoy rige una fregona... y además la ofrezco muchísimo cariño, mucha amabilidad, para que no se haga cargo ella de la diferencia de edades... que la hay, que la hay; no vale decir que no... y me-

nuda... Si juego con ella como con una chiquilla..., si la otorgo mi confianza como á una compañera... Me... me querrá del modo que... La
sentiré palpitar... así... azorada... turbada...
embriagada... con esa mezcla de vergüenza y
transporte... que... ¡Cosa más dulce!

Aquí los recuerdos acudieron en tropel á la
imaginación del artillero, escudándose traido-
ramente con la obscuridad y el absoluto silencio que había seguido á la muerte del cínife.
Gabriel se volvió dos ó tres veces de babor á
estribor en la cama, al mismo tiempo que se
le incrustaba en la mente esta idea desconso-
ladora:

—Adiós... Me he despabilado. Ya no pego ojo
en toda la noche.

Trató de poner coto á la desenfrenada fantasía.—A dormir, á dormir—dijo casi en alto, con
la resolución más firme. Eligió postura nueva;
apretó los párpados; se sepultó más en la almohada, y aunque sintiendo dentro el mosco-
neo confuso de sus cavilaciones, procuró fijarse en un solo pensamiento, porque sabía que,
así como la contemplación invariable de un
punto brillante produce el hipnotismo, la fijeza
de una idea calma y adormece.

Pronto se le apaciguó la efervescencia mental; pero, en cambio, cuanto más se sosegaba
la tempestad de las ideas, más se le iban afinan-
do y complicando las percepciones de tres sentidos corporales: el oído, el olfato y el tacto.
¡El oído sobre todo! Era cosa asombrosa lo de
ruidos microscópicos que empezaron á desta-

çarse del aparente silencio: carcomas que roían
el entarimado de la cama; sutiles trotadas de
ratones allá muy alto, sobre las vigas del techo;
chasquidos de la madera de los muebles; orfeo-
nes enteros de mosquitos; solos de bajo de mos-
cones, y, por último, hondo rumor, como de re-
saca, de las propias arterias de Gabriel; de
torrente circulatorio en las válvulas del corazón; de las sienes, de los pulsos. Al olfato llegaba el olor de resina seca del antiguo barniz
del lecho; el vaho animal del plumoncillo de la
almohada; el vago aroma de lejía y el sano tufo
de plancha de las sábanas; el rastro que en la
atmósfera había quedado al extinguirse la última centella del pábilo de la vela, y un perfume
general de campo, de mentas, de mies segada,
de brona caliente, un olor á montañesa joven,
que lejos de ser sedante para Gabriel, le ati-
rantaba más los nervios... El tacto... ¿Quién no
conoce esa desazón de la epidermis, primero
imperceptible cosquilleo superficial, luego sensación insoportable de que nos corren por encima mil insectos, y advertimos el roce de sus
dentadas patitas y de su cuerpo menudísimo, al
cual el nuestro sirve de hipódromo?... Para
producir esta molestia feroz sobra en verano la
inflamación de la sangre que el calor ocasiona;
si á ella se añaden las travesuras de algún pa-
rásito real y efectivo, de las cuales no preserva
á veces ni la mayor pulcritud y aseo, es cosa de
volverse loco.

Parece que en la obscuridad y quietud de la
cama se centuplican las incomodidades y todo se

abulta y transforma. A Gabriel le sucedía así.
El roer de la polilla ya le parecía el de una rata
gigantesca, y las corridas de las ratas cargas de
caballería á galope tendido. Los concertantes
de mosquitos eran coros humanos, de esos en
que toma parte una gran masa coral; los chasquidos del maderamen, crujir formidable de
techo que se desploma; su propia respiración,
el movimiento de enorme fuelle de fragua, y el
curso de su sangre, impetuosa carrera de torrente aprisionado entre dos montañas ó ímpetu
atronador de huracán encajonado en algún ven-
tisquero de los Alpes... Los olores también, por
su persistencia en seguir flotando en la atmósfera, llegaban á pasar de la nariz á las últimas
celdillas cerebrales, ocasionando mareo indecible y ganas de estornudar y verdadera inquietud nerviosa. Las carreras de la piel y la fer-
mentación de la sangre crecían, y no pensaba
Gabriel sino que un ejército de pulgas caninas
y chinches sanguinarias le andaba recorriendo,
con la mayor desvergüenza, el cuerpo todo.
Notaba además una sensación rara, muy propia del insomnio, y era que unas veces se le
figuraba ser muy chiquirritito y otras inmenso,
hasta el punto de no caber en el espacio, y, co-
rrelativamente con estas singulares imaginaciones, notaba que los objetos ya se le venían
encima, ya se retiraban á distancias tan invero-
similes, que era imposible alcanzarlos... Le parecía haberse vuelto de goma elástica, y que
una mano negra, sin consistencia ni forma,
como el espacio, hacia el cual miraba con los

ojos muy abiertos, le encogía ó le estiraba á su
sabor... Y en aquel mismo espacio tenebroso
empezaba la vista á distinguir claridades y luces espectrales, unas azules y como fosfóricas,
otras amarillas ó más bien color de azufre, que,
partiendo de un nucleo central brillante, se extendían, trémulas y vibradoras, y formaban
poco á poco un nimbo violáceo, que irradiaba
y se extinguía y volvía á irradiar y á extinguirse, á semejanza de esas ruedas llamadas
cromátropas con que remata el espectáculo de
los cuadros disolventes...

—Esto ya no se puede aguantar—exclamó
Gabriel en alta y colérica voz; y saltando furioso de la cama ó más bien del potro del martirio, echó mano á la caja de los fósforos y encendió la vela. El aposento quedó débilmente
iluminado, con claridad triste, y el insomne experimentó, al arder la luz, la impresión desapacible de un hombre á quien despiertan al coger
el primer sueño : parecíale antes estar completamente desvelado, excitadísimo, y ahora, la
claridad de la bujía, el movimiento de saltar de
la cama, le revelaban que, al contrario, se encontraba medio adormecido, y á dos dedos de
quedarse traspuesto. No obstante, apenas se
echó otra vez y apoyó el rostro en la almohada
sin apagar la luz y con un cigarrillo recién encendido en el canto de la boca, de nuevo se halló perfectamente despavilado y en disposición
de lavarse, de ponerse el frac é irse á un baile,
ó salir para una cazata. Y claro está que los
ruidos habían cesado, los olores también, y la

picazón de la epidermis desaparecido por completo, no sintiendo Gabriel en ella sino bienestar, sin que ronchas ni otros indicios delata-
sen el paso de la cohorte enemiga.

Lo que sintió á poco rato fué amargura y
constricción en el paladar; sed ardiente.

—¿Qué demonios voy á beber ahora?—pensó.
—Aquí no se acostumbra dejar chisme, botelli-
ta ni cosa que lo valga...

Levantóse y se dirigió al lavabo, resuelto á
refrigerarse, en la última extremidad, con agua
de la jarra; pero la había gastado toda en sus
abluciones matinales, y como en las aldeas no
se sospecha, ni remotamente, que un hombre,
después del refinamiento de lavarse bien por la
mañana, pueda incurrir en el inaudito sibaritismo de volver á chapotear otra vez por la
tarde ó la noche, no es costumbre renovar la
provisión. De mal humor con este incidente re-
gresó Gabriel al lecho; la saliva le sabía á ací-
bar, el cuerpo le parecía que se lo habían puesto á secar en un horno, tal era la calentura que
empezaba á abrasarle.

—¡Noche toledana!—exclamó al tenderse, no
debajo, sino encima ya de las sábanas.—Daría
cinco duros por un vaso de agua. ¡Mal tratan al
rey Don Pedro—en la torre de Argelez!—añadió, riéndose á pesar suyo de las contrariedades mínimas que le traían á mal traer desde
hacia algunas horas.—Dudo que pueda ya dormir en todo lo que falta de noche.

Recordó que sobre una mesa tenía algunos
libros de aquellos rancios y mohosos encontra-

dos en la biblioteca del caserón. Levantóse y tomó uno de ellos, el que estaba encima, *Los Nombres de Cristo.* Al abrirlo y descifrar la portada, lo soltó murmurando:

—¡Filosofías á estas horas! ¿A ver el otro?

El otro era una edición de Salamanca de 1798, *Traducción literal y declaración del libro de los Cantares de Salomón.* Al lado de la portada se veía, en un grabado en madera, la faz pensativa y melancólica, la espaciosa y abovedada frente del Maestro León; debajo un emblema, un árbol con el hacha al pie y la leyenda siguiente: *ab ipso ferro.* La polilla se había ensañado en el volumen, recortando caprichosos calados al través de las hojas.

—Aquí tiene V. un libro curioso, el que le costó la cárcel á su autor—pensó el comandante.—Veremos si á mí me trae el sueño.

Echado ya y vuelto hacia la luz, abrió con interés el delgado volumen. Lo primero que le llamó la atención, en la primera hoja, fueron algunos garrapatos informes, que delataban la mano de un niño, y el nombre de *Pedro* escrito con enormes y dificultosas letrazas. Gabriel comenzó la lectura. A los pocos minutos, el interés de lo que iba leyendo le hizo insensiblemente olvidar la sed y el desasosiego nervioso; funcionó con gran actividad su imaginación, y se tranquilizó su cuerpo. De dos cosas estaba pasmado el comandante, y al paso que iba leyendo, se las comunicaba á sí mismo en interior monólogo.

—¡Demonio... qué retebién escribía el fraile!

Tiene razón en decir que estos moldes se han
perdido... ¡Zape, zape! Y no se mordía la lengua... ¡Vaya unos comentarios, vaya unos es-
colios y aclaraciones, como si la cosa de por sí
no estuviese bastante clara ya! ¡Mire V. que
estas metafísicas acerca del beso! No, y es que
ningún poeta ni ningún escritor de ahora discu-
rriría explicación más bonita; está oliendo á
Platón desde cien leguas... ¡Qué lindo! Este
deseo de cobrar cada uno que ama su alma, que
siente serle robada por el otro, é irla á buscar
en la boca y en el aliento ajeno, para restituirse
de ella ó acabar de entregarla toda... ¡Mire V.
que es bonito, y endiablado, y poético, y todo
lo demás que V. quiera! ¡Ah... pues no digo
nada de los detalles de... Santo Dios, santo fuerte! No, lo que es este libro... ¡Luego se andan
escandalizando de cualquier cosa que hoy se
escriba, que ninguna tiene ni este fuego, ni esta
fuerza, ni esta hermosura, ni esta... acción co-
municativa! ¡Pero qué hermosura tan grande,
qué lenguaje y... qué diabluras para libro pia-
doso!...

Se hundió completamente en la lectura, embelesado, con el alma y los sentidos pendientes
del admirable cuanto breve poema. Una aspiración profana á la dicha amorosa llenaba todo su
ser, y creía oir de los puros labios de la montañesita aquellas embriagadoras palabras: "No
me mires, que yo soy algo morena, que mi-
róme el sol: los hijos de mi madre porfiaron contra mí, pusiéronme por guarda de viñas: la mi
viña no guardé..." Acabóse el libro antes que

las ganas de leer, y el artillero apagó de un rápido soplo la luz, quedándose embelesado en dulces representaciones y en proyectos sabrosos. La sed se le había calmado del todo; la fantasía, aunque excitada por la lectura, cayó en esas vaguedades precursoras del descanso; las ideas perdieron su enlace y continuidad, se deslizaron, se hicieron flotantes é inconsistentes como el humo; Gabriel vió viñas y prados, campos de miés opulenta, un mar de miés que no concluía nunca; su sobrina le guiaba al través de él, diciéndole mil ternezas en bíblico estilo y en primorosa lengua castellana; el cura de Ulloa estaba allí, no austero y triste, sino paternal y venerable, con un jarro de agua fresca en la mano... Gabriel pegaba la boca al jarro, bebía, bebía... ¡Qué agua tan delgada, tan refrigerante y deliciosa!

Oyóse la clara y atrevida voz del gallo; un reflejo blanquecino penetró por las rendijas de las ventanas. El comandate Pardo dormía á pierna suelta.

XXIII

SE despertó muy tarde, rendido de su lucha con el insomnio. Cuando la cocinera, mocita frescachona, de buenas carnes—que desde la mudanza de estado de Sabel desempeñaba el negociado de los pucheros—le subió el chocolate, á petición suya, eran cerca de las nueve y

media, hora extraordinaria para los Pazos, donde todo el mundo madrugaba, siguiendo el ejemplo del amo, á quien antes despertaban con la
aurora sus aficiones de cazador y ahora su consagración á las faenas agrícolas.

Los pensamientos de Gabriel al dejar las ocio-
sas plumas, desayunarse y asearse, fueron so-
bremanera halagüeños. Su sobrina le esperaría
ya, y en tan amable compañía prometíase otra
jornada como la de la víspera, otro viaje de exploración por los alrededores de los Pazos, y,
al mismo tiempo, por los repliegues de un corazón candoroso, tierno y franco, donde el artillero quería penetrar á toda costa. Y no sólo
por inclinación, sino por deber, fundiéndose en
sus deseos los más egoistas y los más nobles
sentimientos del alma, que eso suele ser, bien
mirado, el amor. Gabriel se atusó y acicaló lo
mejor posible, y se peinó de manera que el pelo
le adornase con mediana gracia la cabeza (aunque sin recurrir á artificios de tocador, indignos
de tan varonil y discreta persona), y aguardó
con ansiedad natural y disculpable los golpecitos en la puerta. Corrió tiempo. Nada. Impaciente ya, midió repetidas veces el aposento, lo
recorrió y examinó todo, abrió la ventana, aso-
móse á ella, miró el paisaje, notó que el día era
canicular y la temperatura senegaliana, espantó
con el pañuelo las impertinentes moscas que
venían á posársele críticamente en el hueco de
las orejas ó en la comisura de los labios—donde
más podían fastidiarle,—sonrió ante las inge-
nuas pinturas del biombo, intentó coger un li-

bro, miró el reloj... Nada. La incertidumbre le freía la sangre. Se determinó á salir, buscando el camino de la habitación de su cuñado. Recorrió salones, más ó menos destartalados, y durante la caminata observó algún hermoso vargueño con incrustaciones, de esos que hoy se pagan y estiman tanto, abandonado y estropeándose en un rincón, algún cuadro al óleo, cuyo asunto era imposible adivinar, de tal modo se habían ennegrecido los betunes y las tierras, y tan resquebrajado se hallaba por falta de barniz; vió, en suma, indicios de lo que pudo ser en otro tiempo aquella señorial morada, que inspiraba á Gabriel dilatadas tesis de filosofía histórica. Sólo que entonces no estaba el horno para pasteles. ¿Dónde se habría metido todo el mundo? Porque tampoco el hidalgo de Ulloa parecía por ninguna parte. En su habitación sólo encontró Gabriel á la vieja perra de caza, tendida bajo el rayo solar que de una ventana caía. Al ruido de los pasos del artillero, la perra entreabrió un ojo, sin alzar el hocico que recostaba en las patas de delante, y azotó el suelo con el muñón del rabo, como dando los buenos dias.

En vista de que la casa parecía un palacio encantado ó abandonado por sus moradores, Gabriel bajó á la cocina, donde halló á la nueva hermosa fregatriz ocupada en la labor de un picadillo. Con tanta energía meneaba la media luna sobre la tabla de picar, que la había excavado por el centro, y es seguro que en albondiguillas ó chulas se tragarían los señores, á vuelta de pocos años, un castaño ó roble enterito. Cuando Gabriel preguntó por el hidalgo, la moza dió paz á la media luna y le miró, abriendo la boca de un palmo.

—Le está en la era... ¡con los que majan!— exclamó al fin asombrada de la pregunta.

No comprendía Gabriel el asombro de la chica, ni toda la importancia de la gran faena de la maja, esa faena en que se asocian el cielo y la estación estival al trabajo del hombre, esa faena que no puede realizarse sino en el corazón del año, en mitad de la canícula, en los brevísimos días, que en Galicia apenas llegarán á ocho, cuando el agricultor, pasándose el revés de la mano por la empapada frente y respirando fuerte, exclama:

—¡Qué día de maja nos manda hoy Dios!

A la entrada de la era de los Pazos, el comandante se paró sorprendido por el cuadro, para é novísimo, que se le ofrecía. No era posible soñarlo más animado, más bucólico, más digno de un pintor colorista, alumno de la naturaleza y fiel á la realidad, enemigo de afeminaciones de dibujo y falsas luces cernidas por cortinas de taller. No siendo de piedra la era, habíanla barnizado con una costra espesa de boñiga de vaca, á fin de que el *fruto* no se confundiese entre la arena y el polvo, y rodeándola de sábanas sostenida por cuerdas, con objeto de que el mismo grano no rebasase del circuito donde se majaba. Las *camadas de pan,* ópimas, gruesas, mullidas, se tendían sobre el espacio cuadrilongo, en correcta formación: y los membrudos gañanes,

remangados, en dos hileras situadas frente á
frente, aporreaban con sus pértigas, á compás,
la extendida mies, haciendo saltar las perlas de
oro del trigo, impacientes ya por salirse, con el
menor pretexto, del estuche bruñido que las
contiene. El sol, implacable, metálico, se bebía
el sudor de los trabajadores apenas brotaba de
los dilatados poros; y, sin embargo, la faena
seguía y seguía, que para sostener el esfuerzo
allí estaban, entre camada y camada; los jarros
de vino corriendo de mano en mano. Las jornaleras, vestidas con sayas angostas de zaraza
desteñida, que les señalan los recios muslos,
sacuden la paja, la colocan en rimeros grandes,
preparan la camada nueva, y entre tanto el hombre, de pié, apoyado en el *mallo,* ebrio de sol,
despechugado, con la camisa de estopa pegada
al cuerpo, despacha aprisa el *espeque* ó cigarro, y ya se escupe en la palma de las manos
para volver á blandir el instrumento cuando
suena la hora del combate. ¡Hora terrible, en
que se gastan energía y vigor suficientes para
vivir un mes! La luz deslumbra y ciega; el ambiente es de boca de horno; no corre ni el soplo
de aire suficiente á inclinar el tallo de la más
endeble gramínea: las hojas de las higueras
que rodean la era de los Pazos permanecen inmóviles, como recortadas en hoja de lata, y los
verdes higos, tiesos, á modo de pencas de metal: á veces un pajarillo cae al suelo agonizando
de sofoco, con el pico desesperadamente abierto
y la pluma erizada: en el lindero más cercano,
la víbora saca su cabeza chata, enciende su oji-

llo de azabache, resbala sobre la hierba escandecida, y los abejorros, aturdidos, no aciertan
á salir del cáliz de flor en que hundieron la trom-
pa... ¡Y en el desmayo general de la naturaleza,
que desfallece y espira de calor, sólo el hombre
reconoce su condición servil y cumple el precepto del Génesis, azotando las mies que le ha
de dar sustento!

Gabriel, en cuya presencia nadie reparaba,
porque el interés de la faena absorbía á todos,
permanecía á la entrada de la era, protegido
por la sombra del hórreo, y deteniéndose en ir
á saludar á su cuñado: verdad que éste tenía
el rostro más ceñudo y avinagrado que de costumbre, leyéndose en él cierta sombría preocupación, debida á circunstancias que merecen
referirse.

Todos los años, al abrirse la maja, acostumbraba el señor de Ulloa sacudir la primer camada, demostrando así á sus gañanes que si no
ganaba el mismo jornal que ellos, no era por
falta de aptitud. Cuando el descendiente de
aquellos Moscosos que habían lidiado calzando
espuela de oro en los días, azarosos para el
país gallego, del reinado de Urraca y Alfonso
de Aragón; de aquellos Moscosos que se distinguieron entre los paladines portugueses en la
ardiente África; de aquellos Moscosos que hasta mediados del siglo xix conservaron en el límite de sus dominios erectos los maderos de la
horca, como protesta muda contra la supresión
de los derechos señoriales; de aquellos Moscosos... en fin, de aquellos Moscosos de Ulloa,

que, si no en caudal, en sangre azul podían com-
petir con lo más añejo y calificado de la infan-
zonía española... cuando el descendiente, digo,
de tan claro linaje empuñaba el *mallo* y á la voz
de á la una... á las dos... á las tres... se santi-
guaba, lo vibraba en el aire y lo derrumbaba sobre la espiga, corría entre los *malladores* halagüeño murmullo, que crecía á medida que el
señor, con compás admirable y pulso de atleta,
reiteraba los golpes, sin cejar un punto, poniendo la ceniza en la frente al más alentado de
sus mozos. Su abierta camisa descubría el ester-
nón bien desarrollado, blanco, saliente, que con
el tragín de la labor iba sonroseándose como el
cutis de una doncella á quien agita la danza:
sus mangas, vueltas por más arriba del codo,
permitían ver las montañuelas de carne que el
ejercicio alzaba y deprimía en los robustos brazos. Y así que terminaba el vapuleo por no quedar ni sombra de grano en la espiga tendida, y
Don Pedro, sudoroso, humeante, pero con la
respiración igual y desahogada, se quedaba
apoyado en su *mallo* y gritaba con firme voz:
—¡Ea! ¡Day un jarro de vino, retaco! ¡Los majadores tenemos que mojar la palabra!—ya no
era murmullo, sino tempestad atronadora de
plácemes, de alabanzas, de requiebros, si así
puede decirse, dirigidos á lo que más admira el
labriego en las personas nacidas en esfera superior: la fuerza física. Don Pedro sonreía,
guiñaba el ojo, dejaba escurrir suavemente el
mallo sobre la paja, se atizaba el jarro de una
sentada, no sin decir antes "hasta verte, Jesús

mío„, y consumada esta segunda hazaña, que
no se celebraba menos que la primera, echába-
se la chaqueta por los hombros, se encasque-
taba el sombrero, y sentado en las gavillas de
miés, fumaba como los otros trabajadores, pero
con placer sereno é íntimo orgullo.

Este año observaban atónitos los gañanes
que el marqués no seguía la ya inveterada costumbre. Sentado estaba allí lo mismo que siempre; ¿cómo sería no coger el mallo? Hasta parece que no se le alegraba la cara viendo aquella gloria de Dios de los haces, nunca más
lucidos ni de más limpia espiga, y aquel sol
hecho de encargo para desprender el fruto, y
aquel mar de oro donde los mallos, al precipitarse, producían un ruido apagado, mate y se-
doso que regocijaba el corazón. Lejos de manifestar el contento de otras veces, hasta se
podía jurar que el hidalgo de Ulloa había exha-
lado media docena de suspiros. De tiempo en
tiempo cruzaba las manos y se tentaba los brazos y fruncía el entrecejo, como el que no sabe
á qué santo encomendarse. De repente, Gabriel, desde su atalaya, vió que el marqués se
levantaba resuelto, se despojaba de la americana á toda prisa, se remangaba...

—¿Qué barbaridad irá á hacer éste?—pensó
Pardo.

Se admiró más al verle asir la pértiga, colo-
carse en fila y zurrar valerosamente la miés.
El señor de Ulloa, en los primeros momentos,
demostró todo el esfuerzo y brío acostumbra-
dos; pero á los pocos golpes empezó á sentir lo

que tanto temía, lo que desde por la mañana le
nublaba la frente; la respiración se le acortaba,
el brazo se resistía á levantar el instrumento,
las carnes se le volvían algodón y se le doblaban las rodillas. Exclamó con angustia "¡Alto,
rapaces!„, y los diez y nueve mallos de la cuadrilla permanecieron suspensos en el aire,
como si fuesen uno solo, mientras los gañanes miraban al señor con muda lástima y en
un silencio tal, que pudiera oirse el vuelo de
una mosca. Al fin dejó Don Pedro caer la pértiga, se llevó ambas manos á la frente húme-
la, y á vueltas de congojoso sobrealiento murmuró:

—Rapaces.... Ya pasé de mozo. No sirvo... No
darme el jarro.

Cuchichearon los gañanes; algunos sacudie-
ron la cabeza entre burlones y compasivos, no
sabiendo si era prudente tomar el caso á risa ó
dolerse mucho de él. Don Pedro, desplomado
en los haces, se enjugaba el sudor con un pañuelo amarillo; sus labios temblaban, su rostro
estaba demudado, y un dolor real, acerbo y
hosco, se pintaba en él. Parecía como si el fracaso de su intento le echase de golpe diez años
encima. Sus arrugas, su pelo gris, todas las señales de vejez se hacían más visibles. Y con los
ojos cerrados, cubiertos por el pañuelo, la otra
mano caída, la espalda encorvada y la cabeza
temblorosa, el marqués se veía ya inútil para
todo, baldado, preso en una silla, tendido después en la caja, entre cuatro cirios, en la pobre
iglesia de Ulloa, ó pudriéndose en el cemente-

rio, donde hacía tiempo le aguardaba su mujer.

Así se estuvo unos cuantos minutos, sin que los gañanes se atreviesen á continuar la tarea, ni casi á chistar. Un rumor profundo, contenido, salió de la multitud, cuando Don Pedro, levantándose impetuosamente, listo como un muchacho y con un semblante bien distinto, alegre y satisfecho, llamó con imperio al Gallo, que, ojo avizor, muy currutaco de traje, muy gallardo de apostura, asistía á la faena.

—¡Angel! ¡Angel!

—Señor...

—Busca al *señorito* Perucho... Tráelo volando aquí... De mi parte, ¡que venga á majar la camada!

Jamás impensado reconocimiento de príncipe heredero produjo en corte alguna tan extraordinaria impresión como aquellas explícitas y graves palabras del marqués de Ulloa. Inequívoca era la actitud; claro el sentido de la orden; elocuente hasta no más el hecho; y si alguna duda les pudiese quedar á los maliciosos y á los murmuradores de aldea acerca del hijo de Sabel, ¿qué pedían para convencerse? Llamarle á que majase la camada en lugar del hidalgo, era lo mismo que decirle ya sin rodeos ni tapujos:—Ulloa eres, y Ulloa quien te engendró.

Todos miraron al Gallo, á ver qué gesto ponía. Nunca el semblante patilludo del rústico buen mozo y su engallada apostura expresaron mayor majestad y convencimiento de la alta importancia de su misión en la señorial morada

de los Pazos. Se enderezó más, brilló su redonda pupila, y respondió con tono victorioso:

—Se hará conforme al gusto de Usía.

Salir el Gallo por un lado y entrar Gabriel
por otro, fué simultáneo. Acercóse á su cuñado, y hechos los saludos de ordenanza, sentóse
en los haces, y pidió noticias de su sobrina.

—¿Quién sabe de ella?—respondió el padre.—
Andará por ahí... ¿Has visto la maja?—añadió
revelando sumo interés en la pregunta.

—Sí, te he visto hecho un valiente...

—¿A mí? ¡A mí me viste acabado, *derreado!*
Ya no sirve uno sino para echar al montón del
abono... A cada cerdo le llega su San Martín...
Ya verás á Perucho majar la camada, que será
la gloria del mundo... Ey, Angel... ¿Viene ó no
viene? ¿Qué... no está?

—Dice que no... que salió trempanito con Manola... Que no voltaron aún.

—¡Por vida de!... ¡Mal rayo!

Volvió á encapotarse el rostro y á anudarse
de veras el ceño del hidalgo de Ulloa.

XXIV

C OMIERON solos los dos cuñados. Al sentarse
á la mesa, Gabriel manifestó extrañeza
grande por la ausencia de Manola, y Don Pedro preguntó á los criados si los *rapaces* no parecían; la respuesta negativa no le despejó el
severo entrecejo. Erale difícil al hidalgo con-

servar muchas horas seguidas la afable disposición de los primeros momentos de hospitalidad; no sabía ejercitar la simpática virtud de la
eutrapelia, que, en resumen, es cortesía y buena crianza, y al poco tiempo de tratar á una
persona, se creía autorizado para obligarla á
que sufriese su mal humor, así como á imponerle su jovialidad, cuando estaba alegre, que
no era cosa que ocurriese todos los días. Por su
parte, Gabriel, aunque siempre atento y sin
prescindir de sus corteses maneras, también se
mantenía serio, como hombre que tiene algo
grave en qué pensar.

Sus porqués y cavilaciones salieron á relu-
cir á la hora del café, cuando ya la moza en
pernetas y el tagarote del criado no tenían necesidad de entrar en el comedor. Hacíase el
café allí mismo, en la mesa; lo preparaba Don
Pedro—único modo de que saliese á su gusto—
en una maquinilla de hoja de lata toda desesta-
ñada, derrotadísima, con lágrimas de estaño
colgando á lo largo de su cilindro superior; ar-
tefacto casi inservible, pero irreemplazable
para Don Pedro, habituado á semejante chisme
y persuadido de que en una cafetera nueva no
le saldría bien la operación. Se filtraba el café
lentamente, gota á gota, y en realidad resulta-
ba fuerte, obscuro, aromático, exquisito. El
marqués de Ulloa era inteligente en la materia,
porque merece notarse que aquel burdo hidal-
gote, ajeno, no sólo á la idea de lo que espiri-
tualmente embellece y poetiza, sino de lo que
hace materialmente grata la existencia, tenía

en dos ó tres ramos afinadísimo el sentido y el
conocimiento, hasta rayar en sibarita : nadie
como él distinguía un legítimo habano de primera de las imitaciones más ó menos hábiles;
nadie entendía mejor el intríngulis del café; nadie conocía tan perfectamente dos ó tres clases
de licores y vinos; y así como entendía, fallaba,
y que no le viniesen con cigarros del estanco
ni con jerez de marcas inferiores. Ni él mismo
podía decir dónde había adquirido esta ciencia:
acaso le venía de casta, como al gitano ser cha-
lán y al árabe apreciar armas y caballos.

Mientras se destilaba el rico néctar, Gabriel,
sin acritud ni severidad, antes con cierta blandura, encaminada á hacerse los lares propicios,
dijo á su cuñado:

—Oye tú... ¿No le habrá sucedido á Manuela
cosa mala? ¿Estás seguro?

—Va con Perucho—respondió lacónicamente
el marqués, dando vuelta á la llave y acercando á la villa la taza de Gabriel, donde cayó
un chorro negro que despedía efluvios balsá-
micos.

—Perucho...—murmuró Gabriel Pardo, como
si se le atragantase el nombre.—Perucho... es
un muchacho de muy poca edad.

—Poca edad... ¡Quién me diera en la suya!—
exclamó el hidalgo, respirando por la herida de
su decadencia física.—¡A esa edad, que le echen
á uno encima disgustos y leguas de mal camino! A esa edad... salía yo para el monte á las
cuatro de la mañana, que aún no se veía luz,
y me estaba allí á pié firme hasta las ocho de

la noche, que volvia para casa con el morral atacado de perdices... Y desde las cuatro de la madrugada hasta las ocho de la noche llevaba aguantada toda la lluvia, que se me había secado encima del cuerpo, y todo el sol, que maldito si le hacía yo más caso que á este café que bebo ahora, y todo el frío, y todas las brétemas, y los orvallos, y el pedrisco, y los demonios que me lleven... A veces no me contentaba con las horas del día... ¡buena gana de contentarme! ¡Cuántas noches de invierno tengo salido á las liebres, que andaban pastando en las viñas! Allí... con el tío Gabriel, tu tocayo... los dos escondiditos tras de un pino... tendidos boca abajo... con un papel tapando la boca de la carabina para que las condenadas no olfateasen la pólvora...¿Quieres más azúcar? No... ¡Lo que es del tiempo de Perucho... que me diesen á mí caza que matar y monte por donde andar y una empanada que comer y un jarro de mosto, que me sabía todo á gloria!... Ahora... ¡se acabó!... Ya no está uno de recibo más que para sentarse en una silla... ó para que le tiren al basurero.

—Pues yo—declaró Gabriel, bebiendo aprisa el último sorbo del café—no estoy tan tranquilo como tú; á los enamorados (y aquí se sonrió) algunas impaciencias hay que perdonarnos... Si sabes, poco más ó menos, hacia qué parte suele ir tu hija, me lo dices y salgo allá.

—¿Y quién es capaz de saberlo? Como son locos, si les dió la gana de no parar hasta el Pico Medelo, allá se plantificaron... Tú bien conoces que tanto pudieron echar para Poniente como para Levante.

Gabriel Pardo se mordió el bigote, estruján-dolo con el pulgar contra los labios. Cualquier cristiano se da á Barrabás con semejantes res-puestas en boca de un padre. Miró el artillero en derredor suyo, y al ver que no andaba por allí nadie, ni Sabel ni la cocinera, estuvo á punto de vaciar el saco... Pero al fin el come-dor era un sitio abierto, podía entrar gente de un momento á otro, y lo que á él se le asomaba á la lengua era para dicho privadamente. Si-guió preguntando de un modo indirecto:

—Y... ¿acostumbra Manuela salir así muchas mañanas y no volver á la hora de la comida?

—Pocas... ¡Hombre! ¿Ha de vivir ella en el monte como vivía yo? No se le ocurre á nadie eso. Pero á veces, en tiempo de verano (ya se sabe), y estando Perucho, les ha sucedido co-gerles lejos un chubasco ó una tormenta, y en-tonces sabes qué hacen? Se meten á comer en casa del cura de Naya, ó del pobre de Boán, que en paz descanse, cuando vivía... ¡Cura más templado! Se defendió él solo contra una gavi-lla de más de veinte ladrones, que al fin me lo despacharon para el otro mundo; pero antes despachó él á uno de los galopines y malhirió á media docena... ¡Era más perro!

—Hoy, ni llueve, ni hay señales de borrasca— insistió con firmeza Gabriel.—Manuela no se habrá ido á comer á casa de nadie.

—Eso es verdad... pero los chiquillos, viendo que ayer no pudieron andar juntos, tal día como

hoy se habrán querido desquitar tomándolo por
suyo todo.

El artillero sintió algo molesto, agudo y frío
en el corazón; algo que era inquietud, pena y
susto á la vez. Dominando su turbación involuntaria, dijo, en voz reposada y entera:

—Yo, en tu caso, no lo consentiría. Parece
mal que una señorita de los años de Manuela
ande por los montes sin más compañía que un
mocito poco mayor. Es inconveniente por todos
estilos, y hasta es exponerla, con este sol de
justicia, á que coja un tabardillo pintado.

No obstante la moderación con que hablaba
Gabriel, fuese por estar el hidalgo en punto de
caramelo ó porque le moviese una secreta an-
tipatía contra su cuñado, lo cierto es que exclamó casi á gritos, con bronca descortesía y des-
preciativo acento:

—¡Allá en los pueblos se educa á las muchachas de un modo y por aquí las educamos de
otro!... Allá queréis unas mojigatas, unas *mí-
rame y no me toques,* que estén siempre haciendo remilgos, que no sirvan para nada, que
se pongan á morir en cuanto mueven un pié de
aquí á la escalera de la cocina... y luego mucho
de sí señor, de gran virtud y gran aquel, y
luego sabe Dios lo que hay por dentro, que detrás de la cruz anda el diablo, y las que parecen
unas santas... más vale callar. Y luego, al primer hijo, se emplastan, se acoquinan, y luego
revientan, ¡revientan de puro maulas!...

Escuchaba Gabriel, trémulo y bajando los
ojos. Se sentía palidecer de ira; notaba y re-

primía el temblor de sus labios, la llama que se
le asomaba á las pupilas y el impulso de sus
nervios, que le crispaban los puños. Un fuerte
dolor en el epigastrio, el síntoma indudable de
la cólera rugiente, le decía que si aguardaba
dos minutos más no seguiría oyendo injuriar la
memoria de su hermana sin cometer un disparate gordo. Tendió la mano derecha, y sin mirar al marqués alcanzó un vaso lleno de agua y
lo apuró de un trago. Con la frescura del líquido, la voluntad vino en su ayuda; se incorporó, y dando la vuelta á la mesa se llegó á
Don Pedro con la sonrisa en los labios y le puso
las manos en los hombros, no sin visible sorpresa del hidalgo:

—Si no fueses todavía más bárbaro que malo
(y empleaba el tono humorístico que había usa-
do ya para pedirle á Manuela), lograrías sa-
carme de mis casillas y que me volviese tan
incapaz y tan desatinado como tú... La suerte
que te conozco y te tomo á beneficio de inven-
tario, ¿has oído? Puedes echar por esa boca sapos y culebras; por un oído me entran y por
otro me salen. No tienes ni pizca de trastienda,
y no eres tú el que has de excitarme á mí y
hacerme saltar... Eso quisieras. ¿Cargarme yo?
Si me das lástima, fantasmón; si esta mañana
no pudiste levantar el palitroque aquel para
tundir el trigo... No cierres los puños, que no
te hago maldito el caso; además, que no puedo
reñir contigo; somos yerno y suegro, como
quien dice, padre é hijo... y ya que tú no cuidas,
como debieras, de mi futura esposa, yo voy á

buscarla, ¿entiendes tú? ¡Y á fe de Gabriel Pardo de la Lage, te juro que no volverá á suceder que ande por los montes sin que se sepa su paradero!

XXV

Si vale decir verdad; cuando salió del caserón solariego como alma que lleva el diablo, por no oir la retahíla de palabrotas y berridos con que Don Pedro contestó á su arenga, no sabía el comandante ni hacia dónde dirigirse ni á qué santo encomendarse para cumplir el programa de encontrar á su sobrina. La hora era además tan cruel y el calor tan intolerable, que sólo estando á mal con la vida podía nadie echarse á andar por los senderos calcinados. Estarían cayendo las dos de la tarde, el momento en que los habitantes, así racionales como irracionales, de los Pazos, se aprestaban á gozar las delicias de la siesta, tendiéndose cuál panza arriba, cuál de costado para roncar; despatarrados los gañanes sobre los haces de paja, y estirados en completa inmovilidad los perros, sacudiendo solamente una oreja cuando se les posaba encima importuna mosca.

. Por vivo que fuese el celo de Gabriel, comprendió la locura de salir á descubierta en momentos semejantes, é instintivamente buscó una sombra donde guarecerse y consultar consigo mismo. Dió consigo en la linde del soto, al pié de un castaño, si no de los más altos, de los más acopados y frondosos, sobre cuyas flores caídas, que mullían dobladamente el tapiz de manzanilla y grama, encontró buen recostadero.

....

—No hay remedio...—comenzó á devanar Gabriel.—Yo corto por lo sano... El animal de mi cuñado, tengo que reconocerlo, no ve *esto* que veo yo... Es que si lo viese, y viéndolo lo consintiese... nada, cuatro tiros.

....

—Y yo, ¿qué veo, en resumen? ¿Tiene fundamento, tiene cuerpo, tiene base esta idea? ¡No, y renó! Aquí no hay más que una cuestión de conveniencias desatendidas... impremeditaciones é ignorancias de una montañesilla inexperta... bárbara indiferencia, atroz descuido de un hombre zafio y adocenado... fatalidades de educación, de medio ambiente...

....

—No puede negarse que mi venida aquí ha sido providencial. El abandono en que está la niña, hija de mi pobre Nucha, clama al cielo... Debí enterarme antes, mucho antes. He dejado pasar años sin tomarme la molestia... Bien, yo no podía tampoco suponer... ¡Qué calor! Comprendo á los japoneses...

....

Suspiró y cortó una rama de castaño para abanicarse con ella. Lo que le sofocaba era, más que la temperatura, la reacción del reciente acceso de cólera. El café que acababa de pa-

ladear le había dejado en la lengua un amargor
agradable, y le producía ese ligero eretismo
cerebral tan propio á la creación artística y á
la fácil emisión de la palabra. La naturaleza
desfallecía, y el rumoroso silencio del bosque,
el ronco quejido de la presa, la fragancia de las
flores del castaño, ayudaban á exaltar la fantasía de Gabriel, muy inclinada, como sabemos,
á echarse por esos trigos.

. . . .

—¿Por qué causa tal impresión la naturaleza?
Yo lo había leído en libros, pero me costaba
mis trabajos creerlo... ¡Esto de que, porque uno
vea cuatro montañas y media docena de nubes,
se ponga á meditar sobre orígenes, causas, el
ser, la esencia, la fatalidad y otras cien mil co-
sazas que carecen de solución! ¡Empeñarnos en
que la naturaleza tiene voces, y voces que dicen algo misterioso y grande! ¡Ay... á esto sí
que se le puede llamar chifladura! ¡Voces... Voces! ¡Unas voces que están hablando hace miles y miles de años, y á cada cual le dicen su
cosa diferente! Deduzco que ellas no dicen maldita la cosa... y que nosotros las interpretamos
á nuestra manera... Lo que pasa con las cam-
panas: en seguida cantan lo que á uno se
le antoja... Las voces están dentro... A mi
cuñado le suena la naturaleza así: — ¡Buen día
de maja! — Y al creyente le murmura que hay
Dios...

. . . .

—¿Que no existe el mundo exterior; que lo
creamos nosotros? ¡Puf! Idealismo trascenden-

tal... Váyase á paseo este afán de escudriñar el
fondo de todas las cosas...

Un saltón verde, muy zanquilargo, vino á posarse en la mano del pensador. Gabriel le cogió
por las zancas traseras y le sujetó algún tiempo, divirtiéndose en ver la fuerza que hacía
para soltarse. Al fin aflojó, y el bicho se puso
en cobro pegando un brinco fenómenal.

—Y á Manuela, ¿que le dirá la señora naturaleza, la única mamá que ha conocido?

En la memoria de Gabriel, como en placa fo-
nográfica, empezaron á revivir fragmentos de
la lectura de la noche anterior, sólo que encon-
contrándoles un sentido y dándoles un alcance
nuevo de respuesta á la última pregunta.

—"La sazón es fresca y el campo está hermoso: todas las cosas favorecen á tu venida y
ayudan á nuestro amor, y parece que la naturaleza nos adereza y adorna el aposento... Voz
de mi amado se oye: veislo, viene atravesando
por los montes y saltando por los collados... La
izquierda suya debajo de mi cabeza, y su derecha me abrazará... Hablado ha mi amado, y dí-
jome: levántate, amiga mía, galana mía, y vente... Ya ves, pasó la lluvia y el invierno fuese.
Los capullos de las flores se demuestran en nuestra tierra, el tiempo de la poda es venido, oída
es la voz de la tórtola en nuestro campo: la higuera brota sus higos, y las pequeñas uvas dan

olor : por ende levántate, amiga mía, hermosa
mía y ven.„

. . . .

—Según los garrapatos que he visto en la edi-
dición, Manuela y su... ¡lo que sea! aprendieron
á leer por ese libro... Tiene algo de simbólico...
La más negra no es el texto, sino los comentarios... Cuidado con aquello que dice de que el
jugar á esconderse burlando es regalo y juego
graciosísimo del amor... Sí, que no sabrían ellos
solos retozar entre los árboles... Pues, ¿y el en-
señarlés á que se fijen y reparen en los arrullos
de las palomas y en los amoríos de los avechu-
chos?.

. . . .

—Lo más tremendo es la manía de llamarla
hermana... "Robaste mi corazón, hermana
mía, esposa, robaste mi corazón con uno de los
tus ojos en un sartal de tu cuello... Panal des-
tila tus labios, esposa; miel y leche está en tu
lengua; y el olor de tus vestidos, como el olor
del incienso. Huerto cerrado, hermana mía esposa...„

. . . .

—Este lenguaje oriental...

. . . .

—"¿Quién te me dará como hermano que ma-
mase los pechos de mi madre? Hallarteía fuera,
besaríate, y ya nadie me despreciaría.„

. . . .

—Con permiso de Fray Luis de León : lo que
es sus comentarios á este pasaje, son una confusión lastimosa entre el amor y la fraternidad,

No me negará nadie que es bonita escuela para
las señoritas lo que dice á propósido de los amores desiguales... Cosa más disolvente que estos
místicos y contempladores... y el pasaje está
más claro que el agua!...

 —"Porque se ha de entender que entre dos
personas (aunque las demás calidades ó que se
adquieren por ejercicio ó que vienen por caso
de fortuna ó que se nace con ellas) puede haber
y hay grandes y notables diferencias; pero unidas en caso de amor y voluntad, porque ésta es
señora y libre; así como en todo es libre y señora, así todos en ella son iguales, sin conocer
ventaja del uno al otro, por diferentes estados
y condiciones que sean.„

 —¡Caracoles con Fray Luis!

 —Quieto, Gabriel, que estás discurriendo como un quídam, sin asomo de cultura, como si
toda tu vida no te hubieses esforzado en ser
racional... racional. Si tu sobrina ha leído eso,
sería de niña, cuando deletreaba; y á fuerza de
ser clásico y castizo y repulido, ni lo entendió
entonces, ni lo entendería ahora. Esta lectura
te hace efecto y te da en qué pensar á ti, por lo
mismo que estás muy civilizado y muy saturado
de libros y muy harto de meterte en honduras...
Lo que es á ellos... No has de caer en majadero
por empeñarte en ser sagaz.

 —Se me figura que la naturaleza se encara,

conmigo, y me dice: Necio, pon á una pareja
linda, salida apenas de la adolescencia, sola,
sin protección, sin enseñanza, vagando libremente, como Adán y Eva en los días paradi-
síacos, por el seno de un valle amenísimo, en la
estación apasionada del año, entre flores que
huelen bien, y alfombras de mullida hierba capaces de tentar á un santo. ¿Qué barrera, qué valla los divide? ¡Una enteramente ilusoria, ideal;
valla que mis leyes, únicas á que ellos se suje-
tan, no reconocen, pues yo jamás he vedado á
dos pájaros nacidos en el mismo nido que ani-
den juntos á su vez en la primavera próxima...
Y yo, única madre y doctora de esa pareja, soy
su cómplice también, porque la palabra que les
susurro y el himno que les canto, son la verdadera palabra y el himno verdadero, y en esa
palabra sola me cifro, y por esa palabra me
conservo, y esa palabra es la clave de la creación, y yo la repito sin cesar, pues todo es en
mí canto epitalámico, y para entenderlo, simple, ¿qué falta hacen libros ni filosofías?

—Pero es cosa que eriza los pelos... La hija
de mi hermana, la esperanza de mi corazón,
caída en ese abismo... ¡Qué monstruosidad horrible! Y no hay duda... Soy un idiota en no ha-
berlo comprendido desde luego... Presentimien-
to sí que lo tenía... Algo me dió el corazón ya
en casa de Máximo Juncal... ¡Ay, Nucha, pobre
mamita, y qué bien hiciste en morirte!... Todo
el día solos, campando por su respeto á una ó
dos leguas de la casa... ¿Qué hacen á estas ho-

ras? ¿En qué clase de juego entretienen la siesta? De seguro...

....

—Maldito yo por no venir antes. Aunque sabe
Dios desde cuándo... Y, ¿que hago ahora aquí,
cavilando y lamentándome? Tocan á moverse...
á buscarla, ¡voto á sanes! y á deshacer este enredo horrible, y á sacarla de la abyección, y á
cortar de raíz...

....

—¿Hacia dónde tomarían?

XXVI

Siguió el primer sendero que encontró, porque tan probable era que hubiesen pasado
por aquél como por otro. Caminaba sin fijarse
en el paisaje ni formar idea de si se alejaba mucho de los Pazos, y sus ojos, devorando el horizonte, trataban de descubrir un campanario,
el de Naya. ¿No había dicho el señor de Ulloa
que á Naya solían ir?
Cruzó prados humedecidos por el riego, y
heredades acabadas de segar la víspera; se
metió por entre viñedos; saltó vallados; atra-
vesó huertos con frutales, y costeó eras donde
resonaba el cadencioso golpe del *mallo;* en
suma: gastó con la actividad y el movimiento
su impaciencia torturadora, que le encendía la
sangre y le ponía los nervios como cuerdas de
guitarra. El ejercicio le hizo provecho; andando

y andando, empezó á sentirse con la cabeza más despejada y el corazón más tranquilo.

Contribuía á ello el acercarse ya el instante de calma suprema, la hora religiosa, el anochecer. De la sombra que iba envolviendo el suelo emergían las copas de los árboles, coronadas aún por una pirámide de claridad; al Oeste, los arreboles se extendían en franjas inflamadas como el cráter de un volcán: el contraste del incendio, pues hasta forma de llamas tenían las nubes, hacía verdear el azul celeste; y unas cuantas nubecillas, dispersas hacia el Poniente, parecían gigantescas rosas y bolas de oro desparramadas por el cielo. Una puesta de sol inverosímil, de esas que dejan quedar mal á los pintores cuando se les mete en la cabeza copiarlas. Sobre el grupo de árboles más abandonados ya de la luz diurna, se desplegaba, á manera de leve cortinilla plomiza, el humo que despedía la chimenea de una cabaña; y de las hondonadas, donde se conservaba archivado el enervante calor de todo el día, se alzaban compactas huestes de mosquitos.

De pronto levantó Gabriel la cabeza... Un tañido lento y lejano, una gota, por decirlo así, de música apacible, resignada, admirablemente poética en semejante lugar, sobre todo por lo bien que se armonizaba con los *saüdosos* "¡ay... lé...lé!...„ que segadoras y majadores entonaban desde los campos y las eras, se dejó oir repetidas veces, á intervalos iguales... El comandante se paró, y una especie de escalofrío recorrió su cuerpo. Se le arrasaron en lágrimas los

ojos, lágrimas de esas que no corren, que vuelven al punto á sumirse. ¡Cuántas veces había
oído hablar de la poesía del *Angelus!* Y sin
conocerla, se la imaginaba desflorada por tanta
rima de coplero chirle, por tanto artículo sentimental... Fué esto mismo lo que aumentó la
fuerza de la impresión, é hizo más inefable el
misterioso tañido.

—El que discurrió este toque de campana á
estas horas, era un artista de primer orden...
¡Cáspita! ¿Hacia dónde ha sonado? ¿Estaré, sin
saberlo, cerca de Naya? No puede ser... He
comprendido que Naya se encuentra á la subida
del monte... y hace un cuarto de hora lo menos
que bajo al valle. ¡Hola! ¡Si el campanario se
ve asomar por allí! ¡Qué bajito! Es el de Ulloa,
no me cabe duda.

Ya todo era cuesta abajo, y Gabriel la des-
cendió con bastante ligereza, sólo que el cami-
nillo daba mil vueltas y revueltas, y el comandante no se atrevía á atajar, temeroso de per-
derse. Caía la noche con sosegada majestad:
las luces de bengala del poniente se extinguían,
y detrás del lucero salía una cohorte innumera-
ble de estrellas. No distinguió Gabriel la iglesia
hasta estar tocándola casi, y no fué milagro;
porque la parroquial de Ulloa cada día se iba
sepultando más en la tragona tierra, que se la
comía y envolvía por todos lados, dejando apenas sobresalir, como mástil de buque náufrago,
la espadaña y el remate del crucero del atrio.
La puerta del vallado que rodeaba á éste, bien
fácilmente se podía saltar, sin más que levantar

algo las piernas; pero Gabriel Pardo no había
entrado en el atrio por el gusto de entrar, sino
por acercarse á *algo* que él sabía estar allí, y
que le pesaba con remordimiento profundo no
haber visitado antes, desde el momento mismo
de su arribo á los Pazos...

Cosa de broma saltar la cerca del atrio; mas
no así penetrar en el cementerio de Ulloa. Parecía como si se hubiese defendido su acceso
con esmero especial, nada común en las aldeas,
donde los camposantos suelen andar mal pre-
servados de la contingencia, remotísima en
verdad, de una profanación. El muro que lo
rodeaba era alto, bien recebado, y en el caba-
llete se incrustaban recios cascotes de botella;
la verja de la cancilla, sobre la cual se gallardeaba la copa de un corpulento olivo, se componía de maderos fuertes, recién pintados, ter-
minados en unos pinchos de hierro. Asegurá-
banla sólida cerradura y grueso cerrojo.

Gabriel comprendió que, además de la cancilla, debía de existir una puerta que comunicase
directamente con el atrio, y no se engañó; sólo
que era de dos hojas, y no menos sólida y ma-
ciza en su género que la cancilla. No se podía
intentar abrirla; por fuerza, sería un acto irres-
petuoso; en cuanto á llamar al sacristán, ni
pensarlo; de fijo que después de sonar las ora-
ciones, se habría retirado á su casa, dejando
solos á los muertos y á la pobrecilla iglesia.

Intentó al menos el comandante distinguir, al
través de la verja, la traza del cementerio,
acostumbrando la vista á las tinieblas de la es-

trellada noche. Después de mirar fijamente y
largo rato, adquirieron algún relieve las formas
confusas. El cementerio parecía muy bien cuidado ; las cruces, no derrengadas como suelen
andar en sitios tales, sino derechas y puestas
con simetría y decoro; la vegetación y los arbustos ostentando el no sé qué de los jardines,
la gentil lozanía de la planta regada y dirigida
por mano cariñosa. Sobre el fondo sombrío del
follaje se destacaban irregulares manchones
claros, que debían de ser flores. Flores eran, y
ya los ojos de Gabriel, familiarizados con la
obscuridad, podían hasta darles su nombre propio: las manchas redondas, hortensias; las largas, varas de azucenas blanquísimas. Lograba
también, sin esfuerzo, contar los senderitos
abiertos entre las cruces, y los montecillos que
éstas coronaban.

A su izquierda distinguió claramente una especie de nicho abultado, con pretensiones de
mausoleo, y sobre cuya blancura se perfilaban,
á modo de columnas de mármol negro, los troncos de dos cipreses muy tiernos aún, recién
plantados sin duda. La mirada se le quedó fija
en el mezquino monumento... Era *allí*... Se
agarró con ambas manos á la verja, quedándose
abismado en la contemplación que producen los
objetos en los cuales, como en cifra, vemos representado nuestro destino. ¡ Allí, allí estaba el
cariño santo de su vida, la que al cabo de tantos
años, desde el fondo de la tumba, le había atraí-
do á aquel ignorado valle!

En el espíritu de Gabriel batallaban siempre

19

dos tendencias opuestas: la de su imaginación
propensa á caldearse y deducir de cada objeto
ó de cada suceso todo el elemento poético que
pueda encerrar, y la de su entendimiento á ana-
lizar y calar á fondo todo ese mundo fantástico, destruyéndolo con implacable lucidez. Ante
la cancilla de aquel cementerio de aldea, triun-
faba momentáneamente la imaginación; de buen
grado ofrecía treguas el entendimiento, y todo
lo que en lugares semejantes evocan, sueñan y
forjan los creyentes y los medrosos, los nerviosos y los alucinados, tuvo el comandante Pardo
la dicha suprema de evocarlo, soñarlo y forjar-
lo por espacio de unos cuantos minutos. Apari-
ciones, aspectos fantasmagóricos, formas que
puede tomar el ser querido que ya no pertenece
á este mundo para presentarse á los que todavía permanecen en él, y esa sensación indefinible de la presencia de un muerto, ese soplo
sutil de lo invisible é impalpable, que cuaja la
sangre é interrumpe los latidos del corazón.
Cuando se produce este género de exaltación,
nadie la saborea con más extraño placer que
los espíritus fuertes, los incrédulos : es el gozo
de la mujer estéril que se siente madre; es un
deleite parecido al que causa la lectura de una
novela de visiones y espectros á las altas horas
de la noche, en la solitaria alcoba, con la per-
suasión de que no hay palabra de verdad en
todo ello, y á la vez con involuntario recelo de
mirar hacia los rincones adonde no llega la luz
de la lámpara, por si allí está acechando la
cosa sin nombre, el elemento sobrenatural que

teme y anhela nuestro espíritu, ansioso de romper la pesada envoltura material y el insufrible
encadenamiento lógico de las realidades!

Las flores de hortensia eran manos pálidas
que hacían señas á Gabriel; las azucenas, flotantes pedazos de sudario; los cipreses, figuras
humanas vestidas de negro, que inmóviles defendían el acceso del lugar donde reposaba Nucha... Y allá, del fondo del mausoleo... ¡qué ilusión esta tan viva, tan fuerte, tan invencible!
sale un murmullo humilde y quejoso, como de
rezo, un suspiro lento y arrancado de las entrañas... ¿Es posible que el oído sea juguete de semejantes alucinaciones? No hay duda, otro suspiro tristísimo... tan claro, que un estremecimiento recorre las vértebras del comandante.

Estas treguas del entendimiento duran poco,
y en el cerebro de Gabriel, que no poseía la
frescura plástica de la ignorancia y de la juventud, la razón recobró al punto sus fueros. En
un segundo, el apacible cementerio perdió su
prestigio todo : lo vió lindo y alegre, como debía de ser á la luz solar. De su hermana, lo que
estaba allí era el polvo... residuos orgánicos...
¡Materia! Y trató de figurarse cómo estaría
aquella materia inerte, qué aspecto tendrían,
entre las podridas tablas del ataúd y la húmeda
frialdad del nicho, los huesecillos de aquellos
brazos tan amantes, en que se había reclinado
de niño. Se le oprimió el corazón: por instinto
alzó la frente y miró al cielo.

—Si hay inmortalidad, ahí estará la pobre; en
alguna de esas estrellas tan hermosas.

El firmamento parecía vestido de gala, como
para rechazar toda idea de muerte y podre-
dumbre, y confirmar las de inmortalidad y gloria. Compensando la falta de la luna que no
asomaría hasta mucho más tarde, los astros
resplandecían con tal magnificencia, que indu-
cian á creer si toda la pedrería celestial acababa de salir del taller del joyero divino. Más que
azul, semejaba negra la bóveda; las constelaciones la rasgaban con rúbricas de luz; algunos
luceros titilaban vivos y próximos, otros se
perdían en la insondable profundidad; la vía
láctea derramaba un mar de cristalina leche, y
Sirio, el gran brillante solitario, centelleaba
más espléndido que nunca.

También el suelo estaba de fiesta. La incomparable serenidad de la noche le envolvía en
un hálito de amor: las sombras eran densas y
vagas á la vez: los horizontes lejanos se disfu-
maban en azuladas nieblas: á pesar de la mucha calma, no había silencio, sino murmurios
imperceptibles, estremecimientos cariñosos,
ráfagas de placer y vida; la savia antes de parar su curso y retroceder al corazón de los árboles, aprovechaba aquel minuto de plenitud
del verano para saturar por completo el orga-
nismo vegetal, y lo que era acres aromas en el
monte, en el valle atmósfera verdaderamente
embalsamada. La iluminación de la noche nupcial, los farolillos venecianos de las bodas, los
suministraban las luciérnagas, insectos en quienes arde visiblemente el fuego amoroso...

No podía Gabriel confundir el verdoso y fos-

forescente reflejo de los gusanos con la pequeña llama azul que se alzó de las profundidades
del cementerio, y que revoloteando suavemente le pasó á dos dedos del rostro. Bien conoció
el fuego fatuo, arrancado por el calor á aquel
sitio bajo y húmedo y relleno de cadáveres humanos... Con todo, sintió que otra vez se le
exaltaba la fantasía, y pegó el rostro á la verja
escudriñando con avidez el interior del camposanto, por si tras el fuego surgía alguna forma
blanca, ni más ni menos que en *Roberto el
Diablo*... Y en efecto... ¡Chifladura, ilusión de
óptica! ¿Qué...? Pues no, que bien claro lo está
viendo... Algo se alza detrás del nicho, junto á
los cipreses... Algo que se inclina, vuelve á alzarse, se mueve... ¡Una forma humana!... ¡Un
hombre!

Sólo tiene tiempo el artillero para adosarse
al muro, al amparo de la sombra que proyecta
el olivo. Rechina el cerrojo, gira la llave, se
abre la verja, y sale la persona que momentos
antes rezaba al pié del mausoleo de Nucha. El
rezador nocturno cierra cuidadosamente la
verja, hace por última vez la señal de la cruz
volviéndose hacia el cementerio, y pasa rozando
con Gabriel y sin verle, con la cabeza baja, cabeza blanquecina y cuerpo encorvado y humilde.

—¡El cura de Ulloa!

Se quedó Gabriel algún rato como si fuese
hecho de piedra, sin darse cuenta del por qué
semejante persona, en tal sitio y entregada á
tal ocupación, le parecía la clave de algún misterio, uno de esos cabos sueltos de la madeja

del pasado, que guían para descubrir historias
viejas que nos importan ó que despiertan nove-
lesco interés.

—¡Ahí están los suspiros y los rezos que yo
oía!—pensó, encogiéndose de hombros.—Si no
acierta á salir ahora este buen señor, yo ten-
dría una cosa rara que contar... y creería hon-
radamente en una pamplina... inexplicable...
¡Ea, me he lucido con mi excursión! De Manuela, ni rastro... Verdad es que he visitado á la
pobre *mamita*... ¡Adiós, adiós! (Volviéndose
hacia la verja.) Y en realidad la caminata me
ha calmado. Se me figura que esta tarde pensé
mil delirios y ofendí mortalmente con la imaginación á mi sobrina. ¿Cómo ha de estar profa-
nada, depravada, una niña que tiene aquél aire
franco y sencillo y honesto á la vez, el aire y
los ojos de su madre? Sé sincero, Gabriel, contigo mismo. (Deteniéndose y mirando á las estrellas.) Lo que te sucedió, que te encelaste,
porque estás interesado por la muchacha... Pues
amigo, eso no vale. ¿A qué viniste aquí? ¿A sal-
varla, verdad? Entonces, piensa en ella sobre
todo. A un lado egoismos; si no te quiere, que
no te quiera; mírala como la debió haber mirado su padre. A pedirle mañana una entrevista;
á hablarle como nadie le ha hablado nunca á la
criatura infeliz. Lo que tú has estado pensando
allí al pié del castaño, es una monstruosidad;
pero con todo, bueno es prevenir hasta el que
á otros se les ocurra la misma sospecha atroz.
A ti, al hermano de su madre, corresponde de
derecho el intervenir. Y caiga quien caiga, y

así sea preciso prender fuego á los Pazos y llevarte á la muchacha en el arzón de la silla... Digo, no; esto de raptos es niñería romántica... Pero es decir, que tengas ánimo y que no se te ponga por delante ni el Sursumcorda, ¡qué diablos! Y cuidadito cómo le hablas á la montañesa... No hay que abrirle los ojos, ni lastimarla, que, después de todo... reparo deberías tener en tocarla siquiera con el aliento... y morirte deberías de vergüenza por las cosas que se te han ocurrido. ¡Pobre chiquilla! (Pausa.) ¡Qué noche tan hermosa! ¿Iré camino de los Pazos... ó lo estaré desandando? Por allí suena la presa del molino... De noche se oye muy bien... Parece el sollozo de una persona inconsolable... Sí, hacia esa parte están los Pazos; en llegando al molino, ya los veo.

El sollozo del agua le guió á una *corredoira*, no tan honda ni tan cubierta de vegetación como la de los Castros, pero perfumada y misteriosa cual ninguna deja de serlo en el verano, y alumbrada á la sazón por la luz suave y espectral de las luciolas, que á centenares se escondían en las zarzas ó se perseguían arrastrándose por la hierba. Tan lindo aspecto daban á las plantas las linternas de aquellos bichejos, que el artillero, al salir del túnel, se detuvo y miró hacia atrás, para gozar del fantástico espectáculo. Una línea fría le cruzó el rostro: era un tenuísimo hilo de la Virgen, y Gabriel alzó la vista hacia el matorral, queriendo adivinar de dónde salía la sutil hebra. Cuando bajó los ojos, se le figuró que al otro extremo del túnel se movía

un bulto confuso y grande. El pálido resplan-
dor de los gusanos, semejante al destello de
una sarta de aguamarinas y perlas, no le consintió al pronto discernir si eran bueyes ó personas, y cuántas, lo que se iba aproximando
en silencio. Gabriel, sin reflexionar, se embos-
có tras las plantas, con el corazón en prensa;
si alguien le hubiese preguntado entonces ¿por
qué te escondes y por qué te azoras así? no le
sería posible dar contestación satisfactoria. El
bulto se acercó... Era doble: se componía de
dos cuerpos tan pegados el uno al otro como la
goma al árbol; no hablaban; ¿para qué? El la
sostenía por la cintura, y ella se recostaba en
su hombro y le pasaba el brazo izquierdo alrededor del cuello. Marchaban con el paso elás-
tico y perezoso á la vez, propio de la juventud
y de la dicha avara, que regatea los minutos.

Hacía ya algunos que había desaparecido la
enamorada pareja, y todavía estaba el artillero
quieto, con los puños y los labios apretados,
los ojos abiertos de par en par, el cuerpo tem-
bloroso, los piés clavados en tierra como si se
los remachasen, fulminado en suma por la última visión de aquella noche de verano. Al fin su
pecho se dilató, como para respirar; estiró los
brazos; descargó una patada en el suelo; y
mandando enhoramala sus filosofías, su pulcritud de lenguaje y de educación, su cultura y su
firmeza, arrojó, como arroja el caño de sangre
la arteria cortada, una interjección obscena y
vulgarísima, y añadió sordamente:

—¡Qué vergüenza... qué barbaridad!

XXVII

No vayan Vds. á figurarse que desde el entronizamiento del Gallo y sus útiles reformas, encaminadas á acrecentar el decoro y representación de los Pazos, ó al menos de la mayordomía, se hubiese suprimido el tertulión de la cocina por las noches. Suprimir, no; depurar, es otra cosa. La autoridad del buen exgaitero se empleaba en alejar mañosa ó explícitamente de allí á la gentuza, como las nietas de la Sabia y otras *lambonas* que sólo andaban tras la intriga y á la socaliña del pedazo de pan hoy, y mañana del de cerdo, si á mano viene. Para semejantes brujas, chismosas y zurcidoras de voluntades, desde el primer día significó el Gallo, con toda su autoridad de sultán y marido, la orden de expulsión; ¡si conocería él el paño! Y Sabel, aunque muy dada á comadrear, hubo de conformarse—como se conformaría á andar á cuatro patas, si tales fuesen los deseos del insigne rey del corral.

Escogido ya el número de tertulianos, se redujo á los notables de Ulloa y Naya, al pedáneo, á los labriegos cabezas de familia y colonos de los Pazos, al criado del cura, al sacristán, al peón caminero y demás personas de suposición que por allí podían encontrarse; de suerte que varió muchísimo el carácter de aquel sarao, y no se parecía en lo más mínimo á lo

que fué en otros días, bajo la dominación de
Primitivo *el Terrible.* Antaño, predominando
el sexo femenino, se pagaba tributo muy crecido á la superstición: se refería el paso de la
Compaña con su procesión de luces; se contaban las tribulaciones de la mocita, á quien le
había dado *sombra de gato negro,* ó atacádola-
el *ramo cativo;* se ofrecían recetas y medici-
nas para todos los males; se gastaba una noche
en comentar el robo de una gallina ó el feliz
alumbramiento de una vaca; un viejo chusco
refería cuentos, y las mozas, en ratos de buen
humor, se tiroteaban á coplas, improvisándolas
nuevas cuando se les acababan las antiguas.
Toda esta diversión populachera era incompa-
tible con los adelantos de la civilización que
pretendía introducir allí el Gallo. Bajo su influjo, la tertulia, compuesta de sesudos y doctos
varones, se convirtió en una especie de ateneo
ó academia, donde se ventilaban diariamente
cuestiones arduas más ó menos enlazadas con
las ciencias políticas y morales. El Gallo se en-
cargaba de la lectura de periódicos, que reali-
zaba con aquel garabato y chiste que sabemos;
y excusado me parece advertir lo bien informa-
do que quedaba el público, y las exactísimas
nociones que adquiría sobre cuanto Dios crió.
Así es que el debate era de lo más luminoso, y
mal año para los gobernantes y repúblicos que
no viniesen allí á ver resueltos por encanto los
problemas que tanto les dan en qué entender.
Había en la asamblea especialistas, profundo
cada cual en la materia á que consagraba sus

desvelos: Goros, el criado del cura de Ulloa,
se dedicaba á la controversia teológica y á la
exégesis religiosa, soltando cada herejía que
temblaba el misterio; el señor pedáneo tenía á
su cargo la política interior, cortaba sayos y
daba atinadísimos consejos á Castelar y á Sagasta, hablaba de ellos como si fuesen sus com-
pinches y vaticinaba cuanto infaliblemente iba
á producirse en el seno del gabinete: un labriego machucho, el tío Pepe de Naya, antes
encargado del ramo de chascarrillos, corría
ahora con el de hacienda, y exponía las más
atrevidas teorías de los socialistas, y comunis-
tas revolucionarios, sin necesidad de haber leído á Proudhon ni cosa que lo valga; y el atador de Boán, cuando llamado por deberes profesionales, ó alumbrado más de la cuenta, se
veía obligado á pasar la noche en Ulloa, dedí-
cábase á la propaganda filosófica, y ponía cátedra de panteismo, explicando cómo los hombres y las lechugas son una sola esencia en diferentes posiciones... ó para decirlo en sus propias palabras, "lo mismito, carraspo, perdonando vusté„.

Uno de los mayores placeres de aquel senado
campesino era confundir y aturdir con su ciencia á los ignorantuelos, á los criados de escalera abajo, ó sea de establo y labranza, haciéndoles preguntas capciosas y divirtiéndose en
acrecentar su estupidez, cosa bastante difícil.
A veces llamaban al pastor, aquel rapazuelo
escrofuloso que padeció persecución bajo Primitivo y era ahora un tagarote medio idiota; y

excitando su vanidad (que todos la tienen) le
hacían soltar peregrinos despropósitos. Generalmente, le examinaban de teología.

—Quitaday, marrano, que tan siquiera sabes
quién es Dios.

—Sé, sé—contestaba muy ufano el mozo, ras-
cándose la oreja.

—Pues gomítalo.

—Es un ángel rebelde, que por su...

Coro de risotadas, de exclamaciones y de
aplausos.

—A ver—exclamaba Goros;—¿para qué es el
Sacramento·del Orden?

—Si me pregunta de cosas de allá de Madrí,
yo mal le puedo dar sastisfación.

—¡Soó..., mulo! El Sacramento del Orden
(abre el ojo) es para... ¡criar hijos para el cielo!

—Bien, ya estamos en eso—contestaba muy
serio el gañán, entre la algazara y regocijo del
ateneo de Ulloa.

Con intermedios de este jaez se amenizaban
las discusiones formales. Es de saber que en
tiempo de verano, y más si el calor arreciaba,
y con doble motivo si era en días de maja y
siega, el ateneo trasladaba el local de sus se-
siones de la cocina á la parte del huerto lindante con la era: colocábanse allí bancos, *ta-*
llos, cestas volcadas panza arriba, y sin de-
rrochar más candela que la que los astros ó la
luna ofrecían gratuitamente, gozando el fresco
y oyendo en la era el canticio y el baileteo de
segadoras y majadores, departían sobrosamen-
te, echaban yescas para el cigarro, y la con-

versación giraba sobre temas de actualidad, agrícolas y rurales.

En mitad de una acalorada discusión sobre la calidad del trigo cayó Gabriel Pardo, que regresaba de su tremendo viaje á través del valle de Ulloa. Por fortuna, la luz es clar, con ser tan viva y refulgente, no bastaba á descubrir al pronto lo descompuesto de su semblante; pero bien se podía notar lo ronco de la voz en que exclamó, encarándose con el primer ateneísta que le salió al paso:

—¿Dónde está Perucho?

El Gallo se levantó obsequiosamente, y con sonrisa afable y la frase más selecta que pudo encontrar, respondió lo que sigue:

—Señor Don Gabriel, no le saberé decir con eusautitú... Quizásmente que aún no tendrá voltado, *en atención* á que no se ha visto por aquí su comparecencia...

—¡Falso! Es V. un embustero—gritó brutalmente el comandante, ciego de dolor y necesitado, con necesidad física, de desahogar en alguien y de hacer daño... de pegar fuego á los Pazos, si pudiese.—¡Ea!—añadió—á decirme dónde está su hijo de V. ó lo que sea... ¡Aquí no vale encubrir!

¡Quién vió al rey del corral erguirse sobre sus espolones, enderezar la cresta, estirar el cuello, y exhalar este sonoro quiquiriquí:

—Adispensando las barbas honradas de usté, señorito Don Grabiel, esas son pálabras muy mayores y mi caballerosidá y mi dicencia, es un decir, no me premiten...

—¡Eh!... ¿Quién le cuenta á V. nada? ¿Qué se
me importa por V.?—vociferó Gabriel nuevamente:—A quien necesito es á Perucho... Llá-
menle Vds., pero en seguida.

—Ha de estar en la era—indicó tímidamente
el pastor.

Gabriel no quiso oir más, y desapareció como
un rehilete en dirección de la era. Encontróla
brillante, concurridísima. Una tanda de mozas
y mozos bailaba el *contrapás*, al son de la pandereta y la flauta ; la tañedora de pandero cantaba esta copla :

> *«A lua vay encuberta...*
> *A min pouco se me dá :*
> *A lua que a min m' alumbra*
> *Dentro do meu peito está.»*

Oíala como en sueños el comandante, deteni-
do á la entrada y presa entonces de un paroxis-
mo de ira que le hacía temblar como la vara
verde. "Calma... sosiego... voy á echarlo todo á
perder...„ decía consigo mismo; y al par que veía
claramente su razón la necesidad de tener aplo-
mo y presencia de ánimo, aquella parte de nosotros mismos que debiera llamarse la *insur-
gente,* le tenía entre sus uñas de fierecilla des-
encadenada, y le soplaba al oído :—Qué gusto
coger un palo... entrar en la era... deslomar á
estacazos á todo el mundo... arrimar un fósforo
á las medas... armar el revólver, y en un santiamén... pum, pum... á éste quiero, á éste no
quiero...

A su izquierda divisó un grupo, compuesto
de Sabel y de varias comadres del vecindario:
y delante, en pié, algo ensimismado, á Perucho
en persona. Gabriel se le acercó, hasta ponerle
la mano en el hombro; y al *tenemos que hablar*
del comandante, estremecióse el montañés, pero
respondió con súbita firmeza:

—Cuando V. guste.

—Ahora mismo.

—Bueno, ya voy.

Echó delante el mozo, y siguióle Pardo, sin
añadir palabra. Alejándose de la gente, atravesaron el huerto, entraron en el corredor, llegaron á la cocina, donde la fregatriz revolvía en
la sartén, con cuchara de palo, algo que olía á
fritanga apetitosa; y el montañés, sin detenerse, tomó una candileja de petróleo encendida, y
guió á las habitaciones de la familia del Gallo,
entre las cuales se contaba cierta salita, orgullo
y prez del mayordomo, porque en seis leguas á
la redonda, sin exceptuar las casas majas de
Cebre, no la había mejor puesta, ni más conforme á las exigencias del gusto moderno, sin
que le faltase siquiera—¡lujo inaudito, refinamiento increíble!—un *entredós* en vez de con-
sola; un entredós de imitación de palo santo,
con magníficos adornos de un metal que sin
pizca de vergüenza remedaba el bronce. Frente
á este mueble, en que el Gallo tenía puesto su
corazón, un soberbio diván de *repis* amarillo
canario convidaba al reposo, y Perucho, dejando la candileja sobre el entredós, hizo seña al
comandante de que podía sentarse si gustaba,

al mismo tiempo que se le plantaba enfrente,
con la cabeza erguida, resuelto el ademán, algo
pálidas, contra lo acostumbrado, las mejillas,
y pronunciando en tono que á Gabriel le sonó
provocativo:

—V. dirá, señor de Pardo... ¿Qué se le ofrece?

El comandante midió de alto á bajo al bastardo, frunciendo la boca, con el gesto de des-
precio más claro y más enérgico que pudo;
acercóse luego á la puerta, y dió vuelta á la
llave, que halló puesta por dentro; y volviéndose hacia el montañés, le escupió al rostro estas frases:

—¡Se me ofrece decirte que eres un pillastre
y un ladrón, y que voy á darte tu merecido, ca-
nalla! ¡A ti y á la perra que te parió! ¡Mamarra-
cho indecente!

Lo raro era que Gabriel oía sus propias palabras como si las dijese otra persona; y allá en
el fondo de su ser, las comentaba una voz, su-
surrando:—Es demasiado, ese hombre habla
como un loco.—Y no podía sujetar la lengua,
ni contener la indignación frenética.—Por lo
que hace á Perucho, oyendo aquellas cláusulas
que abofeteaban, saltó lo mismo que si le hin-
casen en la carne un alfiler candente; desvió
y echó atrás los codos, cerró los puños, y sacó
el pecho, como para arrojarse sobre Gabriel.
El furor ennegrecía sus pupilas azules, y daba
á sus facciones correctas y bien delineadas la
ceñuda severidad de un rostro de Apolo fle-
chero.

—No... no me tutee V.—balbuceó reprimién-

dose todavia—no me tutee ni me insulte... pór-
que tan cierto como que Dios está en el cielo y
nos oye...

—¿Qué harás, bergante?

—Lo va V. á saber ahora mismo—gritó el
montañés, cuyos ojos eran dos llamas obscuras
en una máscara trágica de alabastro. Un segundo duró para Gabriel la visión de aquel ros
tro admirable, porque instantáneamente sintió
que dos barras de hierro flexibles y calientes se
le adaptaban al cuerpo, prensándole las costillas hasta quitarle la respiración. Intentó defen-
derse lo mejor posible; tenía los brazos en alto
y libres y podía herir á su contrario en el rostro, arañarle, tirarle del pelo; pero aun en tan
crítica situación, comprendió lo femenil y bajo
de resistir así, y ¡extraña cosa! al verse cogido
en la formidable tenaza, preso, subyugado, vencido por el mismo á quien venía á confundir y
humillar, su ciega y furiosa ira y el hervor animal é instintivo de su sangre se calmaron como
por obra de un conjuro, y hasta le pareció que ex-
perimentaba simpatía por el brioso mozo. Todo
fué como un relámpago, porque el achuchón crecía, y el ahogo también, y el montañés tenía á
su rival á dos dedos del suelo, aprestándose á
ponerle en el pecho la rodilla. Intentó Gabriel
un esfuerzo para rehacerse y librarse, pero Perucho apretó más, y mal lo hubiera pasado su
enemigo, á no ser por una casual circunstancia.
La butaca contra la cual estaba acorralado el
comandante era nada menos que una mecedora,
mueble que hacía la felicidad del Gallo, por lo

20

mismo que nadie de su familia ni de seis leguas
en contorno acertába á sentarse en ella sino
después de reiterados ensayos, continuas lec-
ciones y fracasos serios. Al peso de los dos com
batientes, la mecedora cedió con movimiento de
báscula, y el grupo vino á tierra, haciendo la
dichosa mecedora el oficio de Beltrán Claquin
en la noche de Montiel, pues Perucho, que estaba encima, se halló debajo, y Gabriel, sin más
auxilio que el de su propio peso y corpulencia,
con la rapidez de movimientos que dicta el instinto de conservación, le sujetó y contuvo, te-
niéndole cogidas las muñecas é hicándole la rodilla en el estómago.

—¡Máteme, ya que puede!—tartamudeaba el
montañés.— Máteme ó suélteme para que yo...
le... ahog...

El aliento se le acababa, porque el cuerpo de
su adversario, gravitando sobre su pecho, le
impedía respirar. Terminó la frase con un ¡zt,
zt, zt! cada vez más fatigoso... Vió en el espacio
unas lucecitas amarillentas y moradas... luego
sintió un bienestar inexplicable y oyó una voz
que decía:

—Pues anda, levántate y ahógame... ¿No
puedes? La mano.

Se levantó, sostenido por Gabriel, tamba-
leándose, dió dos ó tres pasos sin objeto, se
pasó la diestra por los ojos y miró al artillero
fijamente; y como viese en su rostro una tranquilidad muy distinta de la furia de ántes, la
tuvo por señal de mofa, cerró otra vez los puños, y bajando la cabeza, como el novillo cuan-

do embiste, se precipitó... Gabriel adelantó las
manos para parar el golpe con calma desdeñosa; entonces el montañés se contuvo, dejó caer
los brazos, dió media vuelta, y encogiéndose de
hombros exclamó:

—Yo no pego á quien no me resiste... ¿Somos
aquí chiquillos? ¿Estamos jugando, ó qué?

Callaba Gabriel y reflexionaba, sintiéndose
ya, con íntima satisfacción, dueño de sí y capaz
de regir sus acciones. "Seamos francos—pensaba;—me he comportado como un bruto, he hablado como un demente. A bien que en mí son
momentáneas las excitaciones; que si me dura-
se como me da, yo me dejaría atrás á todos los
salvajes. Un poco de juicio, señor de Pardo...
Pero ahora se me figura que ya lo tengo de
sobra.„

—Oiga V...,—dijo á Perucho, tosiendo para
afianzar la voz.—Le he maltratado á V. hace
un instante; obré mal, y lo reconozco. Es decir,
no me faltan motivos de hablarle á V. con toda
la dureza posible, pero con razones, no con in-
jurias... Debí empezar por ahí.

—Los motivos que V. tiene ya los sé yo..
Demasiado que los sé.

—Se equivoca V.... Hágame el obsequio de
sentarse; ya ve que no le tuteo ni le ofendo en
lo más mínimo. Pero tenemos que hablar larga-
mente y ajustar cuentas, de las cuales no he de
perdonarle á V. un céntimo si sale alcanzado...
Vuelvo á rogarle que se siente.

Perucho se dejó caer en el sofá con **hosco**
ademán, arreglándose maquinalmente el **cuello**

y la corbata, que ya no tenía muy en orden antes y que con la refriega se habían insubordi-
nado por completo. Ocupó Gabriel la mecedora
de enfrente y empezó á mecerse con movimiento automático. Arreglaba un discurso,
pero lo que salió fué un trabucazo.

—¿V. sabe de quién es hijo? (al preguntarlc
se encaró con Perucho).

—¿Y á qué viene eso?—contestó el mozo.—
¿No está V. cansado de conocer á mis padres?
Déjeme V. en paz.

—Y siendo sus padres de V.... un mayordomo
y una criada... ¿cómo se ha atrevido V.... á poner los ojos en mi sobrina? ¿Cómo se ha atrevido V.... (ensordeciendo la voz, que vibraba de
enojo aún) á levantarse hasta donde V. no puede ni debe subir? ¡Sólo un hombre vil (acercándose al montañés) se aprovecha del descuido y
de la confianza ajena para... apoderarse de
una señorita... y abusar de ella, cuando come
el pan de su casa!

Perucho contenía los bramidos que se le venían á la laringe y oía, royéndose la uña del
pulgar con tal ensañamiento, que ya brotaba
sangre. Al fin pudo formar voz humana en la
garganta.

—Quien... quien abusa es V., señor de Pardo...
Sí señor; abusa V. de mi posición, de verme
un infeliz, un hijo de pobres, un desdichado que
no se puede reponer contra V., como corresponde... Pero me repondré, caramba; sí, me
repondré... que tampoco no es uno ningún sapo
para dejarse patear sin volverse á quien lo pa-

tea... Y nos veremos las caras donde V. guste,
que, aunque me ve sin pelo en ella, soy hombre
para cualquier hombre, y á mí no me espantan
palabras ni obras... Y si á obras vamos... si se
trata de romperse el alma por Manuela, porque
V. la quiere para sí y ha venido á hacerle los
cocos.., ¡mejor, mejor! Nos la rompemos y en
paz... También le puedo contar algunas cositas
que le lleguen adentro para que tenga más
modo otra vez... Que yo como el pan de esta
casa, que Manuela es mi señorita, y que tumba
y que dale... De eso de comer el pan, podíamos
hablar mucho, porque, según le oí á mi madre,
más dinero le debía á mi abuelo la casa de los
Pazos que mi abuelo á ella... De ser Manola m
señorita... cierto que ella es hija de un señor...
pero maldito si se conoció nunca que lo fuese...
Desde chiquillos andamos juntos, sin diferencias de clases ni de señoríos, y nadie nos recordó nuestra condición desigual, hasta que
cayó aquí, llovido del cielo, el señor Don Gabriel Pardo de la Lage... Manola, ahí donde V.
la ve, no tuvo en toda su vida nadie que la quisiese más que yo, yo (y se golpeaba el fornido
pecho); nadie que se acordase de ella, no señor,
ni su padre, ¿V. lo oye?, ni su padre... Yo, desde que levantaba del suelo tanto como una berza, la enseñé á andar, cargué con ella en brazos para que no se mojase los piés cuando llovía, le di las sopas, le guardé el sueño y le
discurrí los juguetes y las diversiones... Yo le
enseñé lo poco que sabe de leer y escribir, que
si no, ahora estaría firmando con una cruz...

Yo la defendí una vez de un perro de rabia...
¿Sabe V. lo que es un perro de rabia? ¡No, que
en los pueblos eso no se ve nunca! Pues al perro,
con aquellos ojos encarnizados y aquel hocico baboso, lo maté yo, pero no de lejos, sino
desde cerquita, así, echándome á él, macha-
cándole la cabeza con una piedra grande, mientras la chiquilla lloraba muerta de miedo... ¡Si
no estoy yo allí, á tales horas Manola es ánima
del Purgatorio! En el brazo y en la pierna me
mordió el perro, y gracias que la ropa era
fuerte, y allí se quedó la baba... Otra vez la
cogí á la orillita de un barranco, que si me descuido al Avieiro se me larga... Yo me quemé la
mano en el horno por sacarle una bolla caliente,
que se le había antojado... ¿ve V.?, aquí anda
todavía la señal... Y yo por ella me echaría de
cabeza al río y me dejaría arrancar las tiras del
pellejo... Ni ella tiene sino á mí, ni yo sino á
ella. ¿Que es V. su tío? ¿Y qué? ¿Se ha acordado
V. de ella hasta la presente? ¡Buena gana! Andaba V. por esos mundos, muy bien divertido
y recreado.. Yo con ella, con ella siempre...
¡hasta morir! Me quiere, la quiero, y ni V. ni
veinte como V... ni el mismo Dios del cielo que
bajase con toda la corte celestial, me la quitan.
¡Así me valga Cristo, y antes yo ciegue que
verla casada con V.!

El montañés hablaba con presteza, accionan-
do mucho, como escupiendo palabras y pensamientos que desde muy atrás le rebosaban del
corazón. Su gallarda persona y su acción fogo-
sa y expresiva parecían no caber en la ridícula

sala, bien como el gran actor no encuentra espacio en un escenario estrecho; y á cada moli-
nete de su fuerte brazo se hallaban en inminen-
te peligro los cromos, las cajas de cartón, las
órquestas de perritos y gatitos de loza, las figuras de yeso teñidas con purpurina imitando
bronce, todas las simplezas importadas por el
Gallo de sus excursiones orensanas—pues tan
adelantado estaba el buen sultán en la ciencia
suntuaria de nuestra época, que hasta cultivaba
el *bibelot*. Gabriel oía, mostrando un rostro
apenado, perplejo y meditabundo; á veces cru-
zaban por él vislumbres de compasión; otras,
aquella pasión tan juvenil y fresca, tan vigoro-
samente expresada, le removía como remueve
la escena de un drama magnífico; y su boca se
crispaba de terror, lo mismo que si el conflicto,
tan grave ya, creciese en proporciones y raya-
se en horrenda é invencible catástrofe... Viendo callado al artillero, Perucho se persuadió
de que le convencía, y continuó con más calor
aún:

—Si Manola es rica, sepan que yo no quiero
sus riquezas, y que me futro y me refutro en
llas... Que el padrino gaste su dinero en lo que
se le antoje; que lo gaste en cohetes, ó lo dé á
los pobres de la parroquia. Dios se lo pague por
la carrera que me está dando; pero con carrera
ó sin ella... yo ganaré para mí y para mi mujer.
Manola se crió como la hija de un labriego; no
necesita lujos ni sedas; yo, menos todavía. Mi
madre no es pobre miserable; heredó del abuelo un pasar, y me dará... Y si no me da, tal día

hizo un año. Con cuatro paredes y unas tejas allá en el monte, frente á las Poldras, vivimos como unos reyes, sin acordarnos del mundo y sus engañifas... Casualmente, lo único para que sirvo yo es para arar y sachar: los estudios me revientan: paisano nací y paisano he de morir, con la tierra pegada á las manos... Una casita y una heredad y una pareja de bueyes con que labrarla, no hemos de ser tan infelices que eso nos falte...; y en teniendo eso, que se ría el mundo de mí, que yo me reiré del mundo... y estaré como en el cielo, y Manola también... mientras que con V. rabiaría y se condenaría, porque no le quiere, no le quiere y no le quiere.

Acabar su peroración el montañés y sentirse Gabriel Pardo definitivamente vencido y arrastrado por la corriente de simpatía que empezaba á ablandarle desde que había jadeado entre los brazos fuertes del mozo, fueron cosas simultáneas. Obedeciendo á impulso irresistible, tendió la mano para darle una palmada en el hombro; hízose atrás Perucho, tomando por nueva hostilidad lo que no era sino halago.

—¡No ponerse en guardia, amigo, que no hay de qué!—exclamó el artillero, cuya noble fisonomía respiraba ya concordia y bondad, al par que dolor y pena.—Tan no hay de qué, que se va V. á pasmar... Deme V. esa mano, y perdóneme todo cuanto le he dicho al entrar aquí... He procedido con injusticia, con barbarie y con grosería; pero si V. supiese cómo me estaba doliendo el alma, y cómo me duele aún... No conserve V. nada contra mí: deme la mano...

Los ojos azules le miraron con desconfianza,
y Perucho retiró el brazo.

—Mucho estimo eso que V. dice ahora ; pero
mejor fuera no venirse con esos desprecios de
antes... Nadie tiene cara de corcho, y la vergüenza es de todo el mundo.

—V. lleva razón; pero yo la he perdido media hora de este aciago día....Motivo me ha
sobrado para ello. ¡Óigame V., por lo que más
quiera! Por... por mi sobrina. Deme V. su palabra de que hará lo que voy á rogarle.

—No, señor, no; yo no prometo nada tocante
á Manola. ¿Y á qué viene mentir? Mejor es des-
engañarle. Lo mismo da que lo prometa que
que no lo prometa. Ahora prometería, pongo
por caso, no arrimarme á ella en jamás, y de
contado me volvería á pegar á sus faldas. Im-
posibles no se han de pedir á nadie.

—No es eso... ¡Si V. no me oye!..

—¿No es nada de dejar á Manoliña?

—No... Es que me prometa V. que de lo que
vamos á hablar no dirá V. palabra á nadie... ¡á
nadie de este mundo!

—Corriente. Si no es más que eso...

—No más.

—Pues venga.

—No—replicó Gabriel bajando la voz..—Aquí
no... Acompáñeme V. á mi cuarto... Tengo excelente oído... y juraría que anda gente en el
corredor.

XXVIII

Como saliesen un poco mas aprisa de lo justo, abriendo con ímpetu la puerta, estuvieron á punto de aplastar entre hoja y pared la nariz del Gallo, el cual, sin género de duda, atisbaba. Al impensado portazo, lejos de enfadarse, sonrió con dignidad y afabilidad, murmurando no sé qué fórmulas de cortesía: su gran civilización le obligaba á mostrarse atento con las personas que visitaban su domicilio. Pero Gabriel y Perucho cruzaron por delante de él como sombras chinescas, y no le hicieron maldito el caso. Lo cual, unido á otros singulares incidentes, la ira de Gabriel, su afán por encontrar á Perucho, lo extraño de la entrevista, la encerrona, le puso en alarma y despertó su aguda suspicacia labriega. Rascóse primero detrás de la oreja, luego al través de las patillas, y estas operaciones le ayudaron eficazmente á deliberar y á dar, desde luego, no muy lejos del hito.

Al entrar Perucho y Gabriel en la habitación de éste se encontraron á obscuras: el montañés rascó un fósforo contra el pantalón, y encendió la bugía; el artillero acudió á echar la llave, prevención contra importunos y curiosos. Para mayor seguridad, acercóse á la ventana, bastante desviada de la puerta. Ninguno de los dos

pensó en sentarse. Recostado en la pared, con
la izquierda metida en el seno, al modo de los
oradores cuando reposan, el brazo derecho caído á lo largo del muslo, una pierna extendida y
firme y otra cruzada y apoyada en la punta del
pié, Perucho aguardaba, animoso y resuelto,
como el que no ha de transigir ni renunciar por
más que hagan y digan. Con las manos en los
bolsillos de la cazadora, la cabeza caída sobre
el pecho y meneándola un poco de arriba abajo,
los labios plegados, arrugada la frente, Gabriel
Pardo se paseaba indeciso, tres pasitos arriba,
tres abajo. Al fin hizo un movimiento de hombros, como diciendo, "pecho al agua„, y, súbi-
tamente, se enderezó, encaróse con el montañés y articuló lo que sigue:

—Vamos claros... ¿V. sabe ó no sabe que es
hermano de Manuela?

Si asestó la puñalada contando con los efec-
tos de su rapidez, no le salió el cálculo fallido.
El montañés abrió los brazos, la boca, los ojos,
todas las puertas por donde pueden entrar el estupor y el espanto; enarcó las cejas, ensanchó
la nariz... fué, por breves momentos, una estatua clásica; el escultor que allí se encontrase
lamentaría, de fijo, que estuviese vestido el modelo. Y sin lanzar la exclamación que ya se asomaba á los labios, poco á poco mudó de aspecto, se hizo atrás, bajó los ojos, y se vió claramente en su fisonomía el paso del tropel de
ideas que se agolpan de improviso á un cerebro,
la asociación de reminiscencias que, unidas de
súbito en luminoso haz, extirpan una ignorancia

inveterada; la revelación, en suma, la tremenda
revelación, la que el enamorado, el esposo, el
creyente, el padre convencido de la virtud de
la adorada hija, se resisten, se niegan á recibir,
hasta que les cae encima, contundente, brutal y
mortífera, como un mazazo en el cráneo.

—¡No!—balbuceó en ronca voz.—No. ¡Jesús,
Señor, no, no puede ser... V..., vamos á ver...
¿ha venido aquí para volverme loco? ¿Eh? ¡Pues
diviértase... en otra cosa! Yo... no quiero lo-
quear... ¡No se divierta conmigo! ¡Jesús... ay
Dios!

Llevóse ambas manos á los rizos, y los mesó
con repentino frenesí, con uno de esos ademá-
nes primitivos que suele tener la mujer del pueblo á vista del cuerpo muerto de su hijo. Al
mismo tiempo quebrantaba un gemido doloroso
entre los apretados dientes. Rehaciéndose á
poco, se cruzó de brazos y anduvo hacia Gabriel, retándole.

—Mire V.: á mí no me venga V. con trapison-
das... V. ha entrado aquí traído por el diablo,
para engañarme y engañar á todo el mundo...
Eso es mentira, mentira, mentira, aunque lo
jure el Espíritu Santo... Malas lenguas, lenguas
de escorpión, inventaron esa maldad, porque...
porque nací sirviendo mi madre en esta casa...
Pero no puede ser... ¡Madre mía del Corpiño!
No puede ser... ¡No puede ser! Por el alma de
quien tiene en el otro mundo, señor de Pardo...
no me mate, confiéseme que mintió... para qui-
tarme á Manola!...

Gabriel se acercó al bastardo de Ulloa y logró

apoyarle la mano en el hombro; después le miró
de hito en hito, poniendo en los ojos y en la expresión de la cara el alma desnuda.

—La mitad de mi vida daría yo —dijo con inmensa nobleza— por tener la seguridad de que
en sus venas de V. no corre una gota de la sangre de Moscoso. Créame... ¿No me cree V.? Sí,
lo estoy viendo; me cree V.... Pues escuche: si
V. fuese hijo del mayordomo de los Pazos... yo,
Gabriel Pardo de la Lage, que soy... ¡qué diablos! ¡un hombre de bien!... me comprometía á
casarlo á V. con mi sobrina. Porque he visto lo
que V. la quiere... y porque... porque sería lo
mejor para todos. ¿Cree V. esto que le aseguro?

Sin fuerzas para contestar, el montañés hizo
con la cabeza una señal de aquiescencia. Gabriel prosiguió:

—No solamente mi cuñado le tiene á V. por
hijo suyo, sino que le quiere entrañablemente,
todo cuanto él es capaz de querer... más que á
Manuela, ¡cien veces más!, y hoy, si se descuida, delante de todos los majadores le llama á
V.... lo que V. es. Su propósito es reconocerle,
y después de reconocido, dejarle de sus bienes
lo más que pueda... Su padrastro de V. lo sabe;
su madre... ¡figúrese V.! y... ¡es inconcebible
que no haya llegado á conocimiento de V. jamás!

—¡Me lo tienen dicho, me lo tienen dicho las
mujeres en la feria y los estudiantes en Orense!... Pero pensé que era guasa, por reirse de
mí; y porque el... padrino... me daba carrera...
¡Estuve ciego, ciego! ¡Ay Dios mío, qué desdicha, qué desdicha tan grande! ¡Lo que me su-

cede... lo que me sucede! ¡Pobre, infeliz Manola!

Gimió esto, cubriendo y abofeteando á la vez
el rotro con las palmas; y á pasos inciertos,
como los que se dan en el primer período de la
embriaguez, se dejó caer de bruces, borracho
de dolor, sobre la cama de Gabriel Pardo, cuya
colcha mordió, revolcando en ella la cara. Gabriel acudió y le obligó á levantarse, luchando
á brazo partido con aquella desesperación juvenil que no quería consuelo.

—Vamos, serénese V... ¿Qué hace V., qué
remedia con ponerse así? Serenidad... un poco
de reflexion... Venga V., criatura; venga á sentarse en el sofá... ¡Calma..., calma! Con esos
extremos lo echa V. más á perder. Venga V.....
¡Respire un poco!

En el sofá, donde le sentó medio por fuerza,
Perucho volvió á dejar caer la cabeza sobre los
brazos y á esconder la cara, con el mismo movimiento de fiera montés herida, que sólo as-
pira á agonizar sola y oculta. Balanceaba el
cuello como los niños obstinados en una perre-
ra nerviosa, que ya les tiene incapaces de ver,
de oir ni de atender á las caricias que les hacen.

—Sosiéguese V.—repetía el artillero.—¿Quiere V. un sorbo de agua? Ea, ánimo: ¡qué vergüenza! Sea V. hombre.

Se volvió rugiendo.

—Soy hombre, aunque parezco chiquillo...
Hombre para cualquiera, ¡repuño! Pero soy el
hombre más infeliz, más infeliz que hay bajo la
capa del cielo... y un infame..., sí, un infame.

el infame de los infames... Hoy mismo, hoy—y
se retorcía las manos—he perdido á... á una
santa de Dios, á Manola, *malpocado*... Debían
quemarme como la Inquisición á las brujas...
Que no quemase á la condenada que nos echó
esta mañana la paulina... y nos hizo mal de ojo,
¡por fuerza! Maldito de mí, maldito... Pero qué
más casti...

Al desventurado se le rompió la voz en un
sollozo, y dejándose ir al empuje del dolor, se
recostó en el pecho de Gabriel Pardo, abriendo
camino al llanto impetuoso, el llanto de las primeras penas graves de la vida—lágrimas de
que tan avaros son después los ojos, y que, tor-
ciendo su cauce, van á caer, vueltas gotas de
hiel, sobre el corazón. Movido de infinita piedad, Gabriel instintivamente le alisó los bucles
de crespa seda. Así los dos, remedaban el tierno grupo de la última cena de Jesús; y en
aquel hermoso rostro, cercado de rizos castaño
obscuro, un pintor encontraría acabado modelo
para la cabeza del discípulo amado.

—Que llore, que llore... Le conviene.

Casi agotado el llanto, agitaba los labios y la
barbilla del montañés temblor nervioso, y un
¡ay! entrecortado y plañidero, del todo infantil, infundía á Gabriel tentaciones de estrechar-
le y acariciarle como á un niño pequeño. Perucho se levantó con ímpetu, y se metió los puños en los ojos para secar el llanto, dominando
el hipo del sollozo con ancha aspiración de aire.
Pardo le cogió, le sujetó, temeroso de algún
acceso de rabia.

—No se asuste... Déjeme... ¿Por qué me sujeta? Me deje, digo. ¡También es fuerte cosa!
¡Le matan á uno, y luego ni le dejan menearse!

—¿Es que quiere V. matar... por su parte... á
Manuela? ¿Eh? ¿Se trata de eso? Le leo á V. en
la cara... ¡y le sujeto para que no dé la última
mano al asunto! Cuidado me llamo... ¡Manuela
no ha de saber ni esto! ¿Eh, no se hace V. cargo de que tengo razón?

—Sí; sí, señor; razón en todo... Que no lo
sepa, no... ¡Así no se la llevarán los demonios
como á mí!

—No se entregue V. á la desesperación... La
desgracia que aflige á V... ¡que nos aflige á todos!, es enorme...; pero todavía hay algo que,
bien mirado, le puede á V. servir de consuelo.

—¿Algo? ¿Qué algo?—preguntó con ansia el
mozo, agarrándose al clavo ardiendo de la esperanza.

—Que no hay por parte de V. tal infamia,
sino impremeditación, locura, desatino, ¡infamia no! V. tiene el alma derecha; aquí lo que
está torcido son los acontecimientos... y la in-
tención de ciertas gentes... Otros son los cri-
minales; V. sólo ha delinquido porque la sangre moza... En fin, al caso. (Queriendo estre-
charle afectuosamente la mano; pero el montañés la retira con violencia.) Sí; comprendo que
no le soy á V. demasiado simpático; en cambio,
V. á mí me ha interesado por completo... Acep-
té V. ahora mis consejos; demasiado conoce
que me animan buenas intenciones. ¡Ea, valor!
A lo hecho, pecho: no hay poder que deshaga

lo que ya ha sucedido; á remediar en lo posi
ble el daño... A eso estamos y eso es lo único
que importa.... ¡Escuche, hombre! V, se tiene
que marchar inmediatamente de esta casa... y
no volver en mucho tiempo, al menos mientras
que Manuela no... no cambie de situación ó...
¡En fin, mucho tiempo! A estudiar á Barcelona ó á Madrid... Yo le proporcionaré á V. fon-
dos... colocación... Todo cuanto le haga falta.

Un quejido de agonía alzó el pecho del montañés.

—Reflexione V. bien; mire la cuestión por to
dos sus aspectos : hay que marcharse.

—¿No volveré ya en mi vida á ver á Manuela?—gimió el mozo, cayendo en el sofá é hincán-
dose las uñas en la cabeza.—Pues entonces, al
Avieiro, que es bien hondo... Así como así, tendré mi merecido.

—Vamos... ¡que estoy apelando á su razón
de V.! No me responda con delirios... ¿No ha
dicho V. allá cuando empezamos á reñir (Gabriel se sonrió) que Dios está en el cielo, y nos
oye? ¿Cree V. lo que dijo? ¿Lo cree?

—¿Soy algún perro para no creer en Dios?

—Pues... si hay Dios.... y si V. cree en él...
¡mire que le está ofendiendo!

Perucho asió de una muñeca á Gabriel, y se
la oprimió con toda su fuerza, que no era poca;
y acercándole mucho la cara, gritó:

—Pues si no hubiese Dios... ¡lo que es á Manola... soltar no la suelto!

Buena pieza se quedó el comandante Pardo
sin saber qué contestar, dominado, vencido. En

21

la encarnizada batalla llevaba, desde el principio, la peor parte; y lo extraño es que la de-
rrota moral que sufría, conocida de él solamente, le ocasionaba íntimo placer, y le apega-
ba cada vez más al antes detestado bastardo de
Ulloa.

Viendo callado á Gabriel, Perucho alentó
un poco, y en tono de súplica humilde, murmuró:

—Me iré, me iré...; haré cuanto me manden,
y si quieren me meteré en el seminario de Santiago y seré cura... cualquier cosa...; pero res-
póndame, señor; dígame la verdad... ¿Se va
V. á casar con Manola cuando... después que...
falte yo?

Gabriel alzó la vista y le miró cara á cara.
Tardó bastante, bastante en responder: sus
ojos brillaron, adquirió su fisonomía aquella
expresión elevada y generosa que era su única
hermosura, y respondió serenamente:

—Yo no le he de salvar á V. mintiéndole...
Hoy más que nunca estoy dispuesto á casarme
con mi sobrina... No rechine V. los dientes, no
se enfurezca, por todos los santos..., ¡oiga,
oiga! Cuando ella, por su voluntad, sin impo-
siciones de ningún género, porque me cobre
cariño ó... porque necesite mi protección en
cualquier terreno y por cualquier causa, se re-
suelva á casarse conmigo... yo estoy aquí;
cuanto soy y valgo, de ella es... Pero jamás,
¡jamás!, sí ella no quiere... Y ella no querrá—
fíese V. en mi, que tengo experiencia—ni en
mucho tiempo, ni tal vez en su vida... Es aún

más montañesa y más porfiada que V... Sobre,
todo, ¡como no le hemos de soltar el tiro de decirle lo que hay de por medio! Eso sí, V. tiene
el deber de procurar... ¡con resolución, con he-
roísmo! que ella le olvide, que ella no piense
en V... sino como se piensa en el compañero
querido de la niñez... ¡Nada más! V. se va, V.
le escribe algo al principio... cariñosamente...
pero... con cariño... fraternal... Luego esca-
sean las cartas... Luego cesan... Luego... ¡se
echa V. novia, novia!, y ella lo averigua... Si
es verdad que V. quiere á Manuela, V. hará
todo eso... ¡y mucho más!

El montañés tenía los párpados entornados,
la mirada vagabunda por los rincones del aposento, repasando, probablemente sin verlas,
las molduras barrocas de la cama, las pinturas
del biombo, los remates de época del Imperio
que lucía el vetusto sofá. Cuando acabó de hablar Gabriel, sus pupilas destellaron, hizo con
la mano derecha ese movimiento de sube y baja
que dice clarísimamente:—Plazo... aguardar...
—y se dirigió á la puerta. Pero Gabriel saltó y
se interpuso, estorbándole la salida.

—No se pasa... (en tono más cariñoso y festivo que otra cosa).

—Haga V. favor... Si por lo visto V. está para
bromas, yo no, y sentiría cometer una barbaridad.

—En serio (con mucha energía), no le dejo á
V. pasar sin que me diga á dónde. De evitarle
la barbaridad se trata.

—Bueno, pues sépalo; tanto me da que lo

sepa, y si le parece mal... (gesto grosero). No
me da la gana de creer, por su honrada palabra
de V., que Manola y yo... En fin, V. quiere á
Manola... yo le estorbo... le viene de perillas
que me largue... y como no soy ningún páparo...
¿eh? no me mete V. el dedo en la boca... Voy á
la fuente limpia... ¡á saber la verdad, la verdad!

—¿Cómo, cómo? ¿A quién se la va V. á preguntar? ¡Cuidado... á mi sobrina nada!

—¡Eh!... ¿Si pensará V. que ha de tener más
miramientos que yo con Manola? ¡Repuño, que
ya me cargó á mí esto! ¡La verdad se la voy á
sacar de las mismísimas entrañas á Don Pedro
Moscoso... y apartarse, y dejarme de una vez!

Ciñó los brazos al cuerpo del artillero, y de
un empujón lo lanzó á dos varas de distancia.
Luego se precipitó hacia fuera.

XXIX

Muchas veces bajaba el marqués de Ulloa á
la científica tertulia de su cocina, sobre
todo en invierno, cuando los vastos salones estaban convertidos en una nevera, y el *lar* con
su alegre chisporroteo convidaba á acurrucar-
se en el banquillo del rincón y dormitar al arrullo de las discusiones. En verano, y habiendo
labores agrícolas emprendidas, prefería Don
Pedro el corro al aire libre de los jornaleros

y jornaleras, donde se comentaban verbosa-
mente los mínimos incidentes del día, el peso y
el color de la espiga, el grueso de la paja. Y en
todas estaciones, podía asegurarse que el hidalgo, á las diez y media, estaba retirado ya
en su dormitorio.

No lo había escogido como necio: era una
habitación contigua al archivo, y aunque no de
las mayores de la casa, abrigada del frío y del
calor por lo grueso de las paredes. Parecía un
nido de urraca: tal revoltillo de cachivaches
había en ella. Olía allí á perro de caza, y á ese
otro tufillo llamado de *hombre,* siendo cosa segura que no lo despide ningún hombre aseado,
y sí el tabaco frío, la ropa mal cuidada y el
rancio sudor. Escopetas, morrales, polainas
raídas, sombreros de distintas formas y materias, bastones, garrotes, cachiporras, calabazas, frascos de pólvora, mugrientos collares de
cascabeles, espigas enormes de maíz, conser-
vadas por su tamaño, chaquetones de somonte,
pantalones con perneras de cuero, yacían
amontonados por los rincones, cubiertos con
una capa de polvo, sobre la cual era factible,
no sólo escribir con el dedo, sino hasta grabar
en hueco con buen realce. Único mueble serio
de la habitación, la cama, de testero salomó-
nico y fondo de red, y la vasta mesa-escritorio,
forrada por delante de un cuero de Córdoba
que lucía los encantadores tonos pasados y ma-
tes del oro, la plata, los rojos y los azules que
suelen prevalecer en tan hermoso producto de
la industria nacional. En el centro, sobre un

medallón de damasco carmesí rodeado de orlas
de oro, estaba pintado el montés blasón de los
Moscosos, las cabezas del lobo, el pino y la
puente. Al hidalgo le servía la mesa para toda
clase de menesteres y usos. Allí picaba tabaco
y liaba cigarrillos; allí amontonaba su escasa
correspondencia, haciendo oficio de prensapa-
peles una pistola de arzón inservible; allí tenía
libros de cuentas que no consultaba jamás, así
como mazos de plumas de ganso y otras de
acero comidas de orín, al lado de una resma de
papel sucio por las orillas ya, aunque su virginidad estuviese intacta; allí rodaba la cajita de
píldoras contra el estreñimiento y el cajón de
ricos habanos, el rollo de bramante y la navaja
mohosa; y cuando venía el tiempo de las perdices y Don Pedro·intentaba reverdecer sus
lauros cinegéticos, allí se cargaban á mano los
cartuchos y allí se limpiaban y atersaban á
fuerza de gamuza y aceite las mortíferas armas.

Mientras Gabriel y Perucho discutían cosas
harto graves en la estancia próxima, el hidalgo, recogido ya á la suya, entreteníase en contar las rayitas que durante la jornada había hecho en una caña con el cortaplumas. Cada rayi-
ta representaba una gavilla de trigo, y con este
procedimiento sabía á punto fijo la cantidad de
gavillas majadas. Abierta estaba la ventana, á
causa del mucho calor, y por ella entraban las
falenas enamoradas de la luz á girar dementes
sobre el tubo del quinqué: alguna vez un mur
ciélago negro y fatídico venía, revoloteando

torpemente, á caer sobre la mesa ó á batir contra un rincón del cuarto. En el cielo asomaba ya la luna, triste é indiferente.

La puerta se abrió con fragor y estruendo; el hidalgo soltó su caña y miró... Casi en el mismo instante se deslizaba en el corredor una sombra, un hombre que no hacía ruido al andar, por la plausible razón de que llevaba los piés descalzos. Una de las cosas mejor montadas en las aldeas—con mayor perfección que en los palacios, ó con mayor descaro por lo menos— es el espionaje, y difícilmente hará un señor que vive rodeado de labriegos cosa que ellos no olfateen y atisben, siempre que el atisbarla convenga á sus miras ó importe á su curiosidad. Este dato se refiere, sobre todo, al campesino de Galicia. Bajo el aspecto soñoliento y las trazas cariñosas y humildes del aldeano gallego, se esconde una trastienda, una penetración y una diplomacia incomparables, pudiéndose decir de él que siente crecer la hierba y corta un pelo en el aire, si no tan aprisa, quizá con mayor destreza que el gitano más ladino. A la perspicacia une la tenacidad y la paciencia: y si tuviese también la energía y el arranque, de cierto no habría raza como esta en el mundo. En suma: lo que el gallego se empeña en saber, lo rastrea mejor que el zorro rastrea el ave descarriada. Primero se dejaría nuestro Gallo arrancar la cresta y la cola, que renunciaría á pegar el oído á la puerta de los señores aquella noche memorable. Resignándose á la ignominia de la descalcez, rondó el cuarto del comandante;

pero, ¡oh dolor!, nada se oía: el salón era extenso, y Gabriel precavido en cerrar y situarse. Ahora la cosa mudaba de aspecto: el dormitorio del marqués era chico, y allí sí que no se diría palabra que se le escapase al Gallo.

Una sola inquietud: ¿no saldría el comandante á cogerle con las manos en la masa? Se arrimó á la puerta de Gabriel y le oyó pasear arriba y abajo, con paso acelerado, indicio de agitación...—¡No sale!, dedujo el sultán: ¡aguarda ahí por el otro!—Así era, en efecto: Gabriel no quería meter la mano entre la cuña y la madera, y esperaba impaciente, pero esperaba.— Mis atribuciones no llegan á tanto... decía para sí: allá se las hayan padre é hijo... Que se desengañe, que se convenza... Ya veremos después.

Tranquilo por esa parte el sultán, volvió al observatorio. Algo le estorbaba una vieja mampara, que, reforzando la puerta, apagaba el ruido de las voces. Con todo, las más altas le llegaban bien distintas, y él no necesitaba otra cosa para coger el hilo del diálogo.

Acalorado, muy acalorado... Perucho preguntaba y el señor de Ulloa daba explicaciones en tono brusco, á manera de persona que confirma una verdad sabida y conocida hace tiempo... ¡Calle! Aquí empieza el asombro del Gallo... el mocoso del rapaz, en vez de alegrarse, se pone como un potro bravo... ¡Un genio tan *maino* como gasta siempre, y ahora qué *fantesía!* ¡Dios nos libre! Está diciéndole trescientas al señor... Si éste lo toma por malas, se va á ar-

mar la de *saquinte*... Le echa en cara que no lo
reconoció desde pequeñito... ¡Se insolenta! Hoy
hay aquí un terremoto... El señor... no se oye
cuasimente... de indinado que está, parece que
le sale la voz de dentro de una olla... ¿Y el rapaz? Ese berra bien... ¡ay lo que está diciendo!... Que se va y que se va y que se va de esta
casa arrenegada... Que se larga aunque tenga
que pedir limosna por el mundo adelante... Que
mas que se esté muriendo el señor y lo llame
para cerrarle los ojos, no viene, sino que lo
amarren con cordeles y lo traigan así codo con
codo atado... Que se cisca en lo que le deje por
testamento, y que no quiere de él ni la hostia...
Ojo... habla el señor... ¡No se oye miga!... Todo
lo entrapalla con toser y con la rabia que tiene... ¡El rapaz!... Que bueno, que si le mandan
la Guardia civil para traerlo acá de pareja en
pareja, que vendrá á la fuerza, pero que se
ahorcará con la faja ó se tirará al Avieiro...
Que de lo que gane trabajando le ha de enviar
el dinero que gastó con él, y que después no le
debe nada, y ya le puede aborrecer á su gusto...
Ahora el señor alborota... Que no le tiente,
que conforme lo hizo también lo deshace... que
le tira á la cabeza un demonio... Que maldito y
condenado sea... ¡Arre!

Esta última exclamación la lanzó para sí el
Gallo, porque estuvo á punto de ser aplastado
segunda vez por la puerta, que el montañés empujó furioso para salir, al mismo tiempo que
voceaba, volviendo el rostro hacia el interior
del cuarto:

—Pues con más motivo le maldigo yo, y maldito sea por toda la eternidad, amén. ¡Que no esté yo solo en el infierno!

Tan aturdido y ebrio salía, que ni reparó en la presencia de una persona arrimada á la puerta. Corriendo se volvió á la habitación del comandante, entró en ella... Bien quisiera continuar sus investigaciones el sultán; pero ni el rumor más mínimo llegó á sus oídos: si se hablaba allí, debía de ser en voz muy queda, lo mismo que cuando se confiesan las gentes.

XXX

Bueno venía *El Motín* aquella mañana; bueno, bueno! ¡La caricatura, de las más chistosas; como que representaba á *Don Antonio* con una lira, coronado de rosas y rodeado de angelitos; y luego, en la sección de sueltos picantes, cada hazaña de los *parroquidermos* y *clericerontes!* Aquello sí que era ponerles las peras á cuarto. ¡Habráse visto sinvergüenzas! ¡Pues apenas andarían ellos desbocados si no hubiese un *Motín* encargado de velar por la moral pública y delatar inexorablemente todas las picardigüelas de la gente negra! ¡Si con *Motín* y todo!...

Juncal se regodeaba, partiéndose de risa ó pegando en la mesa puñetazos de indignación,

según lo requería el caso; pero tan divertido y
absorto en la lectura, que no hizo caso del pe-
rrillo acostado á sus piés cuando ladró anun-
ciando que venía alguien. En efecto: entró Catuxa, frescachona y vertiendo satisfacción al
preguntar á su marido: .

—¿Que no ciertas quien tay viene?

· El alborozo de su mujer era inequívoco; él
médico de Cebre cayó en la cuenta al punto, y
saltó en la silla dando á *El Motín* un paripotazo
solemne y exclamando:

—¿Don Gabriel Pardo?

—¡El mismo!

—¡Mujer..., y no le haces subir! Anda, despa-
bílate ya... No, voy yo también... ¡Qué móma-
ra! ¡Menéate!

—¡Si todavía no llegó á casa, polvorín! Vilo
desde el patio; viene de á caballo. ¡Y corre
como un loco! ¡Parece que viene á apagar un
fuego!

Máximo, sin querer oir más, bajó á paso de
carga la escalera, salió al patio, y como la llave
del portón acostumbraba hacerse de pencas
para girar, la emprendió á puñadas con la cerradura; á bien que la médica le sacó del paso,
que si no, de puro querer abrir pronto, no abre
ni en un siglo. Y cuando la cabalgadura, cubierta de sudor, se detuvo y fué á apearse el
comandante, Juncal no se dió por contento sino
recibiéndole en sus brazos. Hubo exclamaciones afectuosas, palmadicas en los hombros, carcajadas de gozo de Catuxa; y antes de pregun-
tarse por la salud, ni de entrar bajo techado,

ya se le habían ofrecido al huésped toda clase
de manjares y bebidas, insistiendo en saber *qué
tomaría,* hasta no dejarle respirar. La respuesta de Pardo le llenó á la amable médica las me-
didas del deseo.

—De buena gana tomaré chocolate, Catalina,
si no le sirve de molestia... Ahora recuerdo que
he salido de los Pazos en ayunas.

Solos ya, sentáronse en el banco de piedra, y
Gabriel dijo al médico que le miraba embelesado de gratitud y regocijo:

—No me agradezca V. la visita; vengo á re-
clamar sus servicios profesionales.

—¿Se le ha puesto peor el brazo? ¡Ya decía
yo! Con estas idas y venidas... No, y está V.
algo... desmejorado, vamos; el semblante... y
eso que viene sofocado... Mucha prisa trajo, ¡caramba!

—¡Bastante me acuerdo yo de mi brazo! Si V.
no lo mienta ahora... ¡Hay en los Pazos gente
enferma!...

—¿En los Pazos? ¡Eso es lo peor! Pero ya sabe
que yo, desde las elecciones...

—Déjeme V. de elecciones... V. se viene conmigo.

—Con V., al fin del mundo; sólo que si luego
creen que me meto donde no me llaman...

—Pierda V. cuidado.

—¿Y quién está malo? ¿Es el marqués?

—Y su hija.

—¿Los dos?

Gabriel dijo que sí con la cabeza, y se quedó
unos instantes pensativo, acariciándose la bar-

ba. Realmente estaba pálido, ojeroso, abatido; pero le quedaba el aire de viril resolución que tan simpático le hacía.

—Oiga V., Juncal... ¿Puedo contar con V.? ¿Haría V. por mí algo que le pidiese? ¡No es cosa muy difícil!

—¡Don Gabriel! Me está V. faltando... ¡Voto al chápiro!... ¡Por V.!... ¿Quiere... que organice un comité conservador en Cebre?

—¡En política estaba yo pensando!... Lo primero es... no decirle nada á Catalina. Que sepa que va V. á los Pazos, bien; que va V. por la enfermedad de mi cuñado, corriente... Pero de lo de mi sobrina, ni esto. ¿Conformes?

—Hasta la pared de enfrente.

—Además... que nos marchemos cuanto antes.

—¿Y el chocolate?

—Pretexto para quitarnos de encima á la pobre Catalina. No haga V. caso. Diga que es urgente echar á andar, y que en vez de chocolate, me contento con... cualquier cosa bebida... ¿Leche, supongamos?

—Bueno... pero en mientras que arrean la yegua, también está el chocolate listo.

—¡Se lo suplico... arréela V. al vuelo!

No bien acabó de manifestar este deseo, estaba el médico en la cuadra, dando al rapazuelo que curaba de su hacanea las necesarias órdenes. A los tres minutos volvía junto á Gabriel.

—Perdone, ya me doy prisa... pero es que no me h... ucho qué casta de mal es la que anda por los Pazos, y no sé qué he de llevar de medicamentos, instrumentos...

—Manuela sufre, desde ayer por la tarde, fuertes accesos nerviosos... Pero muy fuertes... Convulsiones, lloréras... soponcios... Desvaría un poco... yo creo que hay delirio.

—¡Bien! Mal conocido, herencia materna... Bromuro de potasio. Por suerte lo tengo recién preparadito. ¿Y el... *marqués?*

—Ese no me parece que tenga cosa de cuidado... Ahogos, la sangre arrebatada á la cabeza...

—¡Bah, bah! Coser y cantar... Me llevo la lanceta, y le doy cuerda para un año... Le han acostumbrado desde muchacho á la sangría, y aunque yo las proscribo severamente, uniendo mi humilde opinión á la de los más ilustrados facultativos de Francia y Alemania... en este caso particular, me declaro empírico. El hábito es...

—¡Por Dios!... Despachemos—exclamó Gabriel, que también parecía necesitar bromuro, según la agitación, no por reprimida menos honda, que se observaba en su rostro y movimientos. Conviene decir, en abono de la excelente voluntad de Juncal, que para ninguna de sus correrías médicas se preparó más brevemente qué para aquella. Ni tampoco, desde que el mundo es mundo, se ha sorbido más aprisa ni de peores ganas una taza de chocolate que la presentada por Catuxa á Pardo... y cuidado que venía para abrir el apetito á un difunto, por lo espumosa y aromática.

—¡Tan siquiera un bizcochito, señor!—suplicaba Catuxa.—Mire que están fresquitos de ahora, que cantan en los dientes... ¿Y el espon-

jado? ¡Ay, que el agua sola mata á un cristiano!
¿Señor... y las tostadas?

—Cállate la boca ya—gritó Juncal severamente;—cuando hay apuro, hay apuro... El marqués de Ulloa se encuentra mal... y vamos allá
á escape.

Cosa de un kilómetro se habrían desviado de
Cebre, cuando Don Gabriel, ladeándose en la
silla, preguntó á Juncal:

—¿Dice V. que es herencia materna lo de mi
sobrina?

—Sí, señor, ¡en mi desautorizada opinión al
menos! La pobre doña Marcelina, *que en gloria esté*—masculló con gran compunción el im-
pío clerófobo—era nerviosísima y algo débil, y
aunque la señorita Manuela salió más robusta
y se crió de otra manera muy distinta, en su
edad es la cosa más fácil... Habrá tenido cualquier rabieta... Pero no pase susto, que ese no
es mal de cuidado.

Enmudeció el artillero, y por algunos minutos no se oyó más que el trote de las dos yeguas
sobre la carretera polvorosa. Gabriel callaba
reflexionando, con la quijada metida en el pecho; de aquellas reflexiones salió volverse á
Juncal y decirle en tono suplicante y persua-
sivo:

—Amigo Máximo, en esta ocasión espero de
V. mucho... Espero que me pruebe que efecti-
vamente he encontrado aquí lo que tan rara vez
se tropieza uno por el mundo adelante: un amigo verdadero, de corazón.

—¡Señor de Pardo!—exclamó el médico, á

·quien semejantes palabras cogían por su lado
flaco.—¡Bien puede V. estar satisfecho—aunque
la cosa no lo merece—de que ni á mi padre le
tuve más respeto, ni á mis hermanos les quise
más que á V.! Desde que le vi me entró una
simpatía de repente... vamos, una cosa particular, que los diablos lleven si la sé explicar yo
mismo. A mi señora se lo tengo dicho : mira,
chica, si te da la ocurrencia de ponerte un día
muy mala y quieres médico, que no sea él mismo día que me necesite Don Gabriel... Y luego,
¿qué pensaba? Pero si no me pide otra cosa de
más importancia que darle bromuro á la sobrina... para eso, maldito si...

—Las circunstancias—dijo Gabriel titubeando
aún—son tales, que yo necesito creer á pié jun-
tillas lo que V. me asegura para no perder el
tino y desorientarle completamente. Voy á hablarle á V. con franqueza, como hablaría yo
también á mi hermano...

—¿Pongo la yegua al paso? La de V. no lo
sentirá—preguntó Juncal, que oía con toda su
alma.

—Sí... conviene salir cuanto antes del atolladero, y que nos entendamos los dos.

—Hable con descanso, que así me arrodilla-
sen para fusilarme, de mi boca no saldría una
palabra.

—Eso quiero: cautela y secreto absoluto por
parte de V. Mi infeliz sobrina está desde ayer
tarde en un estado de exaltación alarmantísimo.
Yo creo que su razón se obscurece algunas veces. Y entonces grita, llora, habla, desbarra,

dice enormidades que..., que nadie debe oir, ¿lo
entiende V.?, ¡sino personas que antes se dejen
arrancar la lengua que repetirlas!

Juncal sacudió la cabeza gravemente, murmurando:

—¡Entendido!

—Los accesos—prosiguió el artillero—le dan
con bastante intervalo, y del uno al otro se queda como postrada y sin fuerzas. Ayer ha tenido
dos, uno á las cinco de la tarde y otro á las diez
de la noche; dormitó unas horas, y á las tres de
la madrugada el acceso más fuerte, acompaña-
do de una copiosa hemorragia por las narices;
á las siete se repitió la función, sin hemorragia;
y así que la dejé algo tranquila, suponiendo que
tendríamos al menos tres ó cuatro horas de plazo, me vine reventando la yegua... y así que
acabe la explicación la volveré á reventar, para
llegar antes de que el acceso se produzca. ¿Qué
opina V.? ¿Le dará antes de mi vuelta?

—Señor Don Gabriel, esperanza en Dios... Es
probable que no le dé. Según lo que V. me va
contando, la neurosis de la señorita tiene carácter epiléptico, y hay un poco de tendencia al
desvarío... Bien, ya puede hablar, que es como
si se lo dijese á un agujero abierto en la pared.
Y... ¿V. no sospecha algo de las causas de este
mal tan repentino?

Enderezóse Gabriel en la silla, como afian-
zándose en una resolución inevitable.

—Sin que yo se lo dijese, en cuanto llegue V.
á los Pazos se enterará de que allí han ocurrido
ayer y anteayer sucesos gravísimos... Basta

22

para imponerle á V. el primero que encuentre, el mozo de cuadra que recoja la yegua. Anteayer, de noche, mi cuñado sostuvo un altercado terrible con... ese muchacho que pasaba por hijo de los mayordomos...

—Bien, bien... Ya estamos al cabo—indicó Juncal guiñando el ojo...—Pero, ¡qué milagro enfadarse con él! ¡Si le quería por los quereres!

—Mucho le quiere, en efecto; ¿de qué está malo hoy sino del berrinche? Pues... á consecuencia de la escena espantosa que se armó entre los dos, el muchacho, que es testarudo y resuelto, arregló ayer mañana su maletilla de estudiante, y ni visto ni oído... A pié se largó... y hasta la fecha no se ha vuelto á saber de él.

Al ir narrando, fijábase Don Gabriel en la expresión del rostro de Juncal. Aunque éste procuraba no dejar salir á él más pensamientos que los que no mortificasen ni alarmasen al artillero, no podía ocultar la luz que iba penetrando en su cerebro y que no tardaría en ser completa. La prueba es que exclamó involuntariamente:

—¡Ah... ya!...

—Sí—añadió Pardo con resignación:—desde que Manuela supo la marcha de su... amigo...

—¿Y quién se la contó? ¿A que se lo encajaron de golpe y porrazo... con todas las exageraciones?

—¡Lo mismito que V. lo piensa! La mayordoma...

—Que es una vaca...

—Se fué á abrazar con ella, llorando á gritos...

—A berridos, que es como lloran semejantes
bestias...

—Y le dijo que Perucho no volvía más; que
se había marchado decidido á embarcarse para
América, y que iba tan desesperado, que era
fácil que le diese por tomar arsénico...

—*Séneca*, que le llaman así.

—En fin, le dijo... ¿Hace falta más explicación?

—¡Qué lástima de albarda, Dios me lo perdone, para esa pollina vieja! Bueno, señor de Pardo; no añada más, no se moleste, sosiéguese;
ya estamos enterados de lo que conviene ahora.
Tranquilizarle á la niña el pensamiento... ¡todo
lo posible!,...

—Y en especial...

—¡Basta, basta! En especial, silencio... y que
los curiosos se queden á la puerta... La curiosidad, para la ropa blanca. Fíese en mí. ¿Al
trote?

—Al galope, que es cuesta arriba.

Arrancaron las dos yeguas, alzando una polvareda infernal.

XXXI

EL sol había salido, y también el cura de Ulloa
á celebrar el santo sacrificio de la misa. Goros, medio en cuclillas ante la piedra del hogar,

LA MADRE NATURALEZA

con las manos fuertemente hincadas en las caderas, el cuerpo inclinado hacia adelante, los
carrillos inflados y la boca haciendo embudo,
soplaba el fuego, al cual tenía aplicado un fósforo. Y á decir verdad, no se necesitaba tanto
aparato para que ardiesen cuatro ramas bien
secas.

Ladró el mastín en el patio, pero con ese tono
falsamente irritado que indica que el vigilante conoce muy bien á la persona que llega, y
ladra por llenar una fórmula. En efecto: cansado estaba el *Fiel* de contar en el número de sus
conocidos al madrugador visitante. Como que,
siendo aquél todavía cachorro, éste se había
encargado de la cruenta operación de cercenarle la punta del rabo y la extremidad de las
orejas.

Venía el atador de Boán con el estómago ayuno de bebida, pues acababa de dejar la camada
de paja fresca con que aquella noche le había
obsequiado el pedáneo; y si esta narración ha
de ser del todo verídica y puntual, conviene advertir que llevaba el propósito de matar el gusanillo en la cocina del cura. Lo cual prueba
que el señor Antón no estaba muy al tanto de
las costumbres severas y espartanas del incomparable Goros, incapaz de tener, como otros
muchos de su clase, el frasquete del aguardiente de caña oculto en algún rincón. Es más: ni
siquiera por cortesía ofreció un tente-en-pié, un
taco de pan y algo de comida de la víspera, y
se contentó con responder secamente:—Felices
nos los dé Dios—al saludo del algebrista. La

razón de esta sequedad era una razón profunda,
seria y digna del temple de alma de Goros. Allá
en su conciencia de creyente á macha martillo
y de persona bien informada en lo que respecta
al dogma, Goros tenía al señor Antón por un
endemoniado hereje, acusándole de que, merced al trato con las bestias, no diferenciaba á
un cristiano de un animal, ni siquiera de una
hortaliza, y que para él era *lo mismo una ristra de ajos,* con perdón, que el alma de una
persona humana. En las discusiones del ateneo
de los Pazos, Goros tenía siempre pedida la
palabra en contra, y así que el algebrista se
descolgaba con una de sus atrocidades, allí estaba el criado del cura hecho martillo de here-
jes, confutando las proposiciones panteísticas
que el alcohol y el atavismo ponían en los sumidos labios del componedor de Boán.

—¿Vienes á ver los animales?—preguntóle
aquella mañana desapaciblemente.—Están bien
lucidos. San Antón por delante. No tienen falta
de médico.

—Vengo á me sentar... que el cuerpo del hombre no es de madera, y á las veces cánsase también.

—Bueno, ahí está el banco.

—¡Quién como tú!—suspiró el algebrista
quitándose el sombrero de copa alta y ponién-
dolo entre las rodillas.—¡Hecho un canónigo,
carraspo! Así te engordan los cachetes, que
pareces fuera el alma el marrano del pedáneo
cuando lo van á matar.

—Sí, sí, vente con endrómenas... Si hablases

de otros criados de otros curas diferentes, de
todos los más que hay por el mundo adelante,
que revientan de gordos y de ricos... á cuenta
de los malpocados de los feligreses... Pero este
mi señor, que antes de la hora de la muerte ya
ha entrado de patas en la gloria, nunca tiene
sino necesidades y pobrezas, y si el criado fuese como los vagos y lambones que andan de
casa en casa á la chupandina del jarro y del
pisquis de caña... ¡ya le quiero yo un recadito!

—¡Mal hablado! Aun siquiera una gota te pedí.

—Buena falta hace que me la pidas. Conozco
yo las entenciones de la gente...

Echóse á reir el algebrista, pues no era él
hombre que se formalizase por tan poco. De
oirse llamar borrachón y pellejo estaba harto,
y esas menudencias no lastimaban su dignidad.
Al contrario, dábanle pretexto para explayarse
en sus favoritas y perniciosas filosofías.

—Bueno, carraspo, bueno; el hombre tampoco es de palo, y ha de tener sus aficiones...
quiérese decir, sus perfirencias. Y si no, ¿para
qué venimos á este mundo recondenado? A la
presente estamos aquí platicando los dos; pues
cata que sale una mosca verde del estiércol y
te pica... el *caruncho* sea contigo, y acabóse;
ya puede el señor cura plantarse aquellos riqui-
lorios negros con la cinta dorada. Que pasa un
can con la lengua de fuera, un suponer, y te da
una dentada... pues como no te acudan con el
hierro ardiente, ó no te pongan la cabeza de un
conejo en vez de la tuya, que dice que es ahora
la última moda de Francia para la rabia...

—Vaya á contar mentiras al infierno—exclamó Goros furioso, destrozando en menudos fragmentos una onza de chocolate, pues el agua hervía ya en la chocolatera. ¡No sé cómo Dios no manda un rayo que te parta, cuando dices esos pecados de confundirnos con las bestias, Jesús mil veces!

—¡Si ya anda en los papeles! A fe de Antón, carraspo, que no te miento.

—Los papeles son la perdición de hoy en día. Los que escriben los papeles, más malvados aún que las amas de los clérigos.

—Asosiégate, hombre, que tú no has de arreglar el mundo, ni yo tampoco. Lo que se quiere decir, es que para cuatro días que tenemos de vida, no debe un hombre privarse de lo que le gusta, en no haciendo daño á sus desemejantes.

—Como los cerdos, con perdón, ¿eh?—vociferó Goros en el colmo de la indignación, mientras buscaba por la espetera el molinillo.—¿Como los marranos? ¿Comer, dormir, castizar, y luego á podrirse en tierra? Calla, calla, que hasta parece que se me revuelve el estómago.

Lo que se revolvía era el chocolate, bajo el vertiginoso girar del molinillo en la chocolatera. El cura de Ulloa padecía debilidad, y necesitaba que en el mismo momento de llegar de la iglesia le metiesen en la boca su chocolate, fuese en el estado que fuese; por lo cual Goros acostumbraba tenerlo listo con anticipación, y el señor cura tomarlo detestable.

—Yo no sé qué diferentes son de los marranos los hombres, carraspo—blasfemó el alge-

brista. —Tras de lo mismo andan; el comer, el
beber, las mozas... Al fin, de una masa somos
todos.....

—¡No sé cómo Dios aguanta á este empío en
el mundo!

—¿Y yo qué mal le hago á Dios, por si es caso?
¡De quien se ríe Dios es de los bobos que se están aunando y con flatos y pasando mala vida!
¿Para quién hizo Dios, —vamos á ver, respon-
de, cristiano, —pàra quién hizo Dios las cosas
buenas, el vino, y más la comida, y más las
muchachas de salero? ¿Las hizo Dios, sí ó no?
Pues si las hizo, no será para que nadie las es-
cupa. Y si alguien las escupe, se ríe Dios de él,
¡carraspo y carraspiche!

—Si te oye mi señor, te echa con cajas destempladas de la cocina.

—¿No va en los Pazos el señor abad?—preguntó el algebrista, mudando de tono, y como
quien pregunta algo serio.

—¿En los Pazos? No, va en misa.

—Pues dice que lo van á llamar de los Pazos.

—¡Milagro! ¿Para qué será?

—Para echarle los desconjuros y los asperjes
á la señorita Manola, que tiene el *ramo cativo,*
y para darle la esterminación á Don Pedro, que
está en los últimos.

—¿Quién te dijo todo eso?

—El estanquero de Naya. Allá estive de noche.

—Pues es una mentirería descarada. Ayer noche fuí á los Pazos á ver qué sucedía. También
me lo encargó el señor abad. Y ni la señorita Manola está endemoniada, ni el marqués tan malo.

—El haber hay en la casa un rebumbio de dos mil júncaras. ¿Hay ó no?

—Rebumbio lo hay, eso es como el Evangelio; pero eusageran, que no es tanto.

—¿Y será mentira también el cuento de lo que pasó con el de Perucho, el hijo de la Sabel? Por Naya anda el cuento más corrido, ¡que no sé!

—Largó de casa, y no se sabe á derechas el motivo. Ese es el caso.

La fisonomía del algebrista, truhanesca y socarrona como ella sola, se contrajo y arrugó con el más malicioso gesto posible.

—El motivo... Endrómenas, carraspo... Unos dicen de una manera, otros de la otra, y tú vete á saber la verdá...

—La verdá sólo Dios—sentenció Goros...

—O el diaño, que inda es más listo. Pues señor, que dicen unos que la señorita tuvo un disgusto grandísimo con el padre, á que había de echar de casa al Perucho, y que hasta que lo echó no paró. Otros que ese señor que está ahí... ¡ese de los cuatro ojos!

—Ya sé. El hermano de la difunta señora.

—Que fué quien porfió por echar á Perucho, porque quiere casarse con la señorita... y así que supo que Don Pedro le dejaba cuartos por testamento, amenazó á Perucho de matarlo, y por poco lo mata... hasta que se tuvo que largar con viento fresco. Que otros... (aquí el guiño se hizo más malicioso) que si andaban, si no andaban, si el Perucho y la Manola y el otro y todos... ¡El diablo y más su madre! El cuento es que juraban que el señor no salía de esta... que estaba gunizando... y que tenían llamado al médico de Cebre, aquél con quien riñeran por mor de las eleuciones...

Goros sacó en esto la chocolatera del fuego, porque ya había dado los dos hervores de rúbrica; y meneando la cabeza con aire filosófico, pronunció:

—Ni por ser rico... ni por ser señor... ni por poca edá... ni por sabiduría.:. Cuando llega la de pagar la gabela de las enfermedades y de las desgracias y de la muerte negra.:.

El algebrista callaba, como el que no tiene ganas de armar disputa otra vez, y picaba con la uña, de una gruesa tagarnina, cantidad bastante para liar un papelito. Así que lo hubo liado, se encasquetó la monumental chistera, y acercándose al fogón, murmuró con tonillo insinuante:

—¿Conque no das ni una pinga?

—No gasto—respondió el criado del cura áspera y lacónicamente.

—Da entonces lumbre para el cigarro, que no te arruinará, cutre, sarnoso.

Goros le alargó un tizón, y el componedor, con un cigarrillo en el canto de la boca, salió rezongando un

—¡Conservarse!

Creyóse el perro en el compromiso de soltar un ladrido de alarma al ver salir al señor Antón; mas de allí á dos minutos, rompió á ladrar con verdadero frenesí, con ese bronco ladrido, casi trágico, que es aviso y reto á la vez. Goros se lanzó fuera y se halló, á la puerta del patio, con el señor de los *cuatro ojos*.

XXXII

E L señor cura? ¿Está en casa?

—¡Ay, señor! Va en la misa... ya hace un
bocadito que salió.

—¿Tardará mucho?

—¿Quién es capaz de saberlo? La misa se des-
pabila pronto; solamente que después, si le da
la gana de ir á rezar al camposanto... lo mismo
puede tardar media hora que una. Si quiere,
voy á buscarlo en un instante.

—Nada de eso... Déjele V. que rece. No tengo
prisa; esperaré.

—¡Quieto; can! ¡Quieto, arrenegado! Pase,
entre, haga el favor de subir.

Pasábase por la cocina para llegar á la sala
del cura, sala que hacía oficio de comedor, y se
reducía á cuatro paredes enyesadas, una mesa
vieja con tapete de hule, una Virgen del Carmen de bulto, encerrada en su urna de cristal y
caoba, y puesta sobre una cómoda asaz ventru-
da y apolillada, y media docena de sillas de Vi-
toria. Goros se deshacía buscando y ofreciendo
la menos desvencijada y vieja.

—Gracias, estoy muy bien—afirmó el artillero
después de tomar asiento;—no deje V. sus que-
haceres, amigo; váyase á trabajar.

La verdad es que deseaba estar solo, como

todos los que lidian con preocupaciones muy
serias. Pesado silencio llenaba la salita, y lo
interrumpía sólo el zumbido de un moscardón,
que se aporreaba la cabeza contra los vidrios
de la ventana. Gabriel Pardo acercó su silla á
la mesa, y apoyando en ésta los codos, dejó
caer sobre las palmas de las manos la frente,
experimentando algún consuelo al oprimirse
los párpados y las sienes doloridas. Ni él mismo
sabía por qué, después de dos ó tres días de fe-
bril actividad, de lucha encarnizada con una
situación espantosa, le entraba ahora tan inmenso desaliento, tales ganas de echarlo todo á
rodar, meterse en un coche y volverse á Santiago, á Madrid...

Tres noches llevaba sin dormir y tres días sin
comer casi, y tal vez por culpa de la vigilia y la
abstinencia le parecía en aquel instante que su
cerebro estaba reblandecido, y que sus ideas
eran como esos círculos que hace en el agua la
piedra arrojadiza; no tenían consistencia alguna. A fuerza de encontrarse frente á frente, de
lidiar cuerpo á cuerpo con uno de los problemas
más tremendos que pueden acongojar á la razón
humana, ya había perdido la brújula, y el des-
barajuste de su criterio le amedrentaba.—Vamos á ver (y era la centésima vez que repetía
aquel soliloquio mental). Aquí se han tronzado
moralmente dos existencias; se les ha estropea-
do la vida á dos seres en la flor de la edad. Los
dos se causan horror á sí mismos; los dos se
creen reos de un crimen, de un pecado espantoso... y los dos, bien lo veo, seguirán querién-

dose largo tiempo aún. ¿Son delincuentes en
rigor? Por de pronto, que no lo sabían; pero supongamos que lo supiesen, y así y todo... No;
dentro de la ley natural, eso no es crimen, ni
lo ha sido nunca. Si en los tiempos primitivos
de una sola pareja se formó la raza humana
¿cómo diantres se pobló el mundo sino con *eso?*
¡Ea, se acabó; está visto que yo no tengo lo
que llaman por ahí sentido moral! ¡A fuerza de
lecturas, de estudiar y de ejercitar la razón,
me he acostumbrado á ver el pro y el contra de
todas las cosas!... ¡Me he lucido! Lo que la humanidad encuentra claro como el agua, lo que
un niño puede resolver con las nociones apren-
didas en la escuela, á mí me parece hondísimo
é insoluble... Sólo en el primer momento, guiado por mi instinto, procedo con lógica; así cuando quería matar á Perucho; entonces era yo
un hombre resuelto, no un divagador miserable; pero, ¿cuánto me dura á mí esa fuerza, esa
convicción? Diez minutos; el tiempo que tardo
en echarme á filosofar sobre el asunto y empezar con porqués, con atenuaciones, indulgen-
cias y tolerancias... ¡El cáncer que me roe á mí
es la indulgencia, la indulgencia! ¿Me casaría
yo, aunque fuese lícito, con una de mis hermanas? No, y estoy disculpando el incesto. Como
aquella vez que encontré mil excusas á la co-
bardía del famoso Zaldívar, el que se guardó
varios bofetones y no quiso batirse... ¡y luego
tuve que echármelas yo de matón para que no
se figurasen que defendía causa propia! Aún me
río... ¡Cómo me puse cuando el otro botarate

de Morón me dijo con mucha soflama que era
cómodo tener ciertas teorías á mano!... Aún se
deben acordar en el café de la que allí se armó...
¡Ay, y qué cansado estoy de estas dislocaciones
de la razón, de este afán de comprenderlo y
explicarlo todo! La calamidad de nuestro siglo
Quisiera tener el cerebro virgen, ¡qué hermosura! ¡Pensar y sentir como yo mismo; con
energía, con espontaneidad, equivocándome ó
disparatando, pero por mi cuenta! Ese montañés me ha inspirado simpatía, cariño, envidia,
admiración. El se cree el hombre más infeliz de
la tierra, y yo me trocaría por él ahora mismo...
¡Con qué sinceridad y entereza siente, piensa
y quiere! Vamos, que ya daría yo algo por poder decir con aquella voz, aquel tono y aquella
energía:—¿Soy algún perro para no creer en
Dios?

Gabriel se oprimió más las sienes. El moscardón seguía zumbando y golpeándose, incansa-
ble en su empeño de romper un vidrio con la
cabeza para salir al aire y á la libertad que desde fuera le estaban convidando. Levantóse Pardo, deseoso de librarse, con la acción, de la tortura de aquellas cavilaciones estériles y ma-
reantes. Púsose á pasear de arriba abajo por la
sala, escuchando el crujido de sus botas nuevas,
unas botas de becerro blanco encargadas para
la expedición al valle de Ulloa. Se paró ante la
urna de la Virgen del Carmen, y la miró atentamente, reparando en su corona, en la inocente
travesura de los ojos del niño, en la forma del
escapulario... ¡De veras que ya iba tardando el

cura! Sentía Gabriel esa necesidad de movimiento que entretiene la impaciencia. Salió á la
cocina, donde Goros mondaba patatas; y abriendo la petaca, le ofreció cordialmente un cigarro.
El criado del cura se puso de pié, sonrió com-
placientemente y se rascó el cogote detrás de
la oreja, ademán favorito del gallego cuando
delibera para entre sí. Gabriel adivinó.

—¿No fuma V.?

—No, señor; no gasto, hase de decir la verdad. Dios se lo pague y la Virgen Santísima, y
de hoy en un año me dé otro.

—¡Pues si no le he dado á V. ninguno!

—La entención es lo que se estima, señor. No
se le va el tiempo; con su permiso, cumple avisar al señor abad.

—No, hombre; si ya no es posible que tarde
mucho. Tiene el abad una casita muy mona...
¿Produce mucho el huerto?

—No, señor, apenas nada... ¿Quiere molestar-
se en ver cuatro coles?

—Si V. no tiene ocupación precisa...

—Jesús, señor... Venga por aquí. (Goros tomó la delantera.) Esto es una poquita cosa que
yo la trabajo cuando tengo vagar... (Encogiéndose de hombros con aire resignado.) Porque el
señor abad... ¡mi alma como la suya! no mete
un triste jornalero, y yo á veces me levanto antes de ser día, y con un farol en la mano voy
cuidando... Y todo me lo come el verme...

Obligaba la cortesía á Gabriel á fijarse en un
repollo comido de orugas, un tomate que rojeaba, un pavío chiquito, enfermo de un flujo de

goma, y un peral muy cargado ya. Luego entraron en la corraliza donde se ofrecía á los ojos
un cuadro de familia interesante. Era una ma-
rrana soberbia en medio de su ventregada de
guarros, los más rosados y lucios que pueden
verse. La madre vino á frotarse cariñosamente
contra Goros; pero al ver á Gabriel gruñó con
recelo y echó al trote, seguida de sus crios, hacia
la pocilga. Goros la llamó con cariñosos apela-
tivos, diminutivos y onomatopeyas, para sose-
garla.

—Quina, quiniña... cuch, cuch, cuch...

—¡Qué grande es y qué hermosa!—observó
Gabriel para lisonjear la vanidad de Goros.

—Es muy hermosísima, sí, señor; y eso que
está chupada de criar. Cuando se cebe tendrá,
con perdón, unas carnes y unos tocinos... como
los del arcipreste de Boan. ¿Le conoce, señorito?—exclamó el criado, que ya estaba rabiando
por vaciar el saco de las chanzas irreverentes.

—Algo—respondió Gabriel sonriendo.

—¿Y no le parece, dispensando usté, que se la
podíamos enviar de ama?—añadió Goros señalando á la puerca. Como Gabriel no celebró mucho el chiste, Goros mudó de estilo.

—¿Ve los que tiene?—dijo enseñando los co-
chinillos.—Pues á todos los ha criado... Es el
segundo año que cría... Aquel ya es hijo suyo—
añadió mostrando en un rincón de la corraliza
un cerdazo corpulento, pero con un aire hosco
y feroz que recordaba al jabalí montés.—Mata-
mos el cerdo viejo por Todos los Santos... y
quedó ese para padre.

Mientras Gabriel consideraba á aquel Edipo
de la raza porcuna, un gracioso animal vino á
enredársele entre los piés: era una paloma calzada, moñuda, de cuello tornasolado donde re-
verberaban los más lindos colores; giraba arru-
llando, y su ronquera era honda, triste y volup-
tuosa á la vez. Gabriel se inclinó hacia ella, y
el ave, sin asustarse mucho, se limitó á desviarse unos cuantos pasos de sus patitas rosadas.

—¿Hay palomar?—preguntó Pardo.

—No señor... (El criado estregó el pulgar contra el índice, como indicando que no sobraba
dinero para meterse en aventuras.) Pero el señor abad... como Dios lo dió tan blando de corazón... y como las palomas le gustan..., man-
tiene á las de todos los palomares de por ahí, y
siempre tenemos la casa llena de estas bribo-
nas... Siquiera sacamos un par de pichones para
asarlos; aquí no vienen sino á llenar el papo y
marcharse... ¡Largo, galopinas!— añadió dirigiéndose á varias que desde el tejado descendían á la corraliza volando corto.—¡Ay, señor!
—añadió el criado tristemente:—Es mucho gusto
servir á un santo... ¡pero también... los trabajos
que se pasan para ir viviendo, acaban con uno!
Aquí no se cobran derechos... aquí los feligreses se ríen del señor, y no traen ni huevos, ni
gallinas, ni fruta, ni nada... Aquí la fiesta del
Patrón, como si no la hubiera... Aquí se guarda
el tocino y la carne para los enfermos de la parroquia, y nosotros pasamos con berzas y unto!

Latió el perro de alegría; abrióse la puerta
del patio que comunicaba con la corraliza, y

apareció el cura flaco, sumido de carnes, encorvado, canoso, de ojos azules muy apagados, vestido con una sotanuela color de ala de mosca, pero limpia. Gabriel se descubrió, se adelantó, y antes de saludarle inclinóse y le estampó un gran beso en la mano.

XXXIII

PARA hablar á su gusto y sin temor de que ningún oído indiscreto sorprendiese la conversación, se encerraron en el dormitorio del cura, que parecía celda. Como no había más que una silla, Gabriel se sentó en el poyo de la ventana. Y charló, charló, desahogando su corazón y aliviando su cabeza con el relato circunstanciado de toda la tragedia ocurrida en la casa señorial. El cura le oía sin levantar los ojos del suelo, con las manos puestas en las rodillas, cogiéndose á veces la barba como para reflexionar, y á veces moviendo los labios lo mismo que si hablase, pero sin pronunciar palabra ninguna. De tiempo en tiempo carraspeaba para afianzar la voz, costumbre de todos los que han ejercitado el confesonario, y hacía una pregunta, contrayendo la boca al decir las cosas graves. Gabriel respondía clara, explícita, llanamente: jamás recordaba haber tenido ta satisfacción y tan provechoso desahogo en confiarse y desnudar el alma.

—¿Y dice V.—interrogó el cura—que ese des‾
dichado está ya bien lejos de aquí? La separa-
ción es lo primero que importa.

—Sí, padre. Yo le proporcioné dinero; yo le
consolé lo mejor que supe; yo le acompañé hasta la diligencia, y le di carta para una persona
de Madrid que inmediatamente que llegue le
colocará de dependiente en una tienda. Le conviene trabajar, para que se le quiten de la cabeza las cavilaciones. Y no tenga V. miedo, que
no le dejaré de la mano. Me considero obligado
á eso, ¡y además me ha dado tanta lástima! Le
aseguro á V. que iba cobrándole cariño.

—¿Y V.... no sospecha con qué objeto quiere
verme la señorita Manuela?

—Quiere confesarse, ó cosa semejante; quiere... ¿Qué ha de querer la pobrecilla? Imagíne-
se V.... Consejo, luz; ¡que la ayuden á salir del
pozo en que se cayó hace cuatro días! El mal ha
cedido; bien lo decía el médico de Cebre, que
el daño físico era poca cosa y fácilmente se
vencería. Ya no hay convulsiones, ni querer
batir con la cabeza contra la pared, ni aquello
de llamar á gritos á Perucho y acusarse en voz
alta de los más horribles delitos... Figúrese V.
que hasta dijo que ella había matado á su madre. Así es que la tuvimos secuestrada, sin permitir que en el cuarto entrase nadie... ¡y ojalá
hubiésemos empezado por ahí, desde que Perucho se marchó! Entonces no la hubiesen contado... ¿No le parece á V. una fatalidad que supiese el parentesco que la une á aquel infeliz?
Han cargado su conciencia de negras sombras;

la han torturado con remordimientos que pudieron ahorrársele del todo... ¡la han colocado á dos dedos de la locura!

—Me parece que no está V. en lo cierto, señor Don Gabriel—respondió lentamente el cura de Ulloa.—Si la niña ignorase que hay entre ella y el hijo de Sabel un obstáculo eterno é invencible, le seguiría amando y no veríamos nunca extinguida la pasión incestuosa. Estas desgracias tan terribles provienen cabalmente de no haberla abierto los ojos á tiempo: ¡tremenda responsabilidad para los que estaban obligados á velar por ella! Dios se lo perdone en su infinita misericordia.

—Me coge de lleno esa responsabilidad, padre. Yo debí venir antes á conocer á la hija de mi pobre hermana, á saber cómo vivía, cómo la educaban. Nada de eso hice, y será un remordimiento que me ha de durar tanto como la vida. Y V., V. que es un santo...

—Señor de Pardo, no me abochorne. Soy el último y el más miserable pecador.

—Bien, pues V.... ¡que es un malvado!—exclamó sonriendo cariñosamente el artillero.— ¿No tuvo ocasión de insinuarle... no se confesaba la niña con V.?

—Algún año por el Precepto... Confesiones á escape, en que no es posible echarle la sonda á un alma y ver lo que tiene dentro. Todo lo han descuidado en esa pobrecita, hasta los deberes religiosos, y si hay en ella bondad y honradez...

—¡Ya lo creo que las hay!...—protestó Gabriel con viveza.

—Será por virtud natural y por misericordia
de Dios... Nada la han enseñado; la han dejado
vivir entregada á sí misma, por montes y breñas como los salvajes. Ha caído muy hondo;
pero, ¿cómo no había de caer? ¡Al borde del
abismo la empujaban!

—¿Cómo es que no la veía V. más á menudo?
¿V. que tanto quiso á su madre?

La fisonomía del cura se animó y alteró un
tanto. Gabriel le había observado desde un
principio, y notado que el cura de Ulloa, ahora
como en la primer entrevista, parecía llevar
sobre las facciones una máscara, una especie
de barniz de impasibilidad, austeridad y desasi-
miento, que le daba gran semejanza con algunas pinturas de santos contemplativos que andan por las sacristías. La expresión se había
recogido al interior, por decirlo así; los ojos,
muy sumidos bajo el convexo párpado, miraban
positivamente para adentro. Eran sus trazas
como de hombre que huye de la vida de relación
y se concentra en su pensamiento, procurando
envolverse en una especie de mística indiferencia por las cosas exteriores, que no es egoismo
porque no impide la continua disposición del
ánimo al bien, sino que parece coraza que pro-
tege á un corazón excesivamente blando contra
roces y heridas. La forma cristiana de la impasibilidad estoica. Pero ante la directa pregunta
de Gabriel, quebrantóse la tranquilidad del
cura: un leve matiz rojo le tiñó las mejillas, y
brillaron sus apagados ojos. No debía de ser
tan flemático, en el fondo, el bueno del abad.

—No, señor—pronunció más aprisa y en tono
algo agitado.—Le hablaré á V. con franqueza
absoluta, por ser V. quien es y por el caso ex-
traordinario en que estamos... Hace muchos
años que yo no frecuento la casa de los Pazos,
en que tuve la honra de ser capellán, parte por
el carácter de su señor hermano político de V.
(todos tenemos nuestros defectos, nuestras ra-
rezas), parte porque me traían aquellas paredes
recuerdos... bastante tristes. De esto no necesi-
tamos hablar más. Respecto á la niña, mire V....
Cuando era pequeñita, puede decirse que recién
nacida, le tenía yo cobrado un cariño... un cariño ¡que no sé! Muy grande podrá ser el amor de
los padres para sus hijos, pero lo que es el que
yo tenía al angelito de Dios, es una cosa que
no se puede explicar con palabras. Como luego
me fuí de aquí y tardé bastante tiempo en volver (hasta que me presentaron para este cura-
to), pude meditar y considerar las cosas de otro
modo, con más calma; y entonces evité ver mucho á la niña, por no poner el corazón en cosas
del mundo y en las criaturas, que de ahí vienen
amarguras sin cuento y tribulaciones muy grandes del espíritu... El que se casa, bien está y
justo es que quiera á sus hijos sobre todas las
cosas, después de Dios; pero el sacerdote, y en
especial el párroco, ha de ser padre de todas
sus ovejas, pues tal es su oficio... y no amar
mucho en particular á nadie, para poder amar
á todos, y amarlos, no en sí, sino en Cristo,
que es el modo derecho. Así he creído que debía
obrar, señor de Pardo... En cuanto al motivo,

no pienso haber errado; pero, á poder prever los acontecimientos y el peligro de la niña, debí proceder de otro modo. Yo, que estaba cerca, soy muchísimo más delincuente y reo de descuido que V., que estaba lejísimos, y no podía razonablemente suponer que corriese Manuela ningún riesgo teniendo al lado á su padre.

—Pues ahora—exclamó Gabriel—se me figura que nada remediamos con andar volviendo la vista atrás y lamentar lo ocurrido. El lance es espantoso; á hacerle cara, y á reparar en lo posible (hablo por mí) el delito de que somos reos. Yo tengo aquí en esta mano la reparación. Lo que necesita ahora mi sobrina es rehabilitarse á sus propios ojos, es volver á estimarse á sí misma, es reconciliarse con su propia conciencia. Es muy joven, muy inexperta, muy sencilla, ya por efecto de su carácter, ya de sus hábitos, y cree haber cometido uno de esos crímenes horribles que la hacen acreedora á que caiga sobre su cabeza el fuego del cielo, que abrasó á los habitantes de las cinco ciudades aquellas... ¡Cuando no se ha vivido, señor cura, no es posible tener idea exacta de la magnitud y trascendencia de nuestros actos, ni del grado de responsabilidad que nos toca en ellos; así es que la pobre chica no le quiero á V. decir ni cómo se trata á sí misma, ni las cosas que se llama, ni las culpas que se echa, ni las atrocidades que ensarta sobre el tema de que se quiere morir, de que no estará tranquila hasta que le canten el responso, y otras mil cosas análogas! Desde que ha pasado el acceso nervioso,

permanece calladita y vuelta de cara á la pared,
y sólo se le saca de cuando en cuando un—¡Ay,
Jesús... ay; Jesús... yo me quiero confesar!...—
pero, en resumidas cuentas, el estado de ánimo
entonces y ahora es el mismo, y aquí no hay
más que una solución: tranquilizar, calmar,
restaurar ese espíritu. Yo lo he intentado por
todos los medios; pero á mí no me oye ni me
atiende, mientras que á V. le llama... Su sagrado prestigio de V. lo puede todo en esta ocasión.

—Cuanto de mí dependa...

—Y de mí; ¿no ha entendido V. aún? Lo diré
más claro. Hágale V. comprender que nada ha
perdido, que no está ni infamada ni maldita, una
vez que su tío, persona decente por los cuatro
costados, la pide por mujer, la quiere con todo
su corazón, y está dispuesto á ser para ella
cuanto le negó la suerte hasta el día : padre,
madre, hermano, protector, esposo amantísi-
mo... que con todos estos cariños diferentes la
sabré querer yo.

Reinó en la celdita prolongado silencio. El
cura recobraba su expresión tranquila; reflexionaba. Por último, interrogó :

—¿V. se casaría con ella, sin reparar?...

—Sin reparar en lo sucedido.

—¿Y nunca...?

—Y nunca se lo había de traer á la memoria.

—Según eso, ¿está V.... prendado de su sobrina?

—No, señor. Prendado, no, según suele enten-
derse esa palabra. La quiero; y además pago
una deuda.

—No desmiente V. la buena sangre, señor Don Gabriel... *Alguien* le estará á V. dando las gracias y pidiendo por V. desde el cielo.

—No—respondió Gabriel levantándose — si aquí quien ha de hacer el milagro es V.... Mi destino y el de Manuela están en sus manos.

—En las de Dios—respondió fervorosamente el cura de Ulloa. Dicho esto, se levantó, volvió la vista hacia una detestable litografía del Corazón de Jesús, que tenía colgada á la cabecera de la cama, y movió los labios aprisa; aquello sí era rezar.

XXXIV

A tiempo que el párroco de Ulloa cruzaba, sereno en apariencia, aquellos salones tan poblados para él de memorias y de diabólicas insidias y asechanzas contra su reposo, Juncal salía del cuarto de la enferma. A la pregunta ansiosa de Gabriel, el médico dió respuesta sumamente satisfactoria:

—Mejor, mucho mejor... Se ha comido la patita de la gallina, toda entera... Se bebió un vaso de tostado...

—¿Por su voluntad?

—No; tuve que rogarle mucho, pero después se veía que lo despachaba sin repugnancia. A esa edad, la naturaleza ayuda... Señor abad; ¡felices!

—Igualmente, Don Máximo... ¿De manera que no hay inconveniente en entrar junto á ella?

—Al contrario... tiene afán por verle á V.

—Pues señores... hasta luego.

Así que el cura desapareció tras la puerta del cuarto, Juncal enganchó el brazo derecho en el del comandante, y le llevó hacia el claustro, diciendo afectuosamente:

—Véngase, véngase á tomar un poco el aire... V. va á salir de esta batalla con una enfermedad. Duerme y come tan poco como la enferma, y eso no puede ser... A ella la sostuvo hasta hoy la excitación nerviosa; V. está en diferente caso.

—¡Bah!... ¿Cómo sigue Don Pedro? No voy allá porque se pone hecho un lobo cuando me ve... ¡La manía de que yo he venido á traer la desgracia á esta casa!

—Mire, seguir no sigue peor; mañana ó pasado se levantará, y parecerá muy fuerte; pero... confieso que me ha dado un chasco. Físicamente (consiste en la diferencia de edades) le ha hecho la cosa más eco que á la muchacha... Ha sido un golpe terrible. Y que nada; que no se acostumbra á que el chico se haya marchado. Hasta los jabalíes del monte quieren á sus cachorros; esto lo prueba.

—Bonita anda esta casa. Dígole á V., Don Máximo, que arde en un candil. No hablemos de Manuela; pero entre Don Pedro que aulla, y las gentes de abajo, que me arman cada gazapera y cada red... Porque ahora sus baterías se dirigen á que Don Pedro reconozca... Piensan que va á liárselas, y... á lo que estamos, tuerta.

—Bueno es que V. se impuso desde el primer instante... Sino, ¿quién pararía aquí?

—Me impuse; no quiero que molesten á un enfermo; pero lo del reconocimiento lo considero muy justo. Si ese cernícalo me quisiese oir, se lo aconsejaría. ¡Cuántos daños se hubiesen evitado con hacerlo al tiempo debido!

Juncal inclinó la cabeza en señal de asentimiento, y los dos amigos siguieron paseando por el claustro, ó mejor dicho, por la solana, sostenida en pilastras de piedra con el escudo de Moscoso, que formaba el cuerpo superior del claustro. El liquen, á la luz del sol, estriaba de oro el granito; y bajo los aleros del tejado se oía el pitío alborotador de las golondrinas, que, desmintiendo la popular creencia de que sólo anidan en casas donde reinan paz y ventura, entraban y salían en sus nidos con vuelo airoso.

—Don Gabriel, V. está alterado—exclamó el médico, notando la irregularidad del andar y los movimientos del comandante. Todo el cuerpo de Gabriel, en efecto, vibraba como una caldera de vapor á tensión muy alta.—¿No se lo dije, que acabaría V. por ponerse más malo que su sobrina?

—No es eso, no es eso...—exclamó con vehemencia el comandante, soltando el brazo de su amigo y reclinándose en una de las pilastras.—Es... que ahora, en este mismo instante, se decide el destino de mi vida y el de Manuela. El cura de Ulloa lleva un encargo mío...

—¡Mi madre querida!—exclamó con cómico

terror Juncal, agarrándose con las manos la
cabeza.—¡Ha puesto V. su destino en manos de
un clericeronte! ¡Estamos frescos! Ay, Don Gabriel, de aquí va á salir una *falcatrúa*... Verá,
verá, verá.

—¡Hombre!—repuso Gabriel, sin poder evitar
la risa.—Yo pensé que hacía V. una excepción
honrosísima en favor del cura de Ulloa. . .

—Entendámonos, entendámonos...Hasta cierto punto nada más. ¡El clérigo siempre es clérigo! Donde él pone la mano, todo lo deja llevado de Judas. ¿V. piensa que á mí me hizo
gracia el que la chica llamase por él y quisiera
verlo á toda costa? ¡Mal síntoma, síntoma fu-
nesto! Yo á sanarla, y el clérigo... ¡ya lo verá
V.!, á enfermarla otra vez, y de más cuidado
que la primera. Mucho será que hoy no tengamos la convulsión y la llorerita... ¡Mecachis en
los que vienen ahí á alborotar á la gente!

—Vamos, Máximo; tolerancia, tolerancia...
¿De modo que si V. pudiese, al cura de Ulloa
me le metía en el buque con los demás, y con
los demás me le enviaba á tierra de salvajes?

—¡Pues claro, señor! ¿No hace falta un apóstol para convertir á los infieles? Pues así habría
un apóstol entre muchos pillos... Y nos queda-
ríamos libres por acá de apóstoles, porque nosotros ya estamos convertidos hace rato.

En tomando la ampolleta Juncal sobre esta
cuestión, no era fácil atajarle; y como Gabriel
se reia á vèces de sus extravagantes dichos, el
médico sacaba todo su repertorio. Mientras el
comandante apuraba el cigarro, el médico refe-

ría la vida y milagros de todos los abades del
contorno, más ó menos recargada de arabescos
y viñetas.

—El de Boán... á ese ya le habían despachado
por bueno: le atacaron veinte facinerosos en su
casa, y les probó que servía mejor que ellos
para el oficio: si se descuidan, me los escabecha
á todos... Mire qué mansedumbre evangélica.
El de Naya no me la da á mí con su carita complaciente: debe de ser un pillo redomado: más
amigo de diversión y gaudeamus... Si le estuviesen dando la consagración de obispo y oyese
que al lado se iban á disparar unos cohetes y á
hinchar un globo, tira la mitra y echa mano
al tizón... El arcipreste de Loiro... dicen que se
come él solo un capón cebado, y que le chorrea
la grasa de la enjundia por el queso abajo, hasta el ombligo... ¡Pues no digo nada del nuevo
que nos han mandado á Cebre! Más bruto no lo
hace Dios aunque se empeñe... y tiene pretensiones de orador sagrado, porque en Santiago
le dieron una faena de cavador: en un mismo
día predicó por la mañana el sermón del Encuentro, al aire libre, y por la tarde el de la
Agonía: total, cuatro horas de echar el pulmón
y de hacer chacota de él los estudiantes. Y lo
más célebre fué que en el sermón del Encuentro llevaba una pelliz, eso sí, muy planchada y
muy rizadita; y cuando para enternecer al público hizo ademán de abrazar á la Virgen para
consolarla de la ausencia de su hijo, los estudiantes gritaban: "¡Ay mi pelliz!„ Así que se
enteró el Arzobispo, dicen que le pasó recado

de que no predicase más... Aquí, cuando echa la plática, aturde la iglesia... Según dicen; que yo, ya imaginará V. que no asisto á semejante iniquidad... V. está distraído, vamos; no le cuento á V. más cuentos de esa gente.

—No, cuente V.; así entretengo un poco la ansiedad inevitable. Porque sepa V. que á mí, lo único que me saca de quicio y me desata los nervios, es la expectación y la incertidumbre. Para las desgracias verdaderas, para los males ya conocidos, creo que no me falta resistencia, y eso que no la doy de estoico.

Siguió Juncal refiriendo cuentos de curas; pero como todo se agota, la conversación iba languideciendo mucho. Gabriel, de cuando en cuando, entraba en el salón, recorría dos ó tres habitaciones, y salía siempre diciendo:—Nada... nada... ¡La cosa va larga!

—Ya verá V.—respondía Juncal—cómo el bueno del cura le mete escrúpulos en la cabeza á la señorita.

XXXV

QUEDA muy sosegada, y en un estado de ánimo bastante bueno. Mañana, Dios mediante, recibirá al Señor—respondió el cura de Ulloa, fijando los ojos en un nudo de la madera del piso, pues aquella habitación de Gabriel Pardo

era *la misma,* la de su hermana, y tender la
vista alrededor una prueba muy fuerte para el
espíritu del párroco.

—Y...

—Todo se lo he expuesto y se lo he manifes-
tado de la mejor manera posible, y apoyándolo
con cuantas razones me sugirió mi pobre inteligencia. Le he dicho que V. le dispensaba una
honra y le daba una prueba de afecto grandísima, elevándola al puesto de esposa suya, después de que...

—¡Ay, Dios mío!—exclamó Gabriel tristemente.—Si se lo ha presentado V. como un favor, de fijo que se ha resentido su orgullo... y
por altivez, por delicadeza, habrá sido capaz de
negarse...

—No, señor; no...

—¿Ha dicho que sí? ¿Ha dicho que sí?—preguntó Gabriel afanosamente.

—Se ha negado...

—¡Ya!

—Pero por otras causas, que V. y yo estamos
en el caso de respetar.

—¿Otras causas?

—Manuela se encuentra sinceramente arre-
pentida... La desventura, el golpe que ha reci-
bido le han abierto mucho los ojos del alma. No
desea más que expiar y llorar su culpa...

—¡Su culpa!—exclamó Gabriel, con acento de
protesta.—¡Su culpa, pobre criatura abandonada, sin consejo, sin cariño de nadie! ¡Don Julián, Don Julián! Ocasiones hay en que yo me
me condeno á mí mismo por mi detestable pro-

pensión á la indulgencia; porque creo que se
me han roto todos los resortes morales; pero
ahora... ¡quisiera tener en esta mano todo el
perdón y todo el amor del mundo... para derra-
marlo sobre la cabeza de mi sobrina! ¡Ella es
inocente... otros, otros somos los culpables!

—Otros—replicó con mansa firmeza el cura
—son acaso más culpables que ella; pero ella
tampoco es inocente, señor de Pardo. Ella lo
comprende y lo reconoce, y desea, así que su
padre se ponga bueno, retirarse á un convento
de Santiago.

—¡Monja!—exclamó Pardo.—Monja...¡Quiere
ser monja!

—Por ahora, no señor. La vocación no viene
en un día, y yo siempre le daría el consejo de
que desconfiase de una vocación repentina, dic-
tada por sinsabores ó desengaños del mundo.
Lo que Manuela quiere es retiro y descanso
que le cure las heridas y sitio donde hacer penitencia de su pecado. Yo le he hablado de bodas, de esposo y de alegría; me ha respondido
con celda y llanto. En mí no estaba desviarla de
ese propósito, desde que me lo manifestó. No
me lo permitía mi oficio á aquella cabecera.

Gabriel se acercó al cura de Ulloa, y tomán-
dole con agitación las manos:

—Sí, padre—exclamó;—sí, sí, V. es el único
que podía apartarla de ese triste cautiverio en
que va á caer voluntariamente... Entrará allí
ahora, porque cree, porque piensa que se le ha
acabado el mundo y que ha delinquido atroz-
mente; porque tiene vergüenza y dolor, porque

no sabe lo que le pasa... Después de entrar allí,
o que sucede ; ya no se atreverá á salir, y se
creerá en el compromiso de tomar el hábito, y,
lo tomará, y sufrirá, y vivirá mártir, y acaso
morirá desesperada...Don Julián, ¡V. que tanto
ha querido á su madre!...

Pardo sintió temblar en la suya la mano del
cura de Ulloa, y creyó que el argumento había
hecho fuerza. En efecto; el cura se levantó, y
como si despertase de un sueño, abrió sus ojos
siempre entornados y los paseó por los muebles,
por la habitación, los clavó en la ventana. Y con
expresión de angustia, con acento hondo y muy
distinto de la voz sorda y tranquila que tenía
siempre, gritó :

—¡Ojalá que la madre hubiese entrado en el
convento también! Dios llama á la hija... ¡Que
vaya! ¡Que vaya! ¡Virgen Santísima, ampára-
la, recíbela, sostenla, quítala del mundo!

Por primera vez sintió el comandante un impulso de ira contra aquel hombre que poseía á
sus ojos la aureola y el prestigio del santo, ó—
para emplear con más exactitud el lenguaje in-
terno de Gabriel—del hombre honrado que ajus-
ta á sus convicciones su vida, y no tiene para
sus semejantes sino ternura y caridad. Rebosando enojo, le apostrofó rudamente :

—¡Don Julián, permítame V. que le diga que
eso es un enorme desacierto! Manuela puede
ser en el mundo feliz, buena y honrada... y es
un horror que vaya á sacrificarse, á enterrarse
y á consumirse entre cuatro paredes, sin chispa
de devoción ni de humor para ello... ¿por qué?

24

¡Por una desdicha que ha tenido, por una falta que todo disculpa, cuyo alcance ella no ha podido comprender, y cuya raíz y origen están, al fin y al cabo, en lo más sagrado y respetable que existe... en la naturaleza!

—Señor de Pardo—respondió el cura, que ya había recobrado su apacibilidad de costumbre—lo que la naturaleza yerra, lo enmienda la gracia; y el advenimiento de Cristo y los méritos de su sangre preciosa fueron cabalmente para eso; para remediar la falta de nuestros primeros padres y sanar á la naturaleza enferma. La ley de naturaleza, aislada, sola, invóquenla las bestias: nostros invocamos otra más alta... Para eso somos hombres, hijos de Dios y redimidos por él. Dejemos esto; yo desearía que V. no se quedase con el recelo de que he influido directamente en el ánimo de la señorita. Vaya V. á verla, pregúntela, instela... haga V. su oficio, que la Virgen Santísima no ha de descuidarse en hacer el suyo... Yo me vuelvo á mi casa, si no tiene V. nada que mandar á este humilde servidor y capellán.

—Voy á ver á mi sobrina ahora mismo—respondió Gabriel, retando al cura con su decisión y su cólera.

XXXVI

ENTRÓ medio á tientas, porque el cuarto estaba casi á obscuras, á causa de que la jaqueca de la niña no la consentía ver luz. No tardaron, sin embargo, las pupilas de Gabriel en acostumbrarse á aquella penumbra lo bastante para distinguir, en el fondo del cuarto, la blancura de las sábanas y la cabeza de Manuela sobre el marco de su negrísimo pelo. Al acercarse el comandante, levantóse Juncal y se retiró discretamente. La montañesa yacía inmóvil, con los ojos cerrados, y de la cama se alzaba ese olor especial que los enfermeros llaman *olor á calentura,* y que se nota por más ligera que sea la fiebre.

A la cabecera de la cama estaba vacante la silla que el médico había dejado; pero Gabriel la separó, é hincando una rodilla en tierra, puso la mano derecha sobre el embozo de la sábana.

—Manuela—cuchicheó.

La enferma abrió los ojos, sin responder.

—¿Qué tal te encuentras?

—Muy bien... algo cansada.

—¿Te incomodo?

—No señor... Siéntese, por Dios.

—Quiero estar así. ¿Me das la mano?

Sacó Manuela su mano morena, ardiente, abrasada, y la entregó como se la pedían. Ga-

briel la tomó y la rozó suavemente con los labios. La niña hizo un movimiento para retirarla.
Gabriel silabeó en tono suplicante:

—No, hija mía, déjamela... Oye, Manuela...
¿Te molesta oir hablar?

—Bajito, no.

—¿Y podrás responderme?

Inclinó la cabeza, diciendo que sí.

—Manuela... ¿Te ha dicho algo de mí el señor
cura?

—Ya sé los favores que le merezco—articuló
la montañesa.

—Ninguno. Ese es el error. ¡Favor! No disparates. Mira en qué postura estoy. Pues figúrate
que en esa misma te lo pedía, ¿entiendes? Como
favor para mí, para mí. Vivo muy solo en el
mundo; no tengo á nadie, á nadie; y me hacías
falta, y me darías la vida. Pero ya no se trata
de eso. De otra cosa más pequeñita y más fácil.
Anda, monina, no me lo niegues. ¿Verdad que
no? Si es facilísimo; si no te cuesta trabajo ninguno. Que no pienses en rejas ni en conventos;
¡mira qué poco, y qué sencillo! Te quedas aquí,
al lado de tu padre. Yo también me quedo. Si
estás triste, te acompaño, si enferma, te cuido;
verás cómo discurrimos maneras de distraerte.
Y de aquello que te pedí primero, no se habla
nada... nada. Te lo juro por la memoria de tu
pobre mamá: ¿á que así me crees?

Manuela no abrió los labios. Con el balanceo
suave de su cabecita pálida y porfiada, daba el
no más redondo del mundo.

—¿No quieres? ¿Que no? ¿Qué te diré, qué te

haré para convencerte y traerte á buenas? Ter-
quita de mi alma... ¡pobrecita! respóndeme con
la boca, dime... ¿qué hago, cómo ie conquisto?
¡Pídeme tú algo... muy grande... muy atroz!
Verás cómo soy mejor que tú, cómo te doy
gusto... Te me has vuelto muy mala.

Los lánguidos ojos de la montañesa resplan-
decieron un instante, entre el obscuro cerco
que los rodeaba; alzó un poco la cabeza; apretó
la mano de su tío, y dejó salir cón afán:

—¿De veras hará lo que yo le pida?

—Oro molido que fuese, monina... Di, di.

—¿Me da palabra?

—De honor, de caballero, de todo lo que exi-
jas. ¿Qué es ello? Salga.

—Que se vaya por Dios, que se vaya á Madrid
corriendo... antes que aquel que está allí solito... ¡y desesperado! se desespere de vez, y...
y...—No pudo proseguir: las lágrimas, de pronto, le nublaron las pupilas y le trabaron la voz
en la garganta.

Aquel que ve el interior de los corazones,
sabe que Gabriel Pardo recibió el golpe como
honrado y valiente, presentando el pecho y con
animoso espíritu. Allá en el fondo, muy en el
fondo de su conciencia, se alzó una voz que gritaba:

—Cura de Ulloa, ni tú ni yo... tú un iluso y
yo un necio. Quien nos vence á los dos, es... el
rey... ¡No, el tirano del mundo!

—Asi se hará, hija mía—dijo en alta voz.—
¿Quieres que me marche hoy mismo?

—Pudiendo ser... ¡Dios se lo pague! Atienda,

escuche...—silabeó, acercando tanto su boca al
oído de Gabriel, que éste sentía en la mejilla
un aliento enfermizo y volcánico.—Haga V.
para que no se desconsuele mucho... y dígale
que así que yo esté en el convento, él vuelve
aquí, y mi padre queda satisfecho, y todos bien,
todos bien.

—Adiós—respondió lacónicamente el artillero, que se levantó del suelo, se inclinó sobre
la montañesa y la dió un beso á bulto, hacia la
sien.

....

Quiso ir á pié hasta Cebre, y Juncal, por supuesto, se empeñó en acompañarle. En lo alto
de la cuesta, donde se domina á vista de pájaro
el valle de los Pazos, se volvió, y estuvo buen
trecho con los brazos cruzados, la vista clavada
en el tejado de la solariega huronera, en el estanque del huerto que destellaba fuego á los
últimos rayos del sol, en los lejanos picos y azuladas crestas que servían de corona al valle.
Estas contemplaciones paran, y debiera callár-
se por sabido, en un suspiro muy hondo. Pardo
llenó este requisito, y acordándose de todo lo
que había venido á buscar allí diez días antes,
pensó, con humorística tristeza:

—Otro caballo muerto.

Aquella tarde, el gran ardor de la canícula
daba señales de aplacarse ya, y eran preludio
y esperanza de frescura, y acaso de agua, las
nubes redondas y los finos *rabos de gallo* que
salpicaban caprichosamente el cielo. Una brisa
fresca, vivaracha, que columpiaba partículas

de humedad, hacía palpitar el follaje. A lo lejos
chirriaban los carros cargados de miés, y las
ranas y los grillos empezaban á elevar su sinfonía vespertina, saludando á la lluvia y al
viento antes de que hiciesen su aparición triunfal y refrigerasen la tostada campiña. Todo era
vida, vida indiferente, rítmica y serena.

Gabriel Pardo se volvió hacia los Pazos por
última vez, y sepultó la mirada en el valle, con
una extraña mezcla de atracción y rencor, mientras pensaba:

—Naturaleza, te llaman madre... Deberían
llamarte madrastra.

FIN

.

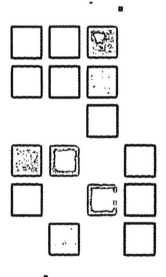

Lightning Source UK Ltd.
Milton Keynes UK
UKHW021601280422
402169UK00003B/248